Ljurik. Internationale Lyriktage der Germanistik Ljubljana.
Schriftenreihe, herausgegeben von Johann Georg Lughofer

Band 12 (2023)

Internationale Ljurik
Lyriktage der
Germanistik 12
Ljubljana

H. C. Artmann

Interpretationen
Kommentare
Didaktisierungen

Herausgegeben von
Johann Georg Lughofer
und Alexandra Millner

PRAESENS VERLAG

Gedruckt mit Förderung durch

≡ Bundesministerium
Kunst, Kultur,
öffentlicher Dienst und Sport

Dieser Band wurde an der Philosophischen Fakultät der Universität in Ljubljana im Rahmen des von der Slowenischen Forschungsagentur finanzierten Forschungsprogramms „Intercultural Literary Studies" (P6-0265) zusammengestellt.

© 2023 Praesens Verlag | http://www.praesens.at

Cover-Foto: © Michael Ritter 2022
Cover-Gestaltung: Praesens Verlag

Verlag und Druck: Praesens VerlagsgesmbH. Printed in EU.

ISBN 978-3-7069-1202-0

Das Werk, einschließlich seiner Teile, ist urheberrechtlich geschützt. Jede Verwertung ist ohne Zustimmung des Verlages und des Autors unzulässig. Dies gilt insbesondere für die elektronische oder sonstige Vervielfältigung, Übersetzung, Verbreitung und öffentliche Zugänglichmachung.

Bibliografische Information der Deutschen Nationalbibliothek
Die Deutsche Nationalbibliothek verzeichnet diese Publikation
in der Deutschen Nationalbibliografie; detaillierte bibliografische Daten
sind im Internet über http://dnb.d-nb.de abrufbar.

Inhalt

Geleitwort — 9

Vorwort der Herausgeber/innen — 10

Alexandra Millner
„ich stammle stammle stammle …"
Poetologische Spuren in H. C. Artmanns Lyrik — 14

Jacques Lajarrige
herr Artmann kommt auf den vulkan.
Aus meiner Botanisiertrommel oder die Kunst der literarisierten
Selbstinszenierung — 30

Marc-Oliver Schuster
H. C. Artmanns Frühlyrik (1945/1946): „so konservativ angefangen" — 49

Veronika Premer
Die mannigfaltigen Gesichter des Todes in H. C. Artmanns Lyrik — 64

Harald Miesbacher
H. C. Dracula oder Der Schäfer aus dem Schilf.
H. C. Artmann, Graz und die Zeitschrift *manuskripte*.
Eine Romanze — 82

Milka Car
H. C. Artmann als österreichischer Kultautor in Zagreb.
Rezeptionshistorisches Resümee — 102

Richard Wall — 113
Artmanns *Tír na nÓg*

Johann Holzner — 122
H. C. Artmanns Dialektgedichte: Zugpferde und Nachzügler

Herta-Luise Ott
Ich und Du: „Blaubart"-Variationen — 134

Hermann Schlösser
Bienen der Arktis.
Langes Nachdenken über ein kurzes Gedicht — 158

Sonja Kaar
„Lyrik zum Einsteigen" mit Gedichten von H. C. Artmann aus
allerleirausch — 164

Michael Penzold
„krauchen soll's durch blut und bein".
Anmerkungen zu H. C. Artmanns Kindergedichten aus
deutschdidaktischer Perspektive — 179

Neva Šlibar
H. C. Artmanns *noch ana sindflud.*
Didaktisierungsmöglichkeiten für das Sekundar- und
Hochschulniveau — 193

Johann Georg Lughofer
Dialekt im DaF- und DaZ-Unterricht – *med ana schwoazzn dintn* — 210

Zeittafel zu H. C. Artmann — 228

Verzeichnis der Werke von H. C. Artmann — 231

Autor/innenverzeichnis — 242

H. C. Artmann über Lyrik:[1]

Ein Gedicht hat nicht belehrend zu sein.

Jede Zeile muss überraschend sein. Noch ungeschrieben. [...] Das Gedicht muss mit dem Krimi etwas gemein haben, dass man immer auf etwas Neues draufkommen muss, und Neues in Frage stellt, und zum Schluss ist dann eine Lösung da.

Na, ich versuche, die Natur auf mich einwirken zu lassen – und gebe das wieder. Verschlüsselt. In anderen Worten.
[...]
Weißt du, es ist das Komischste, wenn man fragen muss: Warum machst du das? Die eigene Technik erklären. Wenn das einer gut kann, dann soll er lieber die eigene Technik erklären, und nicht, wie in meinem Fall, ein Gedicht schreiben. Sonst beschreibt man ein Gedicht, also wissenschaftlich.

---

1 H. C. Artmann: *der wackelatlas*. Ein Gespräch mit Emily Artmann und Katharina Copony. Mit Blindzeichnungen von H. C. Artmann. Klagenfurt, Graz, Wien: Ritter Verlag 2021, S. 119–121 (Gespräch vom 31.10.2000).

Geleitwort

Hans Carl Artmann (H. C. Artmann), wortgewaltiger progressiver Autodidakt, der sich als Lyriker, Schriftsteller und Übersetzer einen Namen im deutschsprachigen Raum machte, hätte am 12. Juni 2021 seinen 100. Geburtstag gefeiert. Anlässlich der Wiederkehr seines 20. Todestages (4. Dezember 2020) widmete die Germanistik Laibach in Kooperation mit der Internationalen Gesellschaft H. C. Artmann [IGHCA] den 10. Internationalen Lyriktag dem spielerischen Surrealismus und dem vom Dadaismus beeinflussten Spiel mit Sprache von H. C. Artmann. Die Veranstaltung sollte Artmanns umfangreiches lyrisches Werk in Slowenien bekannter machen.

Charakteristisch für H. C. Artmann ist wohl dieses von mir aufgefundene Statement: „Ich bin kein Selbstdarsteller, und ich bin kein Erzähler. Auskunft geben über mich bereitet mir Übelkeit und Schmerzen." Ich erinnere mich an meine persönliche Begegnung mit H. C. Artmann Ende der 90er-Jahre des vergangenen Jahrhunderts in Rom. Er weilte zu einer Lesereise in der Stadt und war im Hotel Lord Byron (unweit des Österreichischen Kulturforums in Rom) abgestiegen. Wir trafen uns auf der Piazzale Don Giovanni Minzoni, wirklich nur weniger als 100 Meter vom Hotel entfernt. Er wirkte damals auf mich wie ein älterer, etwas unsicherer Herr, fast so wie er es selbst in seinem Text *das suchen nach dem gestrigen tag oder schnee auf einem heissen brotwecken. eintragungen eines bizarren liebhabers* „Meine Heimat ... in Rom eher scheu ..." über sich geschrieben hatte. Dennoch, in der Erinnerung war es ein hoffentlich beidseitig vergnüglicher, intensiver Abend, an dem die Gedanken und Wörter nur so über den Tisch flogen. Der Vermittlung von Sprache und Literatur kommt eine wesentliche Bedeutung in der Arbeit des Österreichischen Kulturforums Laibach zu. Gerade indem wir die Durchführung von Veranstaltungen wie jener des Internationalen Lyriktages der Germanistik Ljubljana unterstützen, fördern wir wissenschaftliche Kontakte zwischen Österreich und Slowenien und tragen über den Weg der Sprache zu einem besseren Verständnis und vertieften gegenseitigen Kennenlernen bei.

Bei der Erkundung des Phänomens H. C. Artmann, der von sich selbst proklamierte, „...dass man Dichter sein kann, ohne auch irgendjemals ein Wort geschrieben oder gesprochen zu haben...", in diesem Tagungsband wünsche ich Ihnen eine angenehme Zeit.

Andreas Pawlitschek, BA
Direktor des Österreichischen Kulturforums Laibach (2017–2022)

Vorwort der Herausgeber/innen

H. C. Artmann

> Man darf ja nicht vergessen, daß ich bis zur „schwoazzn dintn" dreizehn Jahre hochdeutsche Gedichte geschrieben habe. Daß ich dann nur als Mundartdichter bekannt wurde, hat mich unheimlich geärgert, denn alles andere war dann völlig vergessen. Noch heute gibt es Leute, die verstehen unter Artmann automatisch die „schwoazze dintn".[1]

Hans Carl Artmann (1921–2000) hat auch *nach* seiner ersten erfolgreichen Publikation *med ana schwoazzn dintn* (1958) kaum mehr Dialektgedichte verfasst, sondern beinahe ausschließlich in Standarddeutsch geschrieben. Die tatsächlich außerordentliche Mannigfaltigkeit von Artmanns Lyrikwerk zu Bewusstsein zu bringen, war eine Motivation, die 10. Ljurik-Tagung am 12. Oktober 2020 dem großen österreichischen Dichter zu widmen. Eine andere bestand darin, die internationale Rezeption, die Begegnungen, Nachahmungen und Fortschreibungen in den Fokus zu rücken und seine Poesie aus Sicht diverser Didaktiken zu betrachten. Dabei hat sich allerdings gerade die Dialektdichtung im DaF (=Deutsch als Fremdsprache)- und DaZ (=Deutsch als Zweitsprache)-Unterricht als ein besonders interessanter Forschungs- und Praxisgegenstand erwiesen. Zur Aufbereitung der allgemeinen Themenstellung, nämlich Artmanns Lyrik aus verschiedenen und neuen Perspektiven zu betrachten, begibt sich Alexandra Millner auf die poetologischen Spuren im lyrischen Gesamtwerk des Dichters, die entweder *expressis verbis* oder aber in Form von leitmotivisch als Marker eingesetzten Metaphern zu finden sind. Mit dem aus dieser Autoreferenzialität resultierenden Phänomen der *autopoiesis* positioniert Artmann seine Gedichte eindeutig im Bereich der Autonomieästhetik und des literarischen Experiments. Die Doppelbödigkeit seiner Lyrik, die immer auch auf ihren Schaffensprozess rekurriert, ist deshalb ein zentrales Thema der Beiträge dieses Bandes.
Jacques Lajarrige stellt in seinem Beitrag anhand der Sammlung *Aus meiner Botanisiertrommel* (1975) ebenfalls die poetische Selbstreflexion in den Fokus und geht dabei von konkreten semantischen Konstellationen aus: dem Sprechen über Liebe und Natur sowie der poetischen Raumkonstruktion, die er als (ironische) Einschreibung der Grenzauflösung zwischen Leben und Werk begreift. Dadurch wird die Metafiktionalität der Gedichte ebenso greifbar wie die literarische Realitätskonstruktion.

Ein in der Artmann-Forschung wenig beachtetes Textmaterial stellen die frühesten Gedichte Artmanns aus der unmittelbaren Nachkriegszeit 1945/46 dar, mit denen sich Marc-Oliver Schuster eingehend auseinandersetzt. Ohne den formalstilistischen Konservativismus dieser 13 Gedichte leugnen zu wollen, zeigt er die augenfällige idiosynkratische Bildlichkeit auf. Einerseits liest er sie als Artmanns Reaktion auf seine Kriegserfahrung, andererseits erkennt er darin bereits die Entkoppelung der „reinen Wortkunst" von der außerliterarischen Referenzialität.
Auch Veronika Premer setzt in ihrem Beitrag beim Kriegserlebnis Artmanns an und interpretiert die Themen Tod und Vergänglichkeit in diesem persönlichen Erfahrungszusammenhang, verweist dabei aber zugleich auf den kultur- und literaturgeschichtlichen Bezugsrahmen sowie den spezifisch Wienerischen Zugang, die für Artmanns Schreiben relevant sind. Dadurch werden die Komplexität und Vielfalt von Artmanns lyrischem Schaffen veranschaulicht.
Harald Miesbacher erschließt in seinem Beitrag die frühe Verbindung H. C. Artmanns zur jungen Grazer Literaturszene Anfang der 1960er-Jahre. Ab dem zweiten *manuskripte*-Heft wurden Texte von Artmann abgedruckt, und auch nach seinem Tod erwies man ihm Reverenz. Mit dem *manuskripte*-Gründer und -Herausgeber Alfred Kolleritsch stand er in einem zwar lockeren, doch durchaus literarisch angeregten und freundschaftlichen Korrespondenzkontakt und war auch mit anderen Kollegen wie etwa Wolfgang Bauer befreundet.
Der Beitrag von Milka Car widmet sich der Rezeption von Artmanns Texten im kroatischen Raum, die in Zagreb in den 1980er-Jahren ihren Höhepunkt erreichte und sich neben literaturwissenschaftlichen Veranstaltungen und Publikationen auch in Form von Übersetzungen äußerte. Die Studie bietet eine genaue Bestandsaufnahme der diesbezüglichen Übersetzungstätigkeit. In diesem Zusammenhang analysiert Car den spätsozialistischen Literaturbetrieb in Jugoslawien und dessen Verhältnis zur literarischen Neo-Avantgarde ebenso wie den Kultstatus des österreichischen Poeten.
In umgekehrter Richtung thematisiert Richard Wall das Thema Rezeption und zeigt in seinem Beitrag die Aufnahme von Sprachelementen und mythologischen Inhalten des Irischen in unterschiedlichen lyrischen Texten Artmanns. Als Irlandreisender war der Autor ein wahrer Kenner der irisch-keltischen Kultur, insbesondere der Mythologie und Literatur, er übersetzte aus dem Irischen und suggeriert mit den irischen Einsprengseln in eigenen Texten, was Artmann als Abenteuer der Sprache verstand.
Johann Holzner geht dem Einfluss von Artmanns Gedichtband *med ana schwoazzn dintn* (1958) auf andere Dialektdichter nach und stellt mit Gedichten

von Norbert C. Kaser, Gerhard Kofler und Luis Stefan Stecher im Speziellen die Südtiroler Literatur in den Blickpunkt. Er interpretiert Artmanns Rolle als Wegbereiter, den Erfolg der *schwoazzn dintn* als Befreiungsschlag für die nachfolgende Dialektdichtung, die im deutschprachigen Raum aufgrund der ideologischen Instrumentalisierung stark in Misskredit geraten war.

Herta Luise Ott widmet sich in ihrem Beitrag den Blaubart-Gedichten Artmanns (*blauboad 1*, *blauboad 2*), die zwar bloß ein kleines Spektrum seiner Dialektdichtung ausmachen, jedoch bis heute zu seinen bekanntesten Texten zählen. Dabei geht sie einerseits den intertextuellen Bezügen über das Grimm'sche Hausmärchen bis zum Perrault'schen Märchen nach, um Artmanns kritische Reflexion der bürgerlich-aristokratischen Märchenmode zu thematisieren. Andererseits nimmt sie die Gedichte zum Anlass, um die Sprachform des Gedichtbands im Allgemeinen zu analysieren.

Hermann Schlösser entschlüsselt in seinem Beitrag den poetologischen Kern eines Kurzgedichts, den er auf die besondere Formgebung des Textes zurückbindet: „gedicht will als solches / verstanden sein du magus / suchst bienen der arktis". Es ist dies eine exemplarische Handreichung zur Gedichtinterpretation, zur individuellen Lesart und Befragung lyrischer Texte, die Mut macht. Insofern stellt der Beitrag einen idealen Übergang vom rein literaturwissenschaftlichen zum didaktischen Teil des Bandes dar.

In einer vergleichenden Analyse von H. C. Artmanns Gedichtband *allerleirausch* (1967) und Hans Magnus Enzensbergers Gedichtsammlung *Allerleirauh* (1961) überprüft Sonja Kaar die Form der Bezugnahme Artmanns auf den Band seines Kollegen. Dabei stehen Formen der Intertextualität ebenso zur Debatte wie die Gattungsfrage und der Kontext der Popliteratur. Schließlich wird ein auf diesen Forschungsfragen basierendes Unterrichtsmodell für den AHS-Unterricht in der 9. Schulstufe vorgestellt.

Denselben Gedichtband Artmanns – *allerleirausch* (1967) – nimmt Michael Penzold in seinem Beitrag zum Ausgangspunkt und setzt ihn in Beziehung zum Grimm'schen Märchen *Allerleirauh*, um unterschiedliche poetologische Zugänge zu Artmanns Kindergedichten zu erschließen. Dabei stellt er den Begriff des „Krauchens" aus der Zueignung der Gedichte an die zentrale Stelle seiner Analyse, mit der er die „Widerständigkeit" von Artmanns Literatur thematisiert.

Neva Šlibar setzt sich anhand des Gedichts *noch ana sindflud* mit der Faszination apokalyptischer Unterwasserwelten, den Herausforderungen der Dialektdichtung für die DaF-Literaturdidaktik und dem Ziel, Lust am Text zu vermitteln, auseinander. Dabei werden vor allem Artmanns ironische literarische Verfahren, die eine kreative Herangehensweise an die Textinterpretation erfordern, ins Treffen geführt. Zudem werden Didaktisierungsvorschläge auf dem Niveau der Sekundarstufe DaF und der Hochschule präsentiert.

Johann Georg Lughofer rekurriert in seinem fachdidaktischen Beitrag ebenfalls auf H. C. Artmanns beliebten und berühmten Gedichtband *med ana schwoazzn dintn* (1958) als Unterrichtsmaterial für den DaF- und DaZ-Unterricht. Anhand der Dialektgedichte hebt er den großen Stellenwert der Realisierung der Plurizentrik der deutschen Sprache – u. a. zum Zwecke der Vermittlung von Varietätenakzeptanz – hervor, was bislang zu wenig Beachtung gefunden hat.

Der inhaltliche Bogen dieses Konferenzbandes reicht damit von der Poetologie und der Interpretation der frühesten Lyrik über die Rezeption, Übersetzung und Intertextualität von H. C. Artmanns Lyrik bis hin zu deren Didaktisierung.

Die internationale Tagung fand in der Zeit der Covid19-Pandemie zwischen zwei europaweiten „harten" Lockdowns in Hybridform – in Präsenz mit online-Beiträgen und -Zuhörerschaft – statt: Die Veranstaltung wurde live an der Universität Ljubljana abgehalten und von dort gestreamt, einige Vortragende wurden per Zoom aus Deutschland, Frankreich und Kroatien dazugeschalten. Die technische Ausstattung der Universität Ljubljana und die große Dizipilin aller Beteiligter ermöglichten einen reibungslosen Ablauf der Tagung und einen intensiven Austausch zwischen den Teilnehmer/innen. Für die originäre musikalische Umsetzung der Artmann'schen Dialektgedichte in ein authentisches Wienerisch und einen an die späten 1950er-Jahre gemahnenden Sound sorgten Wolfgang Vincenz Wizlsperger (Gesang, Sprache) und Paul Skrepek (Schlagwerk, Komposition), die eigens aus Wien angereist waren. Für die freundliche Unterstützung sei den Veranstaltern – der Universität Ljubljana und der Internationalen Gesellschaft H. C. Artmann [IGHCA] – und den Subventionsgebern – der Philosophischen Fakultät der Universität Ljubljana, dem Österreichischen Kulturforum in Ljubljana, dem DAAD und dem Kulturamt der Stadt Wien (MA7) – gedankt.

Wien und Ljubljana, März 2023
Alexandra Millner und Johann Georg Lughofer

Anmerkung

1 H. C. Artmann in: „‚Es wird immer eine Rittersage draus.' H. C. Artmann im Gespräch mit Herbert Ohrlinger". In: *Literatur und Kritik*, 253/254, Mai 1991, S. 77–86, hier S. 81.

Alexandra Millner

„ich stammle stammle stammle …"
Poetologische Spuren in H. C. Artmanns Lyrik

Zusammenfassung:
Der Beitrag setzt sich mit den poetologischen Spuren in H. C. Artmanns lyrischem Gesamtwerk auseinander. Nur selten liegen diese Spuren direkt an der Textoberfläche, wenn etwa der Vorgang des Schreibens thematisiert oder ihm vorausgehende Wahrnehmungen *expressis verbis* beschrieben werden. An den meisten Stellen liegen diese Spuren im Verborgenen metaphorischer Sprache und werden als symbolische Marker lesbar: etwa im Zusammenhang mit den Wörtern Herz, Vogel, Spiegel oder Atem. Diese werden von Artmann ihrer konventionellen Symbolgehalte partiell entledigt und in einen neuen Sinnzusammenhang gestellt. Dabei geht es dem Dichter darum, sich von Mimesis-Konzepten zu distanzieren, die Materialität des sprachlichen Zeichens sowie die Autonomieästhetik zu betonen.

Schlüsselwörter: Poetologie, Sprachmaterial, Autonomieästhetik, Antimimesis

Das Interessante an der Frage nach den poetologischen Spuren in Artmanns Lyrik ist, dass er sich über die fünf Jahrzehnte seiner literarischen Produktivität immer wieder neu zur eigenen Poetik äußert und dies unabhängig vom thematischen und ästhetischen Kontext der jeweiligen Gedichte tut. Trotz seiner vielfältigen Wandlungen im Schreibstil bleiben manche Metaphern als Markierungen poetologischer Reflexionen über die Jahre gleich. Eine weitere Auffälligkeit besteht in der Tatsache, dass es häufig das allererste Gedicht eines Gedichtzyklus ist, welches eine poetologische Programmatik aufweist.

1. (Er-)Leben versus Dichten

ich stammle stammle stammle stumble
stumble dumble down[1]

Diese Verse stammen aus H. C. Artmanns Gedicht *du grüner schlangenstab du boshafte nachtkönigin* (SG 20f.), das Ende der 1940er-, Anfang der 1950er-Jahre entstand und damit ein sehr frühes Zeugnis poetologischer Reflexion in einem Gedicht Artmanns darstellt. Es sind die letzten zwei Verse, die letzten Worte des Gedichts, bevor die sprechende Instanz verstummt, während „die spitzgewordenen finger der musikanten singen im gehöhlten holz". Diese sanfte Verschiebung der Laute vom Stammeln zu „stumble" und „dumble" scheint dem Glissando eines Gitarrenspielers abgelauscht, die Bewegung findet entlang minimaler lautlicher Veränderungen statt, die beinahe unbemerkt von einer Sprache in die andere führen. Die dominante Ausrichtung an den lautlichen Zeichen der Sprache, ein Kennzeichen der konkreten Poesie, bringt durch die lautlich-assoziative Aneinanderreihung ähnlicher Worte auch eine semantische Verschiebung mit sich, die vom Stammeln zum Stolpern oder Straucheln und schließlich zum Verstummen führt.[2] Dabei wird die Bedeutung von „stumble", das sowohl „taumeln, stolpern" als auch „stammeln, stottern" meinen kann, durch das Überspringen der naheliegenden Zwischenstufe des „tumble" für „fallen, stürzen" übersprungen zugunsten des Wortes „dumble". Diesem durch Verbalisierung vom englischen Adjektiv „dumb" abgeleiteten Verstummen ist allerdings durch die Doppelbedeutung von „dumb" für „stumm" und „dumm" auch das Verdummen inhärent. Zudem ist es, so hat es Marc-Oliver Schuster nachgewiesen, ein intertextueller Bezug zu James Joyce Roman *Finnegan's Wake* (1958).[3] Das neben dem Verstummen mögliche Verdummen, in welches das Stammeln und Stolpern in Artmanns Gedicht münden, erinnert an die Ode *Blödigkeit* (1802/03) von Friedrich Hölderlin. In seinem Aufsatz über Hölderlins Gedichte *Dichtermuth* und *Blödigkeit* schreibt Walter Benjamin über den Zusammenhang von Leben und Dichten Folgendes:

> Es liegt nicht die individuelle Lebensstimmung des Künstlers zum Grunde, sondern ein durch die Kunst bestimmter Lebenszusammenhang. Die Kategorien, in denen diese Sphäre, die Übergangssphäre der beiden Funktionseinheiten, erfassbar ist, sind noch nicht vorgebildet und haben am nächsten vielleicht eine Anlehnung an die Begriffe des Mythos. Grade die schwächsten Leistungen der Kunst beziehen sich auf das unmittelbare Gefühl des Lebens, die stärksten aber, ihrer Wahrheit nach, auf eine dem Mythischen verwandte Sphäre: das Gedichtete.[4]

Vielleicht ist es ein Verdummen, das sich in der mangelnden Ausrichtung des Dichters an der Alltagssprache und -erfahrung bemerkbar macht und in der starken Annäherung an den musikalischen Ursprung der Lyrik, an den zur Leier, zur Lyra gesprochenen oder gesungenen Worten, den Lyrics, in einer Sprache, die sich in der Musik auflöst. Diese abstrakteste aller Kunstformen ist bar jeder konkreten Semantik. Es ist ein alltagssprachliches Verstummen/Verdummen zugunsten der poetischen Qualität, die sich vom vorherrschenden Sprachgebrauch loslöst, wie es in dem Gedicht *so gehen meine tage nutzlos dahin* (1960) heißt:

> losgelöst hat sich mein mund
> von schöneren worten
> wie ein blatt vom strauch (SG 476f.)

Die Abkehr von den „schöneren worten", von der Beschönigung des Außersprachlichen durch die Sprache der Literatur, ist eine Haltung, welche die avancierte österreichische Nachkriegsliteratur insgesamt prägt und am prominentesten von Ilse Aichinger und Ingeborg Bachmann thematisiert wurde. In ihrem berühmten Essay *Schlechte Wörter* schreibt Aichinger sinngemäß vom Mangel der konventionellen Sprache, der darin bestehe, zu einer scheinbaren Eindeutigkeit der Bedeutung zu zwingen: „Die bisherigen Sprachgebräuche lassen eine Entscheidung da, wo es sich nur mehr um eine Möglichkeit handelt, nicht zu."[5] Angewiesen auf den Gebrauch der vorhandenen „Bezeichnungen", die einerseits zu sehr auf eine konventionelle Bedeutung eingeengt und andererseits ungenau sind, da so viele mögliche Nebenbedeutungen mitschwingen, verwende sie diese zumindest in dem Bewusstsein dieses Mangels. Genau um dieses Mögliche aber, um das Aufbrechen der Behauptung scheinbarer Eindeutigkeit der Wörter, geht es in der Dichtung: „*Der Regen, der gegen die Fenster stürzt*, da haben wir ihn wieder, den lassen wir, der läßt alle in seinem unzutreffenden Umkreis, bei ihm bleiben wir, damit wir *wir* bleibt, damit alles bleibt, was es nicht ist, vom Wetter bis zu den Engeln."[6] Bezogen auf eine Sprache der schöneren oder schlechten Wörter verstummt die Sprache des Dichters zwar, doch ist er auf die sprachlichen Zeichen als Ausdrucksmedium zugleich auch angewiesen. Als einziger Spielraum für eine andere Sprache bleiben die sprachlich-literarischen Verfahren, bleibt die Poetologie, die Artmann immer wieder in einzelnen Sätzen einstreut und damit eine immerzu mitschwingende allegorische Dimension seiner gesamten lyrischen Produktion schafft. Dies betrifft vor allem jene Gedichte, die nicht durch konkret-poetische Verfahren oder kunstsprachliche Schöpfungen ohnehin deutlich als experimentelle Texte erkennbar sind. Wie im Folgenden zu zeigen sein wird, ist es auffällig, dass die poetologischen Inhalte vor allem an einige wenige Begriffe leitmotivischer Verwendung gekoppelt sind.

2. Herz

Das Eingangsgedicht zu Artmanns Band *med ana schwoazzn dintn. gedichta r aus bradnsee* (1958) zählt wohl zu seinen bekanntesten Poemen und trägt den Titel *nua ka schmoez ned*. Da es jenen Band eröffnet, mit dem Artmann zum ersten Mal in einer selbstständigen Publikation – erfolgreich und breit rezipiert – in einer größeren Öffentlichkeit als Dichter hervortrat, kann das Gedicht als Präambel zu seinem lyrischen Schaffen betrachtet werden. Wie wichtig dies Artmann war, wird auch an der Position des Gedichts in der Originalausgabe deutlich: Es steht zwischen dem Vorwort von Hans Sedlmayr und der Einleitung von Friedrich Polakovics. Sedlmayr bezeichnet die Dialektgedichte als Produkt einer „unwahrscheinlich glücklichen Ehe der surrealistischen mit der Wiener Sphäre". Er sieht ihren Ursprung allein im (Wiener) Wort und ihre Wirkung in „eine[r] neue[n] Wiener Welt" mit „starken alten Gefühlen".[7] Zudem betont er das Gruselige und Märchenhaft-Volksliedhafte der Gedichte, die er als Gedichte „ganz und gar aus unserer Welt und Zeit" betrachtet. Dabei pocht er auf die Einzigartigkeit: „Ein Dichter, das ist ein neuer Ton, gerade der, auf den man am wenigsten gefaßt ist."[8]

Polakovics hebt hingegen hervor, dass die Gedichte, in denen die Zeit aufgehoben sei, auf einer „intensiven Beziehung zur Kindheit" beruhten: „ein Kindheitserlebnis, ein Augenblicksgefühl, ein plötzlicher Wunsch oder Einfall wird in ihnen genau so zum dauernden Ereignis wie der Zustand nach einer Sintflut oder gar – nach dem Tod."[9]

Der Zauber dieser Gedichte bleibe „freilich unerklärbar, für manchen vielleicht auch un*hör*bar".[10] Der Dialekt, nach Goethe „das Element, / in welchem die Seele ihren Atem schöpft",[11] berge zwar die Gefahr der Wirksamkeit auf begrenztem Raum, doch würde es in diesem Falle gelingen, die „Welt" hereinzuholen[12] – ein Verfahren, „bei dem der Dichter mit dem Material des Dialekts nunmehr *gegen* diesen arbeitet, ihn nachgerade dazu zwingt, etwas zu leisten, das bisher Domäne der Hochsprache war".[13] Polakovics spricht in diesem Zusammenhang von einem „alchimistische[n] Vorgang"[14] und sieht darin „reinste[] Ausdruckskunst [...], die mit geringsten Requisiten Wirkungen erzielt".[15] Auch hier wird der idiosynkratisch-dichterische Umgang mit dem alltäglichen Sprachmaterial festgestellt, der ein objektivierendes Verfahren darstellt: „Wienerisch ist nur die Sprache dieser Gedichte. Sie selbst bilden ein Spannungsfeld unmerklich-unablässigen Austausches von Eigenem und Fremdem."[16]

Das zwischen den beiden analytischen Texten stehende Gedicht *nua ka schmoez ned* liest sich im Grunde wie eine Anleitung zum Dichten oder eine Warnung an Dichter, nicht von dem hier gezeichneten Ideal abzuweichen: Es beschreibt die Grundbedingung des Dichtens mit der Metapher des Herzens, das – blutig – herausgerissen und weggeworfen und vergessen werden soll.

reis s ausse dei heazz dei bluadex	Reiß dir dein blutiges Herz heraus
und haus s owe iwa r a bruknglanda!	und wirf es über ein Brückengeländer!
[…]	[…]
daun woat a wäu	Dann warte ein Weilchen
bis s da wida zuaqoxn is des loch	bis es dir wieder zugewachsen ist das Loch
des bluadeche untan schilee	das blutige unter dem Gilet
und sog:	und sag:
es woa nix! oda: gemma koed is s ned![17]	es war nichts! oder: gehen wir, kalt ist es nicht!

Das Herausreißen des eigenen Herzens und Herzschmerzes bedeutet die Entindividualisierung der eigenen Erfahrungen. Artmann hat diesen Umstand in einer seiner wenigen essayistischen Äußerungen zu seiner Poetik, dem Vortrag *ein gedicht und sein autor* (1967 an der Berliner Akademie der Künste gehalten), folgendermaßen formuliert: „Hinter diesen Worten stehen Vorstellungen, die ‚ich' habe, die ich mehr oder weniger privat besitze, aber diese Vorstellungen geben kein Gedicht. Ich habe Vorstellungen und ich setze sie ein. Dieser Einsatz entfremdet mir in gewisser Weise meine privaten Vorstellungen […]."[18]
Deutlich distanziert sich Artmann von der konventionellen Liebeslyrik:

heit drong s as nua z gean	heute tragen sie es nur allzu gern
eana heazz (de dichta	ihr Herz (die Dichter
de growla de schmoezxön)	die Stümper die Schmalzgesellen)
bei jeda glengheid	bei jeder Gelegenheit
untan linkn goidzaun	unter dem linken Goldzahn
oda r iwa n lean briafdaschl	oder über der leeren Brieftasche
wia r a monogram . .[19]	wie ein Monogramm . .

Im Gegensatz zu den „schmoezxön", den Schmalzgesellen oder Kitschbrüdern, die aus Anlass konkreter Liebe mit bekannten inhaltsleeren Versatzstücken kitschige Gelegenheits- und Gebrauchsdichtung und damit Kitsch im schlechtesten Sinne (re)produzieren, geht Artmanns Lyrik vom Sprachmaterial aus: „ich rede nicht von meinen Gefühlen; ich setze vielmehr Worte in Szene und sie treiben ihre eigenen Choreographie."[20] Wenn Artmann den Worten hier einen gewissen Eigensinn zugesteht, kommt er wiederum Aichingers Schreibhaltung nahe.[21]

Dieses herausgerissene und weggeworfene Herz scheint überall anders zu schlagen als im eigenen Brustkorb und drängt sich auf als des Dichters Wahrnehmung des rational nicht Wahrnehmbaren. Ein veranschaulichendes Beispiel einer solchen surrealistischen Herangehensweise bietet ein frühes Gedicht aus dem Jahr 1949/50:

MEIN HERZ
mein herz ist das lächelnde kleid eines nie erratenen gedankens
mein herz ist die stumme frage eines bogens aus elfenbein
mein herz ist der frische schnee auf der spur junger vögel
mein herz ist die abendstille geste einer atmenden hand
mein herz liegt in glänzend weißen kästchen aus mosselin
mein herz trinkt leuchtend gelbes wasser von der smaragdschale
mein herz trägt einen seltsamen tierkreis aus zartestem gold
mein herz schlägt fröhlich im losen regnen der mittwintersterne. (SG 14)

Die mannigfaltigen Variationen der poetischen Verkleidung des Herzens des Sprechenden weisen auf das von Benjamin in Bezug auf Hölderlins Gedicht *Blödigkeit*[22] formulierte Identitätsgesetz, welches besagt, „dass alle Einheiten im Gedicht schon in einer intensiven Durchdringung erscheinen, niemals die Elemente rein erfassbar sind, vielmehr nur das Gefüge der Beziehungen, in dem die Identität des einzelnen Wesens Funktion einer unendlichen Kette von Reihen ist, in denen das Gedichtete sich entfaltet".[23]

Diese „Identität der anschaulichen und geistigen Formen unter- und miteinander" ist Ausdruck für „die raumzeitliche Durchdringung aller Gestalten in einem geistigen Inbegriff, dem Gedichteten, das identisch dem Leben ist".[24] Oder auf das Gedicht bezogen formuliert: „mein herz" ist dies alles, wie es in Artmanns Gedicht beschrieben ist, da es im poetischen Behältnis „mein herz" enthalten ist, das jeglicher außersprachlicher Referenzialität entbehrt. Damit wird die Unmöglichkeit der Selbstsetzung (*autothesis*) durch das Gedichtete ebenso deutlich wie das selbstbezügliche, sich selbsterschaffende Textverfahren (*autopoiesis*) als Grund der Möglichkeit.[25]

Die Begriffe Blödigkeit und Verdummen verstören. Nach de Roche meint Hölderlin damit das „Blossliegen der Artikulation des [artikulierenden] Grundes" aufgrund der Perzeption ebendieses „Blossliegens". Nicht in der Perzeption, sondern in der „Apperzeption des Sprechenden im initialen Augenblick des Sprechens" liege demnach der „Ursprung des poetischen Sprechens: die Voraussetzung des voraussetzungslosen Anfangs, der dieses Sprechen ist".[26] Dieses „Blossliegen der Artikulation" ist in Artmanns Gedicht bereits im ersten Vers der zweiten Strophe im sterbenden Mund angelegt: „mein mund stirbt in duft des heurigen grassamens" (SG 20). Die darauf folgenden, an den Expressionismus gemahnenden synästhetischen Metaphern sind deshalb auf Apperzeption und kein konkretes Erlebnis des Sprechenden zurückzuführen. Das im Kunstverb „dumble" ausgedrückte Verdummen des Sprechenden weist im Sinne der im deutschen Wörterbuch angeführten Bedeutungen des Wortes „blöde" hier auf die Schwächung seiner Leibes-, Sinnes- wie Verstandeskräfte und auf seine allgemeine Entmutigung hin.[27]

Der Botschaft dieses Herzens auf den Grund zu gehen, sie zu verstehen, bedeutet das Unbegreifbare zu begreifen, das Unhörbare hörbar zu machen, das Unsichtbare sichtbar und unmögliche Perspektiven einzunehmen. Diese Wahrnehmung des Unwahrnehmbaren in Sprache gewandelt, ist m. E. der Kern der Artmann'schen Poetik und in allen Phasen seiner Lyrik auffindbar: So etwa fühlt das lyrische Ich in *eine kleine taube nach der lebensrettung* (1962) aus dem Zyklus *hirschgehege & leuchtturm* „das schlagende herz der taube" (SG 373); in *was trägt meine semiramis in der hand ein spielzeug* (1962) sieht es „durch das gleiche objektiv wie der frühe morgen" (SG 392) oder streift in *jetzt steigen sie aus ihren betten die hirsche* (1962) „mit dem wind über das gras" (SG 371). In *so gehen meine tage nutzlos dahin* (1960) aus dem Zyklus *auf meine klinge geschrieben* spricht es die Sprache der Pflanzen (vgl. SG 477) und hat in *ein reissbrett aus winter* (1960) „ein klares aug und den sinn für sterne" (SG 358). Diese subtilen Wahrnehmungen des Unwahrnehmbaren stellen in Artmanns Lyrik das Prinzip der Möglichkeit des Unmöglichen dar und sind Ausdruck einer abstrakten, d. h. vom menschlichen Gegenüber entkoppelten, Sinnlichkeit. Das Herz symbolisiert hier demnach weniger die Liebe oder die Kraft des Lebens als vielmehr das tiefere Wissen, das Zusammenspiel von Denken und Fühlen.[28]

Klaus Reichert zitiert bezüglich Artmanns Lyrik Punkt 5 der *acht-punkte-proklamation des poetischen actes* (1953), in dem der poetische Act als „pose in ihrer edelsten form" bezeichnet wird. Diese Pose, so Reichert, diene als künstlerisches Arrangement zur *Herstellung* – nicht zur *Abbildung* – von Wirklichkeit, ein Akt der Verweigerung des Bestehenden und der Restitution aufgegebener, nicht zu Ende gedachter Möglichkeiten. Diese Möglichkeitsform des Schwebens sei ein

riskantes Sich-Aussetzen an das Nicht-Gegebene, formuliert Reichert den Kern der Artmann'schen Poetik, die er „Ästhetik des Schwebens" nennt.[29]
Ein vollendeter Vorgang, wie hier in dem Gedicht *die sonne ist ein neues haus* im Zyklus *hirschgehege & leuchtturm* (1962) einmal in Worte gefasst, lässt sich durch Worte auch wieder rückgängig machen:

ein genau gehälfteter apfel
du schreibst es
es ist morgen
vielleicht daß der lerche ihr
flug ihn wieder verbindet (SG 367)

3. Natur

Die letzten Beispiele zeigen die zentrale Bedeutung der Natur für Artmanns Lyrik, die in manchen Gedichten buchstäblich als Text gelesen wird: „ein gänsefuß [Anführungszeichen] am himmel" (SG 729) in den *gedichte[n] von der wollust des dichtens in worte gefasst* (1989) und „schnittlauch / für punkte / und komma .." in dem Gedicht *das atelier* (1954/55) aus dem Zyklus *reime, verse, formeln* (SG 96).

Nicht die Natur erscheint dem Dichter wie ein offenes Buch, das es wie im romantisch-poetologischen Konzept zu dechiffrieren und aufzuzeichnen gilt, sondern Elemente der Natur werden zu Metaphern sprachlicher Zeichen, auf die allein sich der Dichter bezieht.

In dem Gedicht *das atelier* werden die Vögel zu Zubringern der Worte, sie „sperren / den mund auf / und holen / satz um satz .." (SG 95f.). Dass Singvögel, insbesondere die Amsel, das Poetische bzw. den Poeten symbolisieren, ist Teil der literarischen Konvention. „Den Nestbau der singenden [Amsel] setzt Th. Hardy als Dichter- oder Künstlersymbol ein (*I watched a Blackbird*)."[30] Das „atelier / der worte / steht offen .." (SG 95), was die Vögel wie beim Nestbau an Material herbeibringen, ist dem Zufall überlassen. Später werfen „die worte / eine kaskade / ins herz .." (SG 96), es sind die Worte, die von sich aus eine Wirkung entfalten, nicht die Geschichten ihrer Beschaffung, ihrer Herkunft, ihrer außersprachlichen Bezüglichkeit.

Die in der Natur vernehmbaren Laute sind abstrahierte Sinnesreize, deren Entstehungszusammenhang verborgen bleibt: In *waldwerkzeug* aus dem Zyklus *ein album* (1986) ist zuerst nur „stetes pochen" da, bevor die Sprache auf den Verursacher kommt: „inlicht haut / der specht / halbiert die axt", vergleichbar dem Spiel auf einem „dämmertamburin", schließlich „laute wo der pilz tickt / paarweise pausend" (SG 658). Die Auffächerung des homonymen Wortes „Laute" in die Bedeutung des Musikinstruments und jene der Töne wird durch „paarweise pausend" auf die Bedeutung der Töne verengt und suggeriert den im regelmäßigen Rhythmus erschallenden Doppelton, der vom Klopfen des Spechts an einen Baumstamm ausgeht. Das stete Pochen im ersten Vers kehrt mit sinnlich-synästhetischen Informationen angereichert als Doppellaut im letzten Vers wieder. Das lautliche Zeichen ist der Referenzkern dieses Gedichts.

Im Gegensatz dazu steht im Gedicht unmittelbar davor ein konkreter Vogel als Sprachproduzent im Fokus:

DA IST EIN VOGEL
sagt sprüche
ist sichtbar
wo flüsse gehn
nimmt wahr und
schreibt festes
gräserhaftes
golddoldiges
ab und an fels-
granitgrüniges. (SG 658)

Seine Sprache wird differenziert in die „sprüche" des Vogelgesangs und das Ab- und Anschreiben von festem Material. Die beiden Sprachformen sind durch das im dritten Vers zitierte „sichtbar"-Sein unterschieden und durch das zentral positionierte „nimmt wahr und" verbunden. Es ist die Wahrnehmung, die der sprachlichen Äußerung vorangeht.

In einem anderen Gedicht aus dem Zyklus *vier scharniere mit zunge* (1988) wird das Schreiben metaphorisch als Tauchvorgang ins eigene Innere dargestellt:

IN DIE TIEFE SEINES BAUCHES
nach wörteralgen taucht der dichter
am weißen strand des papieres
spreitet er sie zum trocknen aus:

> er wird gebeten das seegras nicht
> vor seiner zeit zu wenden   danke (SG 664)

Die geborgenen und auf dem Blatt Papier fixierten Wörter müssen erst beweisen, dass sie auch Bestand haben, bevor das Seegras gewendet, ein neues Papier mit neuen Wörtern beschrieben werden kann. Wie nachwachsende Pflanzen sind die Wörter als Ausgangspunkt der Dichtung immer schon da und werden als objets trouvés eingesammelt und in den Dichtvorgang aufgenommen.

Auch das Scheitern am sprachlichen Ausdruck formuliert Artmann im xliij. Gedicht *persische quatrainen – ein kleiner divan* (1959):

> ein weißes blatt papier drauf eine
> vogelspur
> die amsel stieg umher mit hyazinthen
> spur
> was nützt schon mein gedicht? wie fänd ich
> auch ein wort
> ein bild gleich dieser zarten amsel
> blumen spur?   (SG 504)

In dem Gedicht, der xliij. persischen Quatraine, stellt Artmann die Unzulänglichkeit eines mimetischen poetologischen Konzepts aus und verweist durch die rhetorische Frage nach dem Nutzen seines Gedichts auf die Autonomieästhetik.[31] Auch in den aus dem Gedicht *ein garten aus zärtlichkeit wird alle luft um sie* (1960) stammenden Versen „jedes blatt, jede springende knospe ein abbild / von dem, das mein mund nicht zu zeichnen vermag!" (SG 480) wird die Unzulänglichkeit des sprachlichen Ausdrucks in Bezug auf die Wirklichkeitsdarstellung thematisiert. Doch ist es hier nicht das Mimesiskonzept, von dem hier Abstand genommen werden soll; vielmehr ist es ein Vorgang (das Wachsen der Liebe), der sprachlich nicht so adäquat zum Ausdruck kommen kann, wie etwa das Blatt und Knospe als Abbilder im platonischen Sinne intrinsisch auf das Urbild – der Dynamik dieses Wachstums – verweisen. Das in dem Gedicht mit Worten umkreiste Geschöpf, das nur in Form des Personalpronomens „sie" fassbar wird, ist eines jener Artmann'schen Schwebewesen, von denen Klaus Reichert schreibt, sie seien „Geschöpfe einer Wirklichkeit, die aus ihrer irisierenden Nicht-Existenz, ihrer Flüchtigkeit und Vergeblichkeit, ihren Glanz und ihre Dauer beziehen".[32]

4. Magie der Schöpfung

Im Gedichtband *aus meiner botanisiertrommel* (1975) findet sich in den editorischen Notizen eine launige Erklärung Artmanns an Alfred Kolleritsch, dem Herausgeber der Literaturzeitschrift *manuskripte*, aus dem Jahr 1975, in dem er die Bedeutung der Musik für sein Schreiben hervorhebt: Das Verdichten von Musik sei ihm zur „herzensangelegenheit geworden; ich trällere nunmehr den ganzen tag und summe so vor mich hin, wodurch, wie aus dem täubchenzylinder des zauberkünstlers gefischt, die absonderlichsten oden und rhapsodien entstehen." (SG 100)
Die Metapher der Zauberei verbindet das vorhandene Wort-Material mit dem künstlerischen Trick, der Fingerfertigkeit, die darauf angewandt wird, indem es mit den Fingern über die Tastatur der Schreibmaschine neu geformt, eben fingiert, und damit zur literarischen Fiktion wird. Der Finger gilt als Symbol der Kraft und schöpferischer Aktivität.[33] Auf der die Finger miteinander verbindenden Handfläche, so ein weiterer von Artmanns wiederkehrenden metaphorischen Markern poetologischer Spuren, lässt sich diese fingierte Sprachwelt gut betrachten: „wir betrachten die landschaften wie handflächen"(SG 370), heißt es etwa in dem Gedicht *ich gehe mann mann wohin führt sie dieser weg* aus *hirschgehege & leuchtturm* (1962). Diese Landschaften aber, so Artmann in besagtem Vortrag, sind „innere Landschaften, imaginäre Paysagen, Landschaften, die die Worte sich selbst schaffen oder die durch Worte neu erstellt werden"[34] und haben keine außersprachliche Entsprechung.
In dem Gedicht *wieder gehe ich diesen weg ein mann die see* (1962) wird das Bild des Schöpfers auf subversive Weise mit dem Motiv des schaffenden Spiegels als Symbol künstlerischer Produktivität verknüpft:[35]

> oft mit den zungen des weißdorns worte reden
> [...]
> wie das spiegelbild eines hohen hähers
> der seine eigene gestalt in zwei denkt
> [...]
> wenn du meine hand nimmst wie ich die deine
> ist dieser bund gesegnet von tag und traum (SG 372)

Die Spiegelung ist hier eine Kopfgeburt, das Resultat einer gedanklichen Verdoppelung der eigenen Gestalt, und geht vom Inneren dieser Gestalt selbst aus.

Dieser imaginierte innere Spiegel trennt das Reale vom Imaginierten, zugleich stellt er jedoch auch über Tag und Traum deren Verbindung dar, die durch Handreichung der Doppelgestalten zustande kommt. Auch an diesem Punkt wird Artmanns Distanzierung von der mimetischen Funktion der Kunst deutlich. Nicht die Realität und deren Widerspiegelung gehen in dem Gedicht einen Bund ein, sondern Tag und Traum. In diesem Bild ist nicht nur der künstlerische Schöpfungsakt als schaffender Spiegel basierend auf der Erkenntnis der Ideen (Schopenhauer) enthalten, sondern auch die Selbstreferenzialität der Poesie, die den Traum der Nacht mit dem Tag verbindet und damit eine sich intern wechselseitig reflektierende Einheit darstellt, die nach außen hin abgeschlossen ist: *wer dichten kann, / ist dichtersmann* (1986). Oder wie Peter O. Chotjetwitz es formulierte: „Das hervorstechendste Merkmal des Artmannesken ist, daß es nichts außer sich selbst ist."[36]

Zudem ergibt sich hier eine deutliche Affinität zur Postmoderne, wenn wir zum Beispiel an Lyotards antimimetisches Konzept denken, demzufolge es den Kunstschaffenden nicht zukomme, „Wirklichkeit zu liefern, sondern Anspielungen auf ein Denkbares zu erfinden, das nicht dargestellt werden kann". [37]

Man könnte Artmanns verdoppelten Häher nach Reichert als Pose des Literaturschaffenden lesen: „Posen sind Herrichtungen eines Als-Ob, aber nicht im Sinne der Simulation des anderswo Auch-Wirklichen, sondern im Sinne der Übersetzung aus einem Original, das es nicht gibt […]."[38]

Als letzte poetologische Spur sei der Atem oder Wind erwähnt. Am Ende des Gedichtbandes *von der wollust des dichtens in worte gefaßt* (1989) ist folgendes poetologisches Prosastatement des spanischen Surrealisten Vicente Aleixandre (1898–1984) bezeichnenderweise in Versform abgedruckt:

el poeta está lleno de „sabiduría"	Der Dichter ist voller „Weisheit",
pero no puede envanecerse,	doch darf er sich darauf nichts einbilden,
porque quizá[s] no es suya:	weil es womöglich nicht die seine ist:
una fuerza incognoscible,	eine unerkennbare Kraft,
un espíritu habla por su boca …	ein Geist spricht durch seinen Mund …
(SG 734)[39]	

Dass Artmann damit den Dichter zum Sprachrohr einer geheimnisvollen poetischen Kraft verstanden wissen will, ist stimmig. Erstaunlich ist nur, dass er gerade in diesem Zusammenhang keine oppositionelle Haltung zu dem seit der Antike bestehenden konventionellen Symbolgehalt einnimmt.[40] Klaus Reichert führt den Schwebezustand der Artmann'schen Ästhetik mit dem Schöpferatem zusammen, und zwar als Pose aus Bewegung und Stillstand und merkt gleichsam als Beweisführung an: „Im Wort Inspiration ist dieser Atem noch mächtig."[41] Auch in diesem Punkt spielt die rätselhaft bleibende Eigendynamik des Sprachmaterials eine zentrale Rolle:

> [...] Worte haben eine bestimmte magnetische Masse, die gegenseitig nach Regeln anziehend wirkt; sie sind gleichsam ‚sexuell', sie zeugen miteinander, sie treiben Unzucht miteinander, sie üben Magie, die über mich hinweggeht, sie besitzen Augen, Facettenaugen wie Käfer und schauen sich unaufhörlich und aus allen Winkeln an. Ich bin Kuppler und Zuhälter von Worten und biete das Bett; ich fühle, wie lang eine Zeile zu sein hat und wie die Strophe ausgehen muß.[42]

5. Fazit

Das zu Beginn zitierte Gedicht, das sich zuerst in ein Stammeln, dann in Musik auflöst, sollte zeigen, dass in Artmanns lyrischem Universum das konkrete (Er-)Leben nicht Gegenstand der Dichtung sein kann. Vielmehr ist es die Apperzeption, die sich in surrealistischen Bildern ihre Bahn bricht. Die Symbole konventioneller Lyrik werden zum Teil sinnentleert, zum Teil neu kontextualisiert, nur wenige werden übernommen. Das Herz ist nicht Symbol der Liebe, sondern Behältnis für den sinnlichen Ausdruck unmöglicher Wahrnehmungen. Die Natur ist nicht atmosphärischer Widerschein des Sprechenden, sondern Metapher sprachlicher Zeichen. Der magische Spiegel als Sinnbild künstlerischer Schöpfung stellt aufgrund seiner Autoreferenzialität eine Absage an das Konzept der Mimesis und ein Insistieren auf der Autonomieästhetik dar. Der Quell der Inspiration, symbolisiert durch den Atem, bleibt dabei rätselhaft magisch.

Nur in wenigen Fällen kann bei Artmann von poetologischer Lyrik gesprochen werden, doch sind tatsächlich vielen Gedichten kleinere poetologische Reflexionen eingeschrieben, als würde die Metareflexion über den Prozess des Dichtens tatsächlich den Kern von Artmanns Denken ausmachen, worauf auch Zyklentitel wie *auf meine klinge geschrieben* (1960) oder *von der wollust des dichtens in worte gefaßt* (1989) hinweisen.

Im abschließenden Gedicht aus dem Zyklus *Ein Album* (1986) werden die Aspekte der Musik, der Natur, der Poesie, der Wahrnehmung des nicht Wahrnehmbaren, der Sinnlichkeit, des Atems und der Handfläche des Dichters zusammengeführt:

DIE OBOE IST DER WEISSDORN
unter den instrumenten
die menschliche poesie aber
der meister der tagebücher
wenn der westwind streift
im sommer der gräser geäst
weht er musik mir her
darauf die schrift steht
der beobachteten handfläche (SG 648)

Literaturverzeichnis

Aichinger, Ilse: „Schlechte Wörter". In: Aichinger, Ilse: *Werke*. Taschenbuchausgabe in acht Bänden. Hg. v. Richard Reichensberger. Bd. 4: *Schlechte Wörter*. Frankfurt am Main: Fischer ³2007, S. 11–14.
Artmann, H. C.: *med ana schwoazzn dintn. gedichta r aus bradnsee*. Salzburg: Otto Müller 1958.
Artmann, H. C.: „Ein Gedicht und sein Autor" [1967]. In: Artmann, H. C.: *The Best of H. C. Artmann*. Hg. v. Klaus Reichert. Frankfurt am Main: Suhrkamp 1975, S. 372–376.
Artmann, H. C.: *wer dichten kann, ist dichtersmann*. Eine Auswahl aus dem Werk. Hg. v. Christina Weiss und Karl Riha. Stuttgart: Reclam 1986.
Artmann, H. C.: *Sämtliche Gedichte*. Unter Mitwirkung und in der Anordnung des Autors herausgegeben von Klaus Reichert. Salzburg, Wien: Jung und Jung 2011.
Benjamin, Walter: „Dichtermuth – Blödigkeit. Zwei Gedichte von Friedrich Hölderlin". In: Benjamin, Walter: *Gesammelte Schriften*. Bd. II/1. Hg. v. Rolf Tiedemann und Hermann Schweppenhäuser. Frankfurt am Main: Suhrkamp 1977, S. 105.
Butzer, Günter / Jacob, Joachim (Hg.): *Metzler Lexikon literarischer Symbole*. 3., erweiterte und um ein Bedeutungsregister ergänzte Auflage. Berlin: J. B. Metzler 2021.
Chotjewitz, Peter O.: „In Artmanns Welt. H. C. Artmann als Publizist – H. C. Artmann als Dichter". In: artmann, hans carl: *die fahrt zur insel nantucket*. Neuwied, Berlin: Luchterhand 1969, S. 5–13.
De Roche, Charles: *Monadologie des Gedichts*. Benjamin, Heidegger, Celan. München: Fink 2013.
Grimm, Jacob / Grimm, Wilhelm: „blöde, blöd". In: Grimm, Jacob / Grimm, Wilhelm: *Deutsches Wörterbuch*. Lfg. 1 (1854), Bd. II (1860), Sp. 138, Z. 19. In: https://www.dwds.de/wb/dwb/blöde (Zugriff am 20.02.2023).
Hölderlin, Friedrich: „Blödigkeit". In: Hölderlin, Friedrich: *Sämtliche Werke*. Bd. 5. Hg. v. Dietrich Eberhard Sattler und Michael Knaupp. Frankfurt am Main, Basel: Stroemfeld/Roter Stern 1999, S. 699.

Joyce, James: *Finnegan's Wake* [1939]. New York: Viking Press 1958.

Lyotard, Jean-François: „Beantwortung der Frage: Was ist postmodern?". In: Lyotard, Jean-François: *Postmoderne für Kinder*. Briefe aus den Jahren 1982–1985. Übers. v. Dorothea Schmidt, hg. v. Peter Engelmann. Wien: Passagen 1987, S. 11–31.

Millner, Alexandra: *Spiegelwelten|Weltenspiegel*. Zum Spiegelmotiv bei Elfriede Jelinek, Adolf Muschg, Thomas Bernhard, Albert Drach. Wien: Braumüller 2004.

Millner, Alexandra: „Der ‚poetische Act': Symptom der Avantgarde(n)". In: Millner, Alexandra (Hg.): *Lovecraft, save the world!* 100 Jahre H. C. Artmann. Literarisches und Wissenschaftliches, die gleichnamige Ausstellung begleitend. Klagenfurt, Graz, Wien: Ritter 2021, S. 15–31.

Palmeral, Ramón Fenández: *De la creación poética*. Taller de poesía. O. O.: La piel de las palabras ²2017.

Polakovics, Friedrich: [Einleitung]. In: Artmann, H. C.: *med ana schwoazzn dintn*. gedichta r aus bradnsee. Salzburg: Otto Müller 1958, S. 8–16.

Reichert, Klaus: „Zu H. C. Artmann. Schwebende Wirklichkeiten. Zur Lyrik H. C. Artmanns". In: Artmann, H. C.: *Sämtliche Gedichte*. Unter Mitwirkung und in der Anordnung des Autors herausgegeben von Klaus Reichert. Salzburg, Wien: Jung und Jung 2011, S. 750–758.

Schmitz-Emans, Monika: „Schlechte Wörter, lebendige Wörter. Poetologie und Poesie bei Ilse Aichinger". In: *Ilse Aichinger*. Gastredaktion: Roland Berbig. In: Text+Kritik, 175, 2007, S. 57–66.

Schuster, Marc-Oliver: *H. C. Artmann's Structuralist Imagination*. A Semiotic Study of His Aesthetic and Postmodernity. Würzburg: Königshausen & Neumann 2010.

Sedlmayr, Hans: [Vorwort]. In: Artmann, H. C.: *med ana schwoazzn dintn*. gedichta r aus bradnsee. Salzburg: Otto Müller 1958, S. 5.

Waterhouse, Peter / Millner, Alexandra: „Die Haustür offen als Zeichen. 2 Hälften einer Rede. Zur Verleihung des H. C. Artmann Preises der Stadt Wien an Erwin Einzinger am 23. Februar 2011". In: *Porträt Erwin Einzinger*. Hg. v. Leopold Federmair. Rampe 3 (2014), S. 36–42.

Anmerkungen

1. Artmann: Sämtliche Gedichte, S. 21. Nachfolgend im Fließtext zitiert als SG.
2. Vgl. Reichert, der auch sagt, dass Artmann immer auch etwas am Semantischen lag.
3. Vgl. Joyce: Finnegan's Wake, S. 350: „Dumble down, looties and gengstermen!" Vgl. Schuster: Artmann's Structuralist Imagination, S. 290: „Such music seduces through light entertainment and leaves the narrator stammering in reference to Joyce's *Finnegan's Wake* […]."
4. Benjamin: Dichtermuth – Blödigkeit, S. 107; vgl. de Roche: Monadologie des Gedichts, S. 88f. Den Hinweis auf Benjamins Text verdanke ich Peter Waterhouse; vgl. Waterhouse/Millner: Die Haustür offen als Zeichen.
5. Aichinger: Schlechte Wörter, S. 11.
6. Ebd., S. 14.
7. Sedlmayr: Vorwort, S. 5.
8. Ebd.
9. Polakovics: Einleitung, S. 9.
10. Ebd.
11. Ebd., S. 8.
12. Vgl. ebd., S. 9.
13. Ebd., S. 11.
14. Ebd.
15. Ebd., S. 14.
16. Ebd., S. 16.
17. Artmann: med ana schwoazzn dintn, S. 7, SG 155; Übertragung ins Standarddeutsche d. Verf.
18. Artmann: Ein Gedicht und sein Autor, S. 375.
19. Artmann: med ana schwoazzn dintn, S. 7, Übertragung ins Standarddeutsche d. Verf.; vgl. Glossar (SG 774, 776).
20. Artmann: Ein Gedicht und sein Autor, S. 376. Vgl. Schuster: Artmann's Structuralist Imagination, S. 294f.
21. Schmitz-Emans: Schlechte Wörter, lebendige Wörter, S. 63f.
22. Hölderlin: Blödigkeit.
23. Benjamin: Dichtermuth – Blödigkeit, S. 112, vgl. de Roche: Monadologie des Gedichts, S. 97.
24. De Roche: Monadologie des Gedichts, S. 97.
25. Vgl. ebd.
26. Ebd., S. 104f.
27. Vgl. den Eintrag zu „blöde, blöd" in: Grimm: Deutsches Wörterbuch; vgl. im Gegensatz dazu de Roche: Monadologie des Gedichts, S. 104.
28. Vgl. Butzer/Jacob: Lexikon literarischer Symbole, S. 264–266, hier S. 264.
29. Reichert: Schwebende Wirklichkeiten, S. 756; vgl. Millner: Der ‚poetische Act', S. 19.
30. Vgl. Butzer/Jacob: Lexikon literarischer Symbole, S. 27.
31. Vgl. Schuster: Artmann's Structuralist Imagination; Millner: Der ‚poetische Act'.
32. Reichert: Schwebende Wirklichkeiten, S. 757.
33. Vgl. Butzer/Jacob: Lexikon literarischer Symbole, S. 255.
34. Artmann: Ein Gedicht und sein Autor, S. 376.
35. Vgl. Butzer/Jacob: Lexikon literarischer Symbole, S. 604f.; Millner: Spiegelwelten.
36. Chotjewitz: In Artmanns Welt, S. 5.
37. Lyotard: Was ist postmodern?, S. 30.
38. Reichert: Schwebende Wirklichkeiten, S. 754.
39. Zitiert aus dem Vorwort der zweiten Ausgabe von Vicente Aleixandres *La destrucción o el amor* (1945), 359f.; zit. nach: Palmeral: De la creación poética, S. 42; Übertragung ins Deutsche d. Verf.
40. Vgl. Butzer/Jacob: Lexikon literarischer Symbole, S. 42.
41. Reichert: Schwebende Wirklichkeiten, S. 755.
42. Artmann: Ein Gedicht und sein Autor, S. 375f.

Jacques Lajarrige

herr Artmann kommt auf den vulkan.
Aus meiner Botanisiertrommel oder die Kunst der literarisierten Selbstinszenierung

Zusammenfassung:
Zu den dominanten Interpretationsansätzen in der Forschungsliteratur zu H. C. Artmann gehört der des Sprachvirtuosen und Meisters der erfundenen Identitäten, der die Grenzen zwischen Kunst und Leben stets verwischt. Am Beispiel der Sammlung *Aus meiner Botanisiertrommel* (1975) soll aufgezeigt werden, wie Struktur-, Schema- und Motivzitate einen Raum der biografischen Authentizität konstruieren, in dem das literarische Sprechen über Liebe und Natur immer auch ein selbstreflexives Sprechen über das Dichten ist. Im Fokus der Untersuchung stehen Gedichte, die ihren eigenen fiktionalen Charakter ironisch thematisieren und damit Teil eines Diskurses werden, in dem traditionelles Wissen um literarische Traditionen und Stillagen z. T. formal bewahrt und zugleich (meta)diskursiv neu verhandelt werden. Besondere Aufmerksamkeit gebührt den expliziten Fiktionssignalen, die eine bewusste Situationsspaltung anzeigen und Artmann als Darsteller seiner Rollen, inklusive der seiner eigenen Person, zu erkennen geben. Von Bedeutung ist dabei, dass durch metafiktionale, oft preziöse Szenarien nicht nur die Beschaffenheit der Fiktion, sondern ebenso die literarische Konstruktion von Realität reflektiert wird.

Schlüsselwörter: Minnereden, Selbstinszenierung, Autofiktion, Schreibszenen, Naturgedicht

Es ist hinlänglich bekannt, dass zu den dominanten Interpretationsansätzen, die sich in der Forschungsliteratur zu H. C. Artmann frühzeitig durchgesetzt haben, der des Sprachvirtuosen und genialen Meisters der erfundenen Identitäten gehört, welcher die Grenzen zwischen Kunst und Leben stets spielerisch verwischt.
Am Beispiel der Sammlung *Aus meiner Botanisiertrommel* (1975) kann aufgezeigt werden, dass Struktur-, Schema- und Motivzitate eine Form der Autofiktion konstruieren, in der das literarische Sprechen über Liebe und Natur stets immer auch ein selbstreflexives Sprechen über das Dichten ist, ja sogar ein Ausloten der

Möglichkeiten der lyrischen Sprache. Wendelin Schmidt-Dengler, der sich mit diesen Texten schwer tut und seiner Lektüre der vom Untertitel versprochenen ‚Balladen und Naturgedichte' wenig abzugewinnen vermag, ist jedoch in einem Punkt Recht zu geben, wenn er von einem einmaligen und unwiederholbaren Wagnis spricht und sie als „Zeichen für eine Verbrauchtheit der ‚Konkreten Poesie' und experimentellen Literatur" deutet.[1] An solchen Texten fällt jedoch zuallererst auf, dass sie eine Form der Hybridisierung produzieren und innerhalb der Sprache und darüber hinaus der Literaturgeschichte – im (stets schrulligen) Dialog mit ihr – einen Raum der Erfindung schaffen, in dem jede Behauptung unentscheidbar und jede Wahrheit ungewiss ist.

Im Fokus der Untersuchung sollen deshalb in erster Linie Gedichte stehen, die ihren eigenen fiktionalen Charakter ironisch offenlegen und thematisieren und so Teil eines Diskurses werden, in dem traditionelles Wissen um literarische Traditionen und Stillagen (Minnesang, romantische Naturlyrik, Phantastik, usw.) z. T. formal bewahrt und zugleich (meta)diskursiv neu verhandelt werden. Besondere Aufmerksamkeit soll in erster Linie den expliziten Fiktionssignalen zukommen, die eine bewusste Situationsspaltung signalisieren und Artmann als Darsteller seiner Rollen, inklusive der seiner eigenen Person, zu erkennen geben. Von Bedeutung ist dabei, dass durch metafiktionale, oft preziöse, mitunter sogar gewollt kitschige Szenarien nicht nur die Beschaffenheit der Fiktion, sondern ebenso die literarische Konstruktion von Realität inszeniert wird.

Wir wollen methodisch den Weg gehen, die Sammlung von der (Selbst-)Inszenierung des Dichters her zu lesen. Der Fokus der Analyse wird deshalb zunächst auf der Praxis der falschen Auktorialität liegen, welche die Sammlung konstituiert und perspektiviert. In diesem Ansatz, der sowohl dem Ton als auch der Form der Gedichte gerecht zu werden versucht, werden die Figurationen des Ichs sowie die ironische Brechung derselben als Effekte einer grundsätzlichen und für die Sammlung konstitutiven reflexiven Operation lesbar, die Mitte der 1970er-Jahre die Möglichkeiten einer lyrischen Sprache hinterfragt. Dabei soll aufgedeckt werden, wie durch die Fülle der verschiedenen Selbstverweise und Spiegelungen eine Disjunktion eingeführt wird, in der sich das lyrische Ich und das erlebende Ich wechselseitig spiegeln.

Es stellt sich also die Frage, auf welchen Ebenen und über welche textuellen Verfahren in der *Botanisiertrommel* Autorschaft bzw. Auktorialität thematisiert wird.

1. Zwischen entliehener Auktorialität und auktorialen Selbstentwürfen

Eine eingehende Lektüre der Sammlung *Aus meiner Botanisiertrommel*[2] belegt die Vielfalt an Perspektiven, in denen Autorschaft modelliert erscheint. Bei aller Banalität verdeutlichen metapoetische Passagen nicht nur den innovativen Umgang des Dichters mit der literarischen Tradition im weitesten Sinne, sondern offenbaren auch, dass Artmann die literarhistorischen Bedingungen seines literarischen Unterfangens stets überbewusst reflektiert. Darauf wird noch zurückzukommen sein. Neben der überall aufscheinenden Subjektivität des lyrischen Ichs bestehen indes deutlich erkennbare Textsignale, die dem Willen Ausdruck verleihen, sich kompromisslos in literarischer Form auszudrücken, statt die eigene physische und emotionale Persönlichkeit preiszugeben. Weit davon entfernt, ein eindeutiges Bekenntnis zur Quellenabhängigkeit abzugeben, bezeichnet sich die lyrische Instanz unverkennbar als Urheber der Gedichte. Ein eindeutiges Beispiel dafür liefert u. a. die Schlussstrophe von *bei rotwein und legenden*, die einer Engführung von lyrischem Ich und literarischer Maske gleichkommt:

> es träumt ein leeres bette
> im kühlen donaugrund,
> die schläfrin weilt woanders
> um mitternächtge stund.
>
> wo wird sie denn grad weilen?
> fragt minstrel hadubrand!
> der wirds am besten wissen,
> weil er dies lied erfand.. (B 8–9)

Nicht anders als in seinen früheren Werken geht es Artmann hier darum, mit literarischen und fiktionalen Möglichkeiten zu experimentieren und die Literatur zum A und O des Lebens zu machen. Hinter dem Projekt der Autofiktion steht immer auch eine strukturelle Haltung, oder genauer gesagt, eine Haltung des Schriftstellers als Dichter. Als ob der Schreibgestus selbst nicht nur die Erfindung einer oder mehrerer Identitäten implizieren würde, sondern auch die Überzeugung von der Notwendigkeit, ein Gedicht wörtlich zu nehmen, sich ihm widerstandslos hinzugeben, wie um den literarischen Status seines Urhebers, um eine Figur des als Schriftsteller agierenden Autors besser zu festigen. Das Ich macht sich in der Tat unmissverständlich hörbar, doch jedes Mal anders, jedes Mal farbenfroher, skurriler, einem Echoraum gleich, der die Unbeständigkeit des Subjekts besiegelt und die Inszenierung einer namentlich verkörperten Figur erlaubt, wenn auch nicht weniger perfekt fiktiv und zeitversetzt, unzeitgemäß, wie gewisse Anachronismen metaphorisch verdeutlichen. Exemplarisch lässt sich dies zum Beispiel an folgenden Versen aus dem Gedicht *einen kranz aus butterblumen* (B 5–6) bzw. *wunderschöne pusteblumen* (B 83–84) nachvollziehen:

auf karottenroten wölklein
schwebt die göttin freya hin;
summend wie ein bienenvölklein,
ausgeklinkt vom zeppelin,
schwirren küsse und gedanken,
sommer, winter, tag und nacht –
keine grenzen, keine schranken:
lieb und freiheit sind erwacht. (B 6)

nur noch sieben kurze halte,
dann ein ruf durchs telefon,
melisandens echte stimme –
lange träumt er schon davon. (B 84)

Die Gedichte der *Botanisiertrommel* strafen ausnahmslos der in den 1970er-Jahren weit verbreiteten These vom Tod des Autors (Barthes, Foucault) Lügen, treiben sie doch ständig ein doppelbödiges Spiel mit den Lesererwartungen. Zum einen verschwindet der Dichter hinter seinen Figuren, zum anderen gibt er sich durch Strategien der Authentisierung des Gesagten zu erkennen, wobei sich künstlerische Reflexivität und nachdrückliche Verweise auf inter- und außertextuelle Bedeutungsverhältnisse in vielen Fällen als zusammengehörig erweisen, auktoriale Selbstentwürfe eine indirekte Autorfigur für die Gedichte reklamieren, ohne diese zwangsläufig mit einem Namen zu belegen.

Nur so lässt sich erklären, dass Artmann zum Beispiel auf das Mittelalter einen modernen, emphatischen Autorbegriff projiziert, der der Anonymität vieler Texte aus dieser Zeit widerspricht. Dabei erscheint wie im Fall des bereits erwähnten „Minstrel Hadubrand" oder „des edle[n] graf[en) vom gral" (B, 50) der fiktive oder wirkliche Autor als Erzeuger von Diskursen und nicht im Umkehrschluss „der Diskurs als der historisch variable Spielraum von Autorfiktionen".[3]

Dafür plädiert ebenfalls die lange Liste der Masken und Selbstentwürfe, die innerhalb der Gedichte eine stets neue auktoriale Ebene eröffnen. So tritt das lyrische Ich in zahlreichen Konstellationen auf den Plan: als „schweizer offizier" (*in eines gartens laube*, B 78), als „flügelloser aar" (*rosen blühen um die veste*, B 16), „sir tristrent" (*es war zu erzelwang*, B 32), „lothar" (*durch des waldtals feuchte schlüfte*, B 67), oder Jäger in *in niederösterreichs grotten* (B 86), alles Variationen des strukturellen Bezugs von Dichtung und Selbstinszenierung, die in den vorausgehenden Texten Artmanns bereits vorgeprägt sind. Dazu muss gesagt werden, dass die Suggestivkraft solcher Kapriolen weit größer ist als ihre quellenmäßige Absicherung. Viele Texte veranschaulichen zudem eine Art Paradoxon, denn in der Tat schlägt sich das Postulat der Derealisierung des Autors in einer unerhörten Fiktionalisierung desselben nieder. Das ständige Changieren der literarischen Bezugssysteme (Naturgedicht, Stimmungslyrik, Rückwendung zum Mittelalter, zur Romantik, zur Phantastik), das ein Übriges tut, um den Leser, die Leserin zu verunsichern, wird in den Dienst einer breit angelegten Resemantisierungspraxis der übernommenen literarischen Modelle gestellt. So sind die meisten auktorialen Selbstentwürfe nicht zu trennen von metapoetischen Aussagen, die sehr wohl als Standortbestimmungen Artmanns in der lyrischen Landschaft der Zeit auszulegen sind. In manchen Gedichten wie etwa *in ein veilchen* (B 22–23) oder *einen kranz aus butterblumen* mögen sie sich ja sogar wie selbstironische bzw. eigenlöbliche Statements ausnehmen:

> meine kunst
> reicht ans sublime (B 23)

oder

> mit musik ich dich verwöhne,
> klimpre dich ins paradies (B 5)

Andere wie etwa *nach italiens feigenhängen* (B 32–35) klingen wiederum wie eine humoristisch distanzierte Quellenberufung:

> dieses war von mir das erste
> lied, darin zitronen blühn,
> daß ich nicht vor sehnsucht berste
> sei von heut ab mein bemühn. (B 36)

Dennoch sollten manche Strophen wie jene Anfangsstrophe des Gedichts *mir ist, als hört ich wieder* (B 59–60) als beanspruchte Inspirationsquelle eher ernst genommen werden:

> mir ist, als hört ich wieder
> des gwenc'hlan prophesei,
> die alten zauberlieder
> entstehn in mir aufs neu. (B 59)

Aus diesen Verszeilen geht eindeutig hervor, dass Auktorialität sich in der *Botanisiertrommel* indirekt noch auf vielen anderen Ebenen manifestiert. Die namentliche Erwähnung des bretonischen Barden Gwenc'hlan, dem im 6. Jahrhundert die Augen ausgestochen wurden, weil er sich geweigert hatte, zum Christentum zu konvertieren, mag sich zuerst wie ein absoluter Insidertipp ausnehmen, was sie übrigens zum Teil auch ist. Ihre Auswirkungen entfalten sich allerdings in zwei Richtungen. Zum einen lenkt der befremdende Name die Aufmerksamkeit auf Artmanns bekannte Kenntnis altkeltischer Dichtung und Mythologie. Zum anderen suggeriert das Herbeizitieren des bretonischen Gwerz[4] *Diougan Gwenc'hlan* („Die Prophezeiung des Gwenc'hlan") zugleich eine Form der unmittelbaren Übertragung der poetischen Inspiration des Modells auf das lyrische Ich, ein als gelungen hingestellter Prozess von Auktorialitätstransfer, den der Übergang vom Irrealis („als hört ich") zum Indikativ („entstehn") sprachlich nachvollzieht. Als Autor können wir folglich in diesem Zusammenhang entweder namentlich die Person eines Verfassers von Texten bezeichnen, deren Sinn durch Interpretation auf eine auktoriale Intention zurückgerechnet werden kann, oder aber eine Konstruktion, wonach ein Name für Funktionen steht, die den Umgang mit bestimmten literarischen Texten bzw. Diskursen (Prophezeiung, Zauberlieder) illustrieren. Beide Seiten, die hermeneutische und die diskursanalytische Perspektive, bilden innerhalb der Sammlung in ihrer Komplementarität den weitgefassten Rahmen des Diskurses zum Thema Autorschaft.[5]

Einen ähnlichen Verweischarakter besitzen die zahlreichen, oft entstellten Zitate vom Weimarer Dioskurenpaar sowie Anspielungen, die bekannte Motive aufgreifen und sie einer Verkitschung oder Trivialisierung unterwerfen, etwa in *rosen blühen um die feste* (B 15–16) oder *nach italiens feigenhängen*:

ihren busen seh ich schmachten,
wachs aus paradisium,
ihre augen zu betrachten –
himmel, welch delirium (B 16)

freiheit, schöner göttergatte,
schinken aus elysium,
leicht benommen steigt der matte
vollmond über latium.. (B 35)

nach italiens feigenhängen
möchtest ziehen du mit mir,
lauschen südlichen gesängen
wie ein nördlich fabeltier? (B 33)

Die Autorität, die „auctoritas" desjenigen, der für das Werk bürgt („auctor"), wird so herabgesetzt angesichts der Aktivität desjenigen, der das Gedicht schreibt und konzipiert („scribere"), eines Schriftsteller-Skriptors, dessen Status nur von den Worten, von ihrer spielerischen und ironischen Art, mit ihnen umzugehen, herrühren kann.

Die Dispositive, die die auktorialen Spiele zwischen Monstration und Legitimation beherrschen, werden somit durch witzige Effekte zu spielerischen und parodistischen Zwecken entführt, ohne jedoch jemals den Schauplatz der Autofiktion zu verlassen, ohne aufzuhören, der permanenten Fiktion des geschriebenen Selbst versklavt zu sein. Immer wieder prallt Erhabenes auf Alltägliches, Pathetisches auf Triviales. Witz, Ironie und Kontrastkomik sprechen nicht nur für eine profunde Kenntnis der bemühten klassischen Quellen, sie zeugen auch von dem Bewusstsein um die Notwendigkeit, sie nur noch auf diese distanzierte Weise mobilisieren zu können.

2. Artmann ist nicht gleich Artmann

In mehreren Gedichten der *Botanisiertrommel* steht die Erfindung oder die imaginäre Konstruktion eines Selbst auf der Bühne des Schreibens im Vordergrund. Es geht dabei jedoch nicht nur darum, die Ressourcen der Maske und des Schutzschirms auszunutzen, die eine solche Selbstfiktionalisierung erlauben, wobei das wirkliche Selbst entweder ein Fluchtpunkt bleibt, der ständig entkommt und sich hinter seinem Tintenfass verbirgt,[6] oder eine auktoriale Realität außerhalb der Schreibszene, wie in der barocken Ästhetik, der Artmann so viele Impulse verdankt wie in dem Gedicht *als des morgens wangenröte* (B 10–11):

> und schon saß ich vor der tinte,
> tauchte forsch die feder drein,
> setzt auf weiße blätter zeilen,
> zierlich, negroid und fein. (B 10)

Artmann verfeinert den Prozess dahingehend, dass das Ziel darin zu bestehen scheint, das Selbst zu ent-realisieren, indem es als Fiktion ausgestellt wird, bis hin zur Figur des Dichters, der die Fäden der Fiktion des Selbst zieht. Deswegen sind viele Gedichte nicht vordergründig aus einer semantischen oder rhetorischen Perspektive zu untersuchen. Nicht von ungefähr wird die Wirksamkeit der Handlungselemente durch den nachdrücklichen Verweis auf die wortwörtlich zu nehmende, dem „minstrel hadubrand" (*bei rotwein und legenden*, B 7–9) gemäße Instrumentalität des Vortragens verbürgt:

> wenn sich in abendauen
> der glühwurm heftig regt,
> hat hadubrand der minstrel
> sein lied zurecht gelegt.
>
> da steht er am gestade
> mit seiner violin,
> der bogen fiedelt magisch
> über die saiten hin. (B 7)

Das Zusammenwirken der sich beim Schreibprozess gegenseitig bedingenden Dimensionen der Körperlichkeit, Instrumentalität und Sprachlichkeit erzeugt im Sinne des von Rüdiger Campe geprägten Begriffs der „Schreib-Szene" eine Schreibsituation des mühelosen Extemporierens,[7] bei der die textproduzierende Instanz nicht in der traditionellen Haltung der Schreibstube erscheint, sondern im Stehen bzw. Gehen in die Rolle des Minnesängers schlüpft. Die so sukzessive durchgespielten Rollenverteilungen oder „atmosphärischen" Szenarien erlauben es, von Praktiken des Dichtens zu sprechen, die „eben nicht nur den eigentlichen

Schreibprozess umfassen, sondern auch alle Handlungen, die von diesem Schreiben als Szene, oder als Repräsentation, oder als Artefakt ausgehen".[8] Sie sind in ihrem Aussagemodus dem mittelalterlichen Modell der Minnerede insofern treu, als sie deutlich signalisieren, dass sie nicht Erlebnisdichtung, sondern Rollendichtung sind, in der aufgesetzte Gefühle vorherrschen.[9] Allgemein charakteristisch für Artmanns hyperbolische Imitationen der traditionellen Minnerede ist die Zurschaustellung von transitorischen Identitätskonstruktionen, von Momentaufnahmen im Prozess des Weiterdichtens und des Weiterschreibens. Das Durchbrechen von konventionalisierten Codes der höfischen Liebe macht die Attraktivität etlicher Gedichte der Sammlung aus, die noch insofern gesteigert wird, als sie einen festen Bestand an handlungsstrukturellen und motivischen Versatzstücken aufweist. Hierfür mag auch die hohe Zahl an einschlägigen Textstellen einstehen, die überlieferte Stereotypien immer wieder neu kombinieren bzw. bis zur Trivialisierung oder zum Anachronismus ironisch brechen. Artmanns Minnereden stellen ein ergiebiges Experimentierfeld dar, denn in ihnen werden die traditionell verfügbaren rhetorischen Möglichkeiten und Rollenzuweisungen immer wieder neu aufgegriffen und durchexerziert. Wie es übrigens im Umgang mit Mustern der Trivialliteratur und Phantastik ebenfalls der Fall ist, offenbaren sie ein hohes Maß an kreativer Freiheit, das sich im beliebigen Kombinieren von verfügbaren Versatzstücken und thematischen Einflüssen manifestiert. Über ihre textuelle Verfasstheit hinaus öffnen sie manchmal auch einen Raum, in dem über die Möglichkeiten einer Aktualisierung mittelalterlicher Modelle reflektiert werden kann. In diese Reihe gehört auf exemplarische Weise das Gedicht *ein ritter rülpst auf seiner veste*, dessen Personal aus lauter rüpelhaften, ungezügelten Klötzen besteht, nicht zuletzt deswegen, weil es unverwüstliche Klischees über eine ungehobelte Zeit auf ironische Weise aneinanderreiht:

EIN RITTER RÜLPST AUF SEINER VESTE,
   der bauer spuckt sich in die hände,
   ein mönch bekleckert latz und wände,
   der schreiner schnitzt an seiner weste.

ein könig schneuzt sich in die krone,
   der tristan schlurft zur geißblattlaube,
   der waldzwerg wittert treu und glaube,
   ein dichter findet das nicht ohne.

ein erzabt faselt enigmatisch,
der pilgrim macht in fremde kräuter,
der engel kennt die kuh am euter.
ein eremit riecht unsympathisch.

[...]

ein glöckner mit den hoden läutet,
der diaconus treibts mit basen,
der jäger hört die hasen blasen,
was mittelalter heut bedeutet. (B 81)[10]

Auf der Hand liegt, dass solch gewollt exzessive Überbietungen sich hier zusätzlich sprachlich verselbstständigen und der Text von einer nicht zuletzt reimgesteuerten Klangfaszination getragen ist,[11] die sich schlussendlich aus der in enger Folge geschalteten Reihe von Grobian-Variationen ergibt. Das Prinzip des hyperbolischen Tadelns, das demnach auch in der paratktischen Makrostruktur des Gedichts greift, lässt a contrario die Hypothese zu, Artmanns Minne-Imitationen seien unvergleichlich edlerer Art.

Einen anderen, wichtigen Aspekt der Erschließung von Möglichkeitsräumen seiner Schreibpraxis stellen bei Artmann jene radikalen Sonderfälle dar, die eine textproduzierende Instanz namens Artmann einführen. Damit sind jene Gedichte gemeint, in denen die auktoriale Inszenierung sich voll und ganz diesem schwindelerregenden Unterfangen der methodischen Rekonstruktion seiner selbst als Dichter widmet, aber auch als fiktionaler Charakter – zwei Erkundungswege, die oft auf ununterscheidbare Weise ineinander übergehen.
Eines der bekanntesten Beispiele in dieser Kategorie der Autofiktion, die man ebenfalls als Autorfiktion[12] bezeichnen könnte, ist wohl das Gedicht *herr artmann kommt auf den vulkan*, das sogar so weit geht, die Namensgleichheit (Artmann vs. artmann) heimtückisch in Frage zu stellen. Die „Fiktion strikt realer Ereignisse und Fakten",[13] die der Definition der Autofiktion durch den französischen Autor und Kritiker Serge Doubrovsky entspricht, ermöglicht hier auch eine (selbst-)ironische Konstruktion, die deutlich machen soll, dass die Literatur immer an erster Stelle steht und dass es nicht mehr darum gehen kann, das Wahre vom Falschen unterscheiden zu können oder einen Pakt der Aufrichtigkeit mit dem Leser abzuschließen, sondern mit allen Mitteln der Fiktion zu spielen:

> HERR ARTMANN KOMMT AUF DEN VULKAN,
> den urwald hat er längst verlassen,
> steigt stumm zum kraterrand hinan,
> sein herze hart wie marzipan,
> hans dampf in allen gassen.
> [...]
> Von sulphurhauch die wangen grün,
> fast schmelzen fort die gummisohlen,
> notiert er subterranes sprühn,
> bemerket er der magma glühn,
> steht wie auf warmen kohlen. (B 29)

Die Dichterfigur ist dabei nichts anderes als das Produkt der Sprache, die immer anders geratene Summe der möglichen Fiktionen des Ich, die das bildet, was Schmidt-Dengler eine „Grammatik der lyrischen Sprache"[14] genannt hat. Durch die Schaffung eines so polymorphen Ichs steht Artmann auch voll und ganz im Einklang mit einer postmodernen Bewegung in der Literatur, die ständig transponiert, transformiert, transferiert und dabei Normen überschreitet.

Zu den komischen, ja grotesken Effekten gehört in diesem Zusammenhang sicherlich die Tatsache, dass die poetische bzw. metaphorische Sprache einen hohen Grad an Referenzialität fingiert, wie die wortwörtlich verwendeten Redensraten „hans dampf" und „steht wie auf warmen kohlen" nahelegen. Nicht zuletzt der vorausgesetzte starke Bezug der Dichtung zur Außenwelt beglaubigt jedoch die Pose des romantischen Dichters als Seismografen der Welt, dem die gefühlsmäßige Erfassung der Natur alles bedeutet. Das Vor-Augen-Führen einer Eruptionslandschaft, die auf den Dichter selbst abzufärben scheint (Dampf, Kohle) und zugleich eine metaphorische, auf einer eindeutigen Verdinglichung beruhende Bedeutungsfusion vollzieht, muss jedoch den referenziellen Charakter des Textes ad absurdum führen und ihn wieder sofort vom Gegenständlichen abkoppeln. Bereits die Antiphrasis des vierten Verses („sein herze hart wie marzipan") macht in der Tat die Inszenierung des waghalsigen Dichters, der allen Gefahren trotzt, gnadenlos zunichte. Nichtsdestotrotz bleibt das Gedicht ein frappantes Beispiel für eine poetische Energetik, welche weniger aus der phänomenalen Erfahrung hergeleitet werden kann denn aus dem ständigen Sich-Verwandeln der Dichterfigur selbst, aus seiner spöttischen Fähigkeit, sich in jeweils andere Rollen hineinzuprojizieren.

Die Selbstfiktionalisierung als uralte Form der Fiktionalisierung wird dabei subversiv eingesetzt, vor allem vielleicht weil sie als eine Maschinerie des Schreibens und der Hochstapelei erscheinen will, die paradoxerweise eine echte auktoriale Haltung verdeckt. Die Ironie liegt darin, dass solcherart eine Form der Lyrik entsteht, die ihren eigenen fiktionalen Charakter stets zur Schau stellt und thematisiert. Von Bedeutung ist ebenfalls, dass durch metafiktionale Szenarien nicht nur die Beschaffenheit der Fiktion reflektiert, sondern ebenso auf die Konstruktion von Realität hingewiesen wird. Es wird also stets auch die Frage nach dem Verhältnis von Kunst und Realität gestellt.

Die meisten Gedichte der *Botanisiertrommel* sabotieren gerade Kategorien oder Topoi wie Selbstidentität, Totalität, Zentrum. So besteht Artmanns Diktion darin, durch ein Spiel der literarischen Referenzen und der Signifikanten den Sinn in einen Prozess der Dissemination hineinzuziehen, der verhindert, dass die Fragmentierung und Ambiguität sich wieder in einer einseitigen Identität aufheben. Artmann stellt sich in seiner textuellen Praxis eindeutig auf die Seite des Nicht-Identischen, Multiplen, Disparaten. Seine Schreibweise zielt nicht mehr auf einen positiven Verweis aufs Absolute, sondern auf das Spiel der Signifikanten selbst, das eine Fülle von intra- und intertextuellen Spiegelungen generiert. Schließlich darf man in der Artmann'schen Konzeption der Ironie und des Pastiche ein Moment der Überschreitung romantischer Poetik erkennen, welches das Leiden am Primat der Identität in ein spielerisches Verhältnis zu irreduzibel multiplen Fiktionen der Identität umwandelt.

Indem sie die durchaus alltägliche, ja triviale Welt als Phantasmagorien darstellen, werden Artmanns Rollenspiele nicht nur zu einer radikalen Infragestellung der Ideologie der Identität, sondern auch der Geschlossenheit des Diskurses und der Eindeutigkeit der Repräsentation. Die diversen Figurationen des namensidentischen Doppelgängers spalten nicht nur die Person in sich wechselseitig spiegelnde Dualitäten, wobei sich nicht mehr klar zwischen originaler Dichterfigur und ihren Imitaten unterscheiden lässt. Sie tragen darüber hinaus dazu bei, dass das Motiv des Doppelgängers selbst und seine Funktion von der Vervielfältigung der möglichen Deutungen nicht unberührt bleiben.

Die Tatsache, dass Artmann sich in seinen Gedichten selbst nennt und in der ersten Person Singular auftritt, soll nicht in erster Linie als ein Zeichen für deren Authentizität gedeutet werden. Wie andere Formen der Dissoziation, denen wir bereits begegnet sind, hat diese Abwandlung, die mit einer stolzen Inanspruchnahme der Gattungen Naturgedicht und Ballade zur Zeit der Neuen Subjektivität einhergeht, auch schier programmatischen Charakter. Dies ist bestimmt der Fall am Ende von *einen kranz aus butterblumen*, dem ersten Gedicht der

Sammlung, in dem Artmann sich als jemand stilisiert, der gegen den Geist der Zeit schreibt und es an die Adresse des deutschen Sprachraums gerichtet in die Welt hinausruft:

> wodans linkes aug sieht wieder,
> flugs s monokel eingeklemmt,
> donar zupft vom lila flieder,
> frischgestärkt sein rosa hemd,
> die valkyrien lächeln leise,
> feen aus mythomania,
> und ich taufe meine weise:
> artmann an germania. (B 6)

3. *als des morgens wangenröte*: „meister artmann frauenlob"

Eine interessante Variante stellt das Gedicht *als des morgens wangenröte* dar, schon aufgrund der kommunikativen Komplexität der lyrischen Aussage in der ersten Strophe, die den Leser zuerst zögern lässt. Die Ambiguität rührt nämlich daher, dass man nicht wirklich entscheiden kann, ob im vierten Vers der ersten Strophe das Attribut, das strukturell ganz der Apposition im engeren Sinne entspricht, in der Stimmführung abgesetzt ist oder nicht:

> ALS DES MORGENS WANGENRÖTE
> ilsebel aus träumen schob,
> war das alpha ihrer worte:
> meister artmann frauenlob! (B 10)

Da kann die Kommasetzung, die im engen Fall, also bei Namenszusätzen oder kategorischen Beschreibungswörtern, sowieso nicht notwendig ist, wenig helfen. Was dabei auf dem Spiel steht, ist vielmehr die Funktion bzw. Bedeutung des Beisatzes „Frauenlob". Mit anderen Worten: Es geht darum zu eruieren, ob in diesem Fall die Apposition mit dem Beziehungswort austauschbar ist. Oder soll man eher davon ausgehen, dass wir es hier nicht mit einer Apposition, sondern mit einer bewunderungsvollen Anrede zu tun haben, wie der Ausruf suggeriert? Im Zweifelsfall muss der Leser, die Leserin wahrscheinlich beide Möglichkeiten gelten lassen, wenngleich eine Verschiebeprobe, sieht man vom Reimzwang (schob – frauenlob) ab, eine andere Bedeutung aufzeigt: „Frauenlob, Meister Artmann!" Die unaufhebbare Doppeldeutigkeit der attributiven Bestimmung gehört natürlich mit zum Programm, so dass die erklärende Funktion tatsächlich an die folgenden Strophen delegiert wird.

Wie dem auch sei, der Verweis auf den mittelalterlichen Dichter Heinrich von Meißen, genannt Frauenlob bzw. Meister Heinrich Frauenlob, stellt Artmanns Interesse für diese Periode der Literaturgeschichte zur Schau. Über die in unzähligen Variationen durchgespielte Selbstinszenierung als Schürzenjäger und Weiberheld hinaus verdient der parodistische Missbrauch der Quelle, Meißens *Marienleich*, Aufmerksamkeit. Die Wahl des Modells ist kein Zufall, entsteht aus den überlieferten Texten Frauenlobs doch mehrfach das Bild eines zur Selbstrühmung neigenden Dichters, was das lyrische Ich der *Botanisiertrommel* zugleich von vornherein von jedem Verdacht der Eitelkeit befreit und die Haltung der hochpreisenden Selbstdarstellung als bloße Anleihe erscheinen lässt. Ausgerechnet dieses Imitationsprinzip, von dem die mittelalterliche Literatur ebenfalls geprägt ist, stellt jedoch eine zusätzliche Inspirationsquelle dar, die nach dem anfänglichen selbstironischen Eigenlob im Sinne des Minnesangs in eine regelrechte, durch und durch erotisierte Verherrlichung der offen angesprochenen Frau umschlägt. Hier wird jedoch eine biografische Authentizität vorgetäuscht, die im Modell der hohen Minne nicht vorgegeben ist. In deutlicher Abgrenzung zum Minnesang wird das Gedicht zu einem schier romantischen Gefühlsausdruck, der eher an eine Form der Erlebnislyrik denken lässt denn an ein ritterlich-ethisch geprägtes Ritual.

Was dabei als Erstes in die Augen springt, ist die Umkehrung des Musters vom Werbelied, bei dem eine Minneklage des Mannes an eine unerreichbare Frau erklingt. Die Variante des Frauenliedes, in dem der sogenannte Minnedienst aus der Sicht der Angebeteten betrachtet wird, verwirft Artmann ebenfalls eindeutig. Es gibt tatsächlich keinen Grund zur Annahme, dass diese Ilsebel nicht bereit wäre, den Minnedienst anzunehmen, doch drückt sie auch nicht im Mindesten ihr Bedauern darüber aus, dass sie ihn zurückweisen muss. Stattdessen wird die Umwerbung als unwiderstehlich dargestellt:

bald drauf pfiff ich meiner taube,
hieß sie schweben zum balkon –
in die finger ihrer hände
bracht sie meinen liebeslohn. (B 11)

Von einem Versuch ihrerseits, der Verführung zu entgehen, findet man übrigens keine Spur. Ganz im Gegenteil: Die Vorstellung von der scheuen *vrouwe*, deren Unnahbarkeit den Mann zu Klageliedern animiert, besitzt überhaupt keine Gültigkeit mehr. Im Gegensatz zur Terminologie des Lehnswesens, welche die Frau zur abstrakten Minneherrin erhebt, die über dem Mann steht, erweist sich die Dame als wenig kontaktscheu. Sie wird ja detailgenau beschrieben, wobei ihr betont geschminktes Gesicht und die verführerische Aufmachung, die ihre Reize halb entblößt, den Sittlichkeitscode des Originals bewusst über Bord werfen. An die Stelle, wo im Minnelied die Kontrolle über die Affekte und die Sublimierung der Erotik im Mittelpunkt stehen, tritt nun eine ungebändigte Fleischeslust, ein widerstandsloses Sich-Hingeben an den Freier.

Einen anderen Aspekt sollte man in den Blick nehmen: Das literarische Sprechen über Liebe war in der Literatur des Mittelalters zugleich immer schon ein selbstreflexiver Diskurs über das Dichten. Venus[15] ist nicht zufällig die immer wieder verehrte Göttin der Dichtung, die hier allerdings zur grammatisch vollkommen korrekten Formel „veneris verkündigung" verkommt und so manche Unannehmlichkeit intimer Natur befürchten lässt.

Mit dem mittelhochdeutschen Wort *minne* ist stets beides gemeint: der subjektive Affekt und der symbolische Code. Die Autoren des Mittelalters stellen ihr Können dadurch aus, dass sie die Minne als eine Chiffre verwenden, die auch für ihre eigenen Kompetenzen stehen. Im Anschluss an diese Eigenart ist Artmanns Gedicht zugleich Teil eines Metadiskurses, in dem die Tradition der Minne in abgewandelter Form zum Teil bewahrt, aber diskursiv neu verhandelt wird zugunsten einer Selbstfiguration, in der das lyrische Ich kein leidendes, sondern ein selbstvergnügtes, triumphierendes ist. Nicht von ungefähr bleibt der diskursive Kernpunkt, die eigentliche Werbung ausgespart. Auf diesem Weg kann das Eigenlob des bramarbasierenden Weiberhelden schon einleitend hervorgehoben werden, so dass auf motivischer Ebene die detaillierte Ausgestaltung des Minnedienstes als unumgängliche, von der Gattung vorgeschriebene Phase sich von selbst erübrigt und die zentralen, der Frau gewidmeten vier Strophen umrahmt sind von der Selbststilisierung des lyrischen Ichs als eines begnadeten, ewig verliebten und geliebten Dichters, dem die Verse mühelos in die Feder diktiert werden:

    und schon saß ich vor der tinte,
    tauchte forsch die feder drein,
    setzt auf weiße blätter zeilen,
    zierlich, negroid und fein.

mühlos flossen meine reime
aufs papier durch frühen tag,
und aus tauverglasten bäumen
tönte froher finken schlag. (B 10)

Als Konsequenz der im Gedicht ausverhandelten Minneauffassung zielt das Verhalten des Ich nicht mehr darauf, die Minne der Angebeteten zu erwerben, sondern ihren Ewigkeitscharakter durch die Fortschreibung der literarischen Vorlage zu gewährleisten. Die komplexe Verschränkung mehrerer Perspektiven mit dem überkommenen Muster macht das Besondere und Innovative des Textes aus. Unter der Voraussetzung eines gemeinsamen literarischen Wissenshorizontes von fiktivem Autor und fiktivem Leser dient die spielerische Auseinandersetzung mit der Tradition dem Maskenspiel. Der Text weist einen hohen Grad an Bewusstsein und Reflexion des Umgangs mit der Tradition auf, wenngleich sich keine dominante Quelle oder ein ausschließlich hinzugezogener Prätext ausmachen lässt. Stattdessen klingt das Gedicht unter Berufung auf Wotan, der in der germanischen Überlieferung auch als ein Gott der Dichtung und Runenzauberer gilt,[16] wiederum mit einer nie enden wollenden Schreibszene aus:

walt es, wotan, daß ich nimmer
von der dame scheiden muß,
gib mir ewig tag und nächte
um zu tauschen vers für kuß! (B 11)

In anderen Gedichten der Sammlung hingegen finden sich Passagen, die sich vorwiegend auf Werke beziehen, die Relationen zu unterschiedlichen Einzeltexten schaffen, wie z. B. diejenigen, die sich durch die Anspielung auf bestimmte Motive oder Figuren mit eindeutigem Signalcharakter (Tristan oder König Artus) auszeichnen. Somit entsteht eine Systemreferenz, die hauptsächlich in Strukturzitaten, etwa in der Übernahme eines für den Minnesang typischen Musters, besteht.

Das Spektrum der Möglichkeiten intertextuellen Gestaltens erschöpfend darzustellen, ist angesichts der kreativen Vielfalt, die sich in der *Botanisiertrommel* manifestiert, kaum möglich. Paradigmatisch konnte deswegen nur bestimmten aufschlussreichen Formen des Variierens, Zitierens und Andeutens literarischer Selbstinszenierungen oder Strategien der Erwartungslenkung, des Aufbauens von schnell enttäuschten Erwartungshaltungen nachgegangen werden. Verweiskraft, Sinngehalt und kommunikative Funktion der Wort-, Personen-, Motiv- oder Strukturzitate erhellen sich erst aus ihrer Deutung im Gesamtzusammenhang der Sammlung, von dem aus sich die vielschichtigen inter- und intratextuellen Bezüge erschließen. Sinnvoll erscheint es deshalb, die zahlreichen Einzeltextreferenzen der Gedichte in ihrer Ausrichtung auf bestimmte Textmuster und Stoffbereiche in den Blick zu nehmen, um den Spielraum auszuloten, in dem witzige Strategien der Selbstinszenierung voll zur Entfaltung kommen, die in ihrer Tendenz zur Entpathetisierung oft an Heine denken lassen.

Wie in vielen anderen Werken Artmanns können Selbstinszenierungen und Szenografien der Auktorialität in diesen Balladen und Naturgedichten – so der Untertitel – als Ergebnis einer scherzhaften Auseinandersetzung mit literarischen Traditionen beschrieben werden. In der *Botanisiertrommel* sind eine phantasiereiche Verzahnung und Verschränkung verschiedener Schemata aus unterschiedlichen Gattungsbereichen und Epochen (Mittelalter, Klassik, Romantik, Phantastik usw.) zu beobachten, die den unnachahmlichen Ton Artmann'scher Lyrik ausmachen und auf immer neue Kombinationen hoffen lassen:

ich zieh auf meine weise
die sprachbewegung nach,
verführt, auf wilder reise –
noch liegt so vieles brach.. (B 51)

Literaturverzeichnis

Artmann, H. C.: *Aus meiner Botanisiertrommel*. Balladen und Naturgedichte. Salzburg, Wien: Residenz 1984.
Artmann, H. C.: *Das poetische Werk*. Hg. von Klaus Reichert unter Mitwirkung des Autors. Bd. VII: *Die Kindergedichte*. Allerleirausch – Böse Formel – Ein Büchlein Zaubersprüchlein. Berlin: Rainer; München, Salzburg: Klaus Renner 1993.
Artmann, H. C.: *Das poetische Werk*. Hg. von Klaus Reichert unter Mitwirkung des Autors. Bd. VIII: *Aus meiner Botanisiertrommel*. Balladen und Naturgedichte. Berlin: Rainer; München, Salzburg: Klaus Renner 1993.
Campe, Rüdiger: „Die Schreibszene schreiben". In: Gumbrecht, Hans Ulrich/Pfeiffer, K. Ludwig (Hg.): *Paradoxien, Dissonanzen, Zusammenbrüche. Situationen offener Epistemologie*. Frankfurt am Main: Suhrkamp 1991(=suhrkamp taschenbuch wissenschaft 925), S. 759–772.
Ehrmann, Daniel: „Seelenorte. Literarische Produktion zwischen schreibenden Köpfen und denkenden Händen". In: Kanaller, Susanne / Pany-Habsa, Doris / Scholger, Martina

(Hg.): *Schreibforschung interdisziplinär*. Praxis – Prozess – Produkt. Bielefeld: transcript 2020, S. 137–156.

Haferland, Harald: *Hohe Minne. Zur Beschreibung der Minnekanzone*. Berlin: Erich Schmidt Verlag 2000, Beiheft zur *Zeitschrift für deutsche Philologie* 10.

Japp, Uwe: „Der Ort des Autors in der Ordnung des Diskurses". In: Fohrmann, Jürgen / Müller, Harald (Hg.): *Diskurstheorien und Literaturwissenschaft*. Frankfurt am Main: Suhrkamp 1988, S. 223–234.

Kern, Manfred / Ebenbauer, Alfred (Hg.): *Lexikon der antiken Gestalten in den deutschen Texten des Mittelalters*. Berlin, New York: De Gruyter 2003, S. 639–662 (Art. Venus).

Schmidt-Dengler, Wendelin: *Bruchlinien*. Salzburg, Wien: Residenz Verlag 1995.

Simek, Rudolf: *Lexikon der germanischen Mythologie*. 3., völlig überarbeitete Auflage. Stuttgart: Kröner 2006 (= Kröners Taschenausgabe 368), S. 310ff.

Stingelin, Martin: „‚Unser Schreibzeug arbeitet mit an unseren Gedanken'. Die poetologische Reflexion der Schreibwerkzeuge bei Georg Christoph Lichtenberg und Friedrich Nietzsche". In: *Lichtenberg-Jahrbuch*, 1999, S. 81–98.

Wagner-Egelhaaf, Martina: „Einleitung: Was ist Auto(r)fiktion?". In: Wagner-Egelhaaf, Martina (Hg.): *Auto(r)fiktion. Literarische Verfahren der Selbstkonstruktion*. Bielefeld: Aisthesis 2013, S. 7–21.

Anmerkungen

1 Schmidt-Dengler: Bruchlinien, S. 297.
2 Artmann, H. C.: *Aus meiner Botanisiertrommel*. Balladen und Naturgedichte, Salzburg und Wien: Residenz Verlag, 1984. Nachfolgend im Fließtext zitiert als: B.
3 Japp: Der Ort des Autors in der Ordnung des Diskurses, S. 228.
4 „Gwerz" bezeichnet in der bretonischen Tradition eine Ballade bzw. ein Klagelied. In *Die Prophezeiung des Gwench'lan* erzählt der Barde, dass er sich vor dem Tod nicht fürchtet und macht die Prophezeiung, dass er gerächt werden wird.
5 Dem Prinzip der indirekten Auktorialität begegnet der Leser an zahlreichen Stellen in Form von authentischen bzw. verballhornten Autorennamen (Richard Wagner, B 70), Frédéric de Flaubert (B 54) oder von Figurennamen (Fantômas, 20), Manannán Mac Lir (B 96), einer Sagengestalt der keltischen Mythologie Irlands, Aldonza (B 65), der Bauerstochter Aldonza Lorenzo, die Cervantes' Don Quichote zur Geliebten auswählt und mit dem erfundenen Titel *Dulcinea del Toboso* auskleidet.
6 Vgl. auch Artmann, Hans Carl: zueignung. In: ders.: Die Kindergedichte, S. 7: lerne was, / so hast du was, / kauf dir drum / ein tintenfaß, / füll die feder dann darin, / nimm papier / schärf deinen sinn.
7 Campe: Die Schreibszene schreiben. Zum weiteren Aspekt der Geste des Schreibens, der „Skription", vgl. Stingelin: „Unser Schreibzeug arbeitet mit", S. 84, der „den unmittelbaren Griff zum Schreibgerät und die Geste, mit der es geführt wird" analysiert.
8 Ehrmann: Seelenorte, S. 141.
9 Zur Unterscheidung zwischen Rollendichtung und Erlebnisdichtung, vgl. Haferland: Hohe Minne, S. 26f.: „Dass Minnesang nicht Erlebnisdichtung, sondern Rollendichtung ist; gilt als Gemeinplatz der Minnesangforschung. […] Gemeint ist mit dieser Gegenüberstellung allerdings, dass die Minnesänger nicht wie vielleicht Goethe in

den Sesenheimer Liedern ihre eigenen Erlebnisse zugrunde legen. Sie übernehmen vielmehr eine bestimmte Rolle, die ausschließen soll, das, was im Lied zur Sprache gebracht wird, als ihre subjektive Erfahrung zu verstehen."

10 Gegenüber der Erstausgabe (1975) und der broschierten Neuausgabe von 1984 (beide Residenz Verlag) wurde von Klaus Reichert und H. C. Artmann die Sammlung um vier Gedichte gekürzt und um vier Gedichte ergänzt. Das Gedicht *ein ritter rülpst auf seiner veste* gehört neben *herr artmann kommt auf den vulkan*, *ganz versteckt in wildem wein* und *um eintracht in worte* zu den gestrichenen Texten.

11 In einer anderen Strophe des Gedichts *in eines gartens laube* (B 79) wird das freie Spiel mit dem Reim thematisiert: „o tag du meiner nächte, / der falsche herr ewald so spricht, / auf, auf in das gefechte, / dann reimt sich das gedicht!"

12 Vgl. Wagner-Egelhaaf: Einleitung: Was ist Auto(r)fiktion, S. 9.

13 Ebd.

14 Schmidt-Dengler: Bruchlinien, S. 298.

15 Vgl. Lexikon der antiken Gestalten, S. 649.

16 Vgl. Simek: Lexikon der germanischen Mythologie, S. 310ff.

Marc-Oliver Schuster

H. C. Artmanns Frühlyrik (1945/1946): „so konservativ angefangen"

Zusammenfassung:
H. C. Artmann früheste überlieferte Lyrik entstand zwischen April 1945 und 1946. Sie umfasst je nach Zählung 10 oder 13 Gedichte, die erst 1969 im Band *ein lilienweißer brief aus lincolnshire* erschienen. Artmanns Selbsteinschätzung dieser Lyrik als konservativ kann man zustimmen, da er konventionelle Vorlagen verarbeitete (z. B. Trakl, Rilke, Haikus, Bildlichkeit), ohne erste Lektürespuren von Avantgarde-Literatur miteinfließen zu lassen. Diese Frühlyrik zeigt darüber hinaus zentrale Motive von Artmanns Schreiben und Autonomie-Ästhetik, etwa eine konkrete Bildlichkeit und das Naturthema. Solche Aspekte lassen sich auch als persönliche Reaktion auf seine Kriegserfahrung verstehen: Indem er kriegerisches Handeln zum *pars pro toto* für realistisches menschliches Handeln und somit für Geschichte schlechthin macht, befreite er „reinste Wortkunst" vom normativen Begriff des Menschen als eines historischen Wesens.

4 Schlüsselwörter: Frühlyrik, Naturgedicht, Kriegserfahrung, Bildlichkeit

1.

Die vom 14-jährigen Schüler H. C. Artmann vor dem Zweiten Weltkrieg geschriebenen Detektivgeschichten sind ebenso wenig überliefert wie die Texte, die er als verwundeter Wehrmachtssoldat 1941 während seiner Genesung im Olmützer Lazarett verfasste: „die (verlorengegangene) Geschichte *Herr Nenadal geht nach Hause*, die von Poe beeinflußt war, sowie Gedichte im Stile der *Annabelle Lee*."[1] Letztere klassifizierte Poe selbst als Ballade und ist hinsichtlich Artmanns Werk insofern interessant, als sie eine entwicklungslose Art von kindhaftem Trotz inklusive Allmacht-Phantasie zeigt (er übersetzte sie später nebst anderen Poe-Gedichten für *Hans Christof Stenzel's Poetarium* von 1991). Als Artmann nach der Genesung 1943 nach Russland kam, schrieb er dort weitere, ebenfalls verschollene Gedichte, beeinflusst von Poe und japanischen Haikus.[2] Eines davon ist zumindest vom Titel her bekannt – *An Nadja* – und wurde von Urs Widmer, unter Berufung auf Artmann, als dessen „allererstes Gedicht" bezeichnet,[3] wohl im Sinne des ersten

Gedichts, mit dem der Dichter selbst zufrieden war. Passend zu Artmanns prinzipiellem Optimismus und späteren Aufbruchsstimmung im nachkriegszeitlichen Wien ist ‚Hoffnung' die Bedeutung des russischen Vornamens *Nadja* (Koseform von *Nadeschda*). Dass diese Namenswahl auf André Bretons Surrealismus-Roman *Nadja* (1928) zurückgeht, ist unwahrscheinlich, da Artmanns Rezeption des französischen Surrealismus erst kurz nach Kriegsende einsetzte.

„Die ersten Gedichte aus den Jahren 1945/46", so berichtete Gerald Bisinger anlässlich der von ihm ab 1968 vorbereiteten Herausgabe der Lyriksammlung *ein lilienweißer brief aus lincolnshire*, brachte ihm Artmann im August 1968 aus Wien nach Berlin mit, er „hatte endlich die Schubladen seines alten Schreibtischs durchgestöbert. Vier dieser ersten Gedichte – auf Papier, das an den Faltstellen schon brüchig und eingerissen ist – waren von ihm seinerzeit mit dem Pseudonym Ib Hansen versehen worden."[4] Dieses Pseudonym findet sich in Artmanns Gesamtwerk nur bei vier seiner (frühesten) Gedichte: *junger regen*, *la bionda*, *im spiegel* und *metamorphose*. Diesen dänischen klingenden Namen – „Ib" als dänische Kurzform von „Jakob", „Hansen" als in Dänemark verbreiteter patronymischer Familienname („Sohn von Hans") – wählte er wohl als Hommage für Hans Christian Andersen, dem zuliebe er ja spätestens 1940 seinen zweiten Vornamen von „Karl" zu „Carl" verändert hatte: „Hans Carl. Mit ‚C'. Wirklich! Das ganze kommt ja vom Andersen. Ich hätte ja viel lieber Hans Christian geheißen."[5]

2.

In *ein lilienweißer brief aus lincolnshire* umfasst die Eingangsgruppe „Die ersten Gedichte [1945, 1946]" elf Texte oder gar dreizehn, wenn man die *drei japanischen zeilen*, die Artmann aus späteren Lyrik-Ausgaben herausnahm, als drei Einzelgedichte anstatt eines einzigen (Gruppen-)Gedichts zählt. Seine Selbsteinschätzung zu dieser Frühlyrik, „so konservativ angefangen",[6] passt durchaus und wird im Folgenden auch nicht infrage gestellt. Stattdessen sollen die folgenden Kurzkommentare zeigen, wie sehr diese Frühtexte schon einige Grundmotive seines Schreibens präsentieren. Deren konservativer Charakter schwindet erst nach einer mehrjährigen Phase an solitärer Intensivlektüre, die noch vor der Rückkehr nach Wien im Oktober 1945 beginnt und bis gegen Ende 1949 dauert. Dann nämlich lernt er mit René Altmann seinen ersten literarischen Gesprächspartner kennen, mit dem er einen intensiven Kunstdialog führt, von dem besonders der jüngere Altmann zum Schreiben motiviert wird. Er war für Artmann der

„erste Mensch, mit dem ich reden hab' können",[7] und dieses Reden-Können über Literatur geschah ab 1949/50 in Cafés, in Ateliers, in Lokalen, bei Jeannie Ebner. Neben Veröffentlichungen in denselben Zeitschriften und gemeinsamen Lesungen 1951–1953 geschah dieser Dialog bis etwa 1954/55 nicht nur *über*, sondern auch *mittels* Literatur: Sie zeigten einander ihre neueste Lyrik und Kurzprosa, kommentierten diese und integrierten sie mitunter in ihre nächsten Texte, durch Zitate oder Anspielungen. Der Prosaband *das im walde verlorene totem* ist das Dokument dieser für beide fruchtbaren Beziehung und sollte parallel zu den gleichzeitig entstandenen Gedichten Altmanns gelesen werden.[8]

Ohne solchen dialogischen Austausch entstanden die Frühgedichte 1945/46, die er als 24-Jähriger „da heroben" im niederösterreichischen Waldviertel geschrieben" habe,[9] in der Thaya-Gegend bei Heufurt, wo er als Kind die Sommerzeit und Wochenenden bei seinen Großeltern mütterlicher- und väterlicherseits verbrachte. Diese Texte belegen kaum die Spuren seiner Intensivlektüre Mitte 1945, die mit dem Zugang zur Privatbibliothek des Vaters von Herbert Stättner begann, dem späteren Schauspieler, den Artmann im Mai 1945 bei Regensburg kennengelernt hatte. In Ingolstadt, wo Stettners Vater Deutsch-Gymnasialprofessor gewesen war, hatte dieser seine Privatbibliothek in einer Garage verstaut, und dort las Artmann dann „expressionistische Lyrik. Das ist natürlich ganz wichtig, der Vater war Professor gewesen und hat auch Sachen gehabt, die verbrannt worden sind".[10] In Ingolstadt begann er „richtig zu schreiben. Gedichte, und Tag und Nacht gelesen. Vorexpressionisten, Expressionisten und Dadaisten".[11] Die gelesenen Werke inkludierten französische und spanische Autoren wie Benjamin Péret, André Breton, Tristan Tzara, Jacques Rigaut, Dylan Thomas, Federico García Lorca, Rafael Alberti. Die dort ebenfalls verfügbare Literaturgeschichte *Im Banne des Expressionismus* – der zweite Band von Albert Soergels *Dichtung und Dichter der Zeit* – diente dann in der engen Zusammenarbeit mit Gerhard Rühm ab 1952 weiterhin als Informationsquelle für deutschsprachige Avantgarde-Literatur, nicht zuletzt, weil dieser Band so viele lange Abdrucke bot, gerade von Texten, die im Nachkriegs-Wien kaum zugänglich waren.

3.

Als „offiziell" erstes bzw. ältestes von ihm anerkannte und überlieferte Gedicht Artmanns gilt *junger regen*.[12] Es erschien mit den nachfolgend geschriebenen, ebenfalls aus 1945 datierten Texten *la bionda*, *im spiegel* und *metamorphose* erst 1969 in der Zeitschrift *NEUES FORVM*, als Vorabdruck aus der im selben Jahr veröffentlichten Lyriksammlung *ein lilienweißer brief aus lincolnshire*, wo sich die 1945 und 1946 verfassten Texte, wie erwähnt, in der Eingangsgruppe „Die ersten Gedichte [1945, 1946]" befinden; nach deren Vollendung pausierte seine Lyrikproduktion offenbar bis 1949. Die ersten Abdrucke von *junger regen* trennten gegen Textende noch zwei Verszeilen, die in späteren Abdrucken in eine einzige zusammengezogen sind.[13]

Junger Regen	JUNGER REGEN
Unter weißblühenden Bäumen	unter weißblühenden bäumen
näßte mich	näßte mich
laurieselnder Regen...	laurieselnder regen ...
da trug ich im Herzen	da trug ich im herzen
sehnendes Verlangen.	sehnendes verlangen.
Ein schmeichelnder Windstoß kam.	ein schmeichelnder windstoß kam,
Vor seiner sanften Gewalt	vor seiner sanften gewalt
fielen die hellen Blüten und senkten sich	fielen die hellen blüten und senkten sich
tänzelnd zu Boden,	tänzelnd zu boden,
verwelkend......	verwelkend ......
Ib Hansen	

Aufgrund der Redaktionsvorgaben im *NEUEN FORVM* wies der Erstabdruck von *junger regen* nicht die von Artmann von Anfang an favorisierte radikale Kleinschreibung auf. Die radikale und (am Satzanfang und bei Namen auch) gemäßigte („englische") Kleinschreibung vermittelt typografisch den Eindruck von Gleichmäßigkeit zwischen Wörtern und Wortarten, was man oft als bewusste Provokation Artmanns verstand. Er selbst schwächte eine solche Absicht oder gar politische Motivierung ab (Letztere betonte er erst ab Mitte der 1990er-Jahre im Zusammenhang mit der „schule für dichtung"). „Ein jeder glaubt heute, ich schreibe klein aus Sensationsgründen! Mir gefällt es halt besser klein geschrieben; das ist völlig apolitisch! Ich kann dem entgegenhalten, daß die Brüder Grimm und die Germanisten und Slawisten und sogar die Romanisten im 19. Jahrhundert klein geschrieben haben."[14] Im Rahmen seines typografischen Interesses für das Schriftbild des Wortes und seines Umfelds argumentierte er mit dem Gleichgewicht zwischen Ober- und Unterlängen: „Deutsch hat zu viele Oberlängen, kaum Unterlängen. Deshalb schreibe ich alles klein, das Schriftbild wird dadurch besser, ästhetischer."[15] Die moderate Kleinschreibung könne er tolerieren, doch sonst sei er für die radikale: „Schon allein wegen der ästhetik muss das schriftbild aussehen wie eine gebetsschnur, wie ein rosenkranz mit aufstrebenden buchstaben und mit buchstaben nach unten."[16] Angesprochen auf die spätere Mode literarischer Kleinschreibung erwiderte er: „Ja, ich bin der erste, der das so geschrieben hat! Modeerscheinung! Das ist die einzige Sprache der Welt, in der man Großbuchstaben schreibt und das ist so häßlich, das paßt überhaupt nicht dazu! Es ist auch eine Modeerscheinung gewesen, aber wie ich es gemacht habe, 1947, ist es eine Kühnheit gewesen!"[17] Die Kleinschreibung war einer der Einflüsse, mit denen er, zusätzlich vermittelt über die Wiener Gruppe, jüngere Kollegen wie Elfriede Jelinek anregte.

Artmann erzählte wiederholt, dass er das Gedicht *junger regen* um den 13. April 1945 niedergeschrieben hatte, bei einer Zwischenstation im niederösterreichischen Hollabrunn, auf der Flucht vor den nach Wien heranrückenden Sowjettruppen. Der für die Frühlyrik relevante Produktionskontext von Kriegsende/Nachkriegsbeginn wurde von ihm in Interviews mehrfach mit Bezug auf *junger regen* im Sinne eines Gegensatzes zwischen (Kriegs-)Realität/Geschichte und Poesie konturiert.[18] Laut Eigenaussagen widmete er diesen Text einer 17-jährigen Müllerstochter, „eine[r] Unschuld vom Lande",[19] die er in Hollabrunn getroffen hatte: „Ich habe da ein Mädchen gesehen, ein ganz junges. Ich greif' zum Tintenblei und schreib das auf. In Hollabrunn am 11. April 1945."[20] Nur kurze Zeit können die beiden miteinander verbringen, „[m]it der hab' ich gar nichts gehabt, drei Stunden gesehen, und ich bin dann weggegangen und hab' dieses schlechte Gedicht geschrieben. Und ich wollt' weiterschreiben. [...] Der Krieg war aus, was hätte ich auch im Krieg schreiben sollen."[21] Auf einer Lastwagenpritsche verfasste er mit Tintenblei weitere Gedichte, und dass er solche noch in Wehrmachtsuniform geschrieben habe, wird einer der wiederkehrenden Bausteine seiner autobiografischen Erzählungen. Das obige Zitat dieser Ur-Szene nennt den 11. April, doch andernorts ist es auch der 12., 13., 14. oder 15. April.

Im Sammellager Plattling gab er auf dem Fragebogen als Beruf „*writer*" an: „Ich war ein Schriftsteller, der ein Gedicht [i. e. *junger regen*] geschrieben hat. Was hätte ich denn angeben sollen, Beschäftigungsloser oder Privatier oder Kriegsteilnehmer oder Deserteur oder zum Tode Verurteilter oder Abenteurer."[22] Der auch in anderen Zitaten skizzierte Schreibanfang als Abkehr vom Krieg ist allgemeiner als Abkehr von Geschichte – und damit von den Konzepten von Realismus und Handlungskausalität – schlechthin verstehbar: „Ich war sehr fröhlich, daß das alles aus ist und habe ein Mädchen gesehen. Ich war so begeistert und habe sofort angefangen mit Liebesgedichten, sehr zarten. Seither bezeichne ich mich als Dichter".[23] Diesem Dichtertum geht es weder um realistische Darstellung von Welt noch um ausdruckshaftes Schreiben. Das Gedicht *junger regen* zeigt keine Spur des Entstehungszusammenhangs von 1945 und wäre auch sonst nicht datierbar. Im letzten Zitat zählte er wohl ebenso *junger regen* zu den „Liebesgedichten", und laut Heide Kunzelmann ist „das Thema seines ersten Gedichts ein junges Mädchen",[24] was genaugenommen nicht eindeutig erkennbar ist. Es ist in erster Linie ein romantisch anmutendes Sehnsuchtsgedicht, „nach chinesischem und japanischem Vorbild".[25] Das ungenannte Ziel dieses Strebens „im Herzen" könnte statt einer Person genauso gut Poesie sein und so dieses Gedicht zu einem programmatischen bzw. poetologischen Text mit Aufbruchslaune Richtung Poesie machen. Dessen romantischer Charakter versteht sich hier weniger literarhistorisch denn als methodische Haltung: als Ungenügen an einem Ist-Zustand mit dem Wunsch nach einem alternativen Soll-Zustand, den Artmann in Bezug auf neue, nichtkonventionelle Literatur oft mit dem Wasser-Bild als „frisch" bzw. „erfrischend" bezeichnete.

Das seltene Wort „laurieselnd" suggeriert einerseits, wie das diminutive „tänzelnd", ein sanftes Bild von Kleinheit; andererseits formuliert es ambivalent – nämlich temporal oder kausal – das Verhältnis zwischen Regen(erfahrung) und persönlicher Sehnsucht. Bezeichnet das versbeginnende „da" nur temporal ein spontanes Sehnsuchtseinsetzen, das nun gleichzeitig mit dem Nasswerden abläuft? Oder benennt es kausal eine Reaktion auf das Nasswerden als eine Art initiales Tauferlebnis? In Details ambivalent und sprachlich manieriert ist *junger regen* für Artmanns Poesie-Verständnis richtungsweisend, insofern es eine nach vorn offene Aufbruchsstimmung zeigt, anstatt sich realistisch gegenwartsbezogen einer Trümmerlyrik zu widmen (wie der frühe Altmann) oder gar vergangenheitsbezogen die Kriegszeit aufzuarbeiten. Der ergebnisoffene Blick nach vorn, weg vom konventionellen Ist-Zustand, prägt zugleich den für ihn sowohl persönlich als auch literarisch zentralen Begriff des Abenteuers. Darüber hinaus stellte sich diese individuelle Aufbruchsstimmung nie in den nationalen Dienst des kollektiven Aufbauprojektes „Österreich als Kulturnation", was bei mehreren Auftritten im Rahmen der Frankfurter Buchmesse immer wieder zu Empörung führte.

Zu den von Artmann erwähnten „Liebesgedichten"[26] dieser lyrischen Frühphase passt thematisch *la bionda*,[27] das formal dem Vorgängergedicht *junger regen* ähnelt: kein metrisches oder Reimschema, prosahaft, unregelmäßige Verslänge, längere Fortsetzungspunkte am Ende und ein in der Szenerie allein anwesendes Ich, offenbar männlich.

LA BIONDA

was gäbe ich dafür
könnte ich jetzt
lustwandeln mit dir
über jene nachmittäglichen wiesen
und wenn der wind sich in deinem
braungold'nen gelock verfinge
das du immer so unwillig
aus der hellen stirne streichst.
was gäbe ich jetzt dafür ……

Der konjunktivisch formulierte Wunsch (*gäbe, könnte, verfinge*) zielt hier immerhin konkret auf ein (weibliches) Du in der Lebenswelt des Ich. Die Schlusszeile wiederholt den Anfang, nur jetzt mit Fortsetzungspunkten, die nicht den Eindruck einer Situationsänderung aufkommen lassen. Statik überwiegt, das Ich ist nicht handlungsaktiv, nur imaginierend. Angesichts des braungoldenen Haares ist der Titel irreführend und vielleicht nur ein Zeugnis von Artmanns Italienisch-Kenntnissen, die ihm in seiner Breitenseer Kindheit sein Vater vermittelte. Von den nächsten beiden Gedichten ist das zweite, *im spiegel*, eine leicht veränderte Version von *im zimmerspiegel…*, beide datiert mit „20. April 1945".[28] Statt hier alle Veränderungen mitsamt möglichen Rilke-Anspielungen durchzugehen, sei nur ein wichtiger Unterschied betont: Die zweite Version intensiviert sowohl den statischen Eindruck der (realen und imaginierten) Situation als auch die Abtrennung der imaginierten Welt (Maler, Bild, imaginiertes Augenpaar) von der realen (Zimmer, Spiegel, im Spiegel gesehenes Augenpaar). Zunächst tritt die Umgebung stärker zurück: Der vorige Anfangsvers „im zimmer dämmert kerzenlicht" verliert das Verb zugunsten des Adjektivs „dämmrig" („dämmeriges kerzenlicht") – damit wird der ganze Eingangssatz verblos und leitet den passiv-statischen Eindruck ein, der sich dann durchgehend fortsetzt. Weiters ändert sich das vorige „so schweigt die welt…" zu „es schweigt die welt……". Dadurch entfällt die schillernde Bandbreite der Bedeutungen des Wortes „so", etwa im Sinne von „auf diese Weise", als konsekutiv gedachtes „also, deshalb" oder als Signal eines rückbezüglichen Abschlusses verbunden mit einer Ankündigung.[29] Ohne solche reflexiven Momente kündigt das ersetzende Anfang-„es" einfach nur das damit hervorgehobene Subjekt an, „die welt", dessen Schweigen sich nun mit zusätzlichen Fortsetzungspunkten verlängert; die Umgebung rückt noch weiter weg. Innerhalb des realen Wahrnehmungsraums erhält das äußere Wahrnehmungsobjekt (gesehenes Augenpaar) im zeigenden Medium (Spiegel) nach seiner anfänglich gedankenauslösenden Funktion keine verlängerte Aufmerksamkeit seitens des Ich mehr, da die vorigen Fortsetzungspunkte im nun gekürzten Gedichttitel *im spiegel* sowie am Textende entfallen. Die zweifache Abwendung des Ich von der Welt lässt das imaginierende Ich noch tiefer ins Imaginäre abdriften, in dessen Vorstellungswelt die alten Meister auch noch kreativer wirken, da sie nun nicht mehr nur ein Bild „malten", sondern „schufen". Gegenüber den beiden *zimmerspiegel*-Gedichten richtet sich der Blick im formal ähnlichen, da reimlosen und prosahaften Gedicht *metamorphose* von der Erdoberfläche ins Weltall. Leo Truchlar erkannte darin eine frühe Thematisierung von Artmanns „Sprachartistik und Verwandlungskunst",[30] womit er zwei der wichtigsten Forschungs-Topoi ansprach. In symbolistischer, Trakl-hafter Art ereignet sich zuletzt Wundersames („da entsprang schneeiges lilienblühn. / …es wandeln sich die seele…."), dem voraus geht, dass sich „in die arme der sternnacht / […] kriegszernarbte muttererde" ergab. Ob sich auch das sprechende Ich wandelt oder wandeln will, bleibt offen, doch deutet die Szenerie mitsamt den Motiven von Ankündigung, Buße und Erlösung (von Krieg bzw. Geschichte) weniger auf Ovids *Metamorphosen* oder Petrarcas *Canzone der Metamorphosen* denn auf einen christlichen Sinnzusammenhang. Die Nähe der mysteriösen „mondfrau" zur Jungfrau Maria legen zahlreiche Attribute auf der Basis ikonografischer und volkstümlicher Marien-Symbolik nahe: „schneeiges lilienblühn", „vorherbst" (als Altweibersommer mit „Marienfäden"), „silberspindel" (Maria als Spinnerin). Die in *metamorphose* stattfindende, magische Aufhebung belastender Geschichte wiederholt sich in dem 1949/1950 geschriebenen Gedicht *rosa mystica* in Gestalt der Jungfrau Maria, auf die sich auch der Titel bezieht.[31] Der Text platziert „maria" inmitten ihrer Attribute in einen *hortus conclusus*, in dem sie mehrfach gerahmt wird: „versiegelt" vom Sternenglanz, eingedunkelt von der umhangartigen Brunnennacht, ihr Haupt umrundet von einem Heiligenschein.

Teile des Inventars von *metamorphose* (Schnee, Mond, Silber, Sterne, Rosen) kehren wieder in *abschied*, ähnlich Trakl-haft, aber weniger naturmagisch. Ein rhetorisch fragendes Ich, von einem Du verlassen, bleibt in kahler Winterlandschaft zurück, mit „sehnsucht / im rauhreif……";[32] zur Winterszene passt die Datierung „dezember 1945".[33] Man sollte sich vergegenwärtigen, dass aus Artmanns Kindheit, Jugend und Wehrmachtszeit keine herausragenden Freundschaften oder weiterführenden Mädchen-/Frauenbeziehungen überliefert sind. Nach seiner Rückkehr nach Wien 1945 hatte er zwar eine offene Zukunft vor sich, doch habe ihn anfangs keine „ang'schaut. Höchstens die ‚Schwuchteln', die sind mir nach";[34] die Mädchen hatten lieber einen Feinmechaniker oder Tankstellenwart mit Zukunft statt eines brotlosen Künstlers. Der Maler Wolfgang Hutter habe darüber immer gejammert: „Mein Gott, so schöne Friseusen, wunderschöne Manikösen, gibt's, aber für die san mir alle verdächtig." Was damals mit attraktiven Frauen vielleicht doch möglich gewesen wäre, erfuhr Artmann oft Jahre später. Kriegsbedingt ein „Spätzünder", war seine erste sexuelle Frauenerfahrung „enttäuschend"; besser gelang sein erstes „Verhältnis" als 26-Jähriger, spätestens Mitte März 1947, denn es war „gleich ein folgenschweres". Die 19-jährige Wienerin Aloisia Adamek war ihm „nicht die große Liebe, aber sie war halt eine faszinierende Frau" und gebar am 18. Dezember in Wien seinen ersten Sohn. Der von ihm angedachte Vorname „Patricio" war nicht durchsetzbar, und so wurde er auf „Erwin" nach Artmanns im Krieg gefallenen Bruder getauft.

wald...

ich bin der tiefdunkle krug	:	ein sonnennachmittag ist das blatt
meiner eigenen dämmerseele	:	perlenungeziert dufte ich auch
voller ahnung die augen	:	blütenwurzelig im nachtmoos
ein licht nach dem andern	:	raschelnde mondseide
verrinnt in meinem lächeln	:	die spinnen atmen

märz 1946

Dieser fünfzeilige Redetext[35] ist durch mittige Doppelpunkte zweigeteilt und ermöglicht dadurch zwei Leserichtungen: konventionell jede ganze Zeile horizontal von links nach rechts oder aber jede Halbzeile von oben nach unten. Aus letzterer Lektüre-Art resultieren zwei für sich stehende Textblöcke, links und rechts von den Doppelpunkten positioniert, womit Kurt Klinger zufolge Artmann „eine wenig bemerkenswerte Stimmung bewußt verkünstlicht" und den „Doppelkern seines poetischen Zwillingscharakters" offenbart:[36] einerseits Romantik (linksseitig: „empfindsames Ich, [...] Verlassenheitsgefühl, ahnendlächelnde Verzichtatmosphäre, [...] traditionelle Bilder"), andererseits Surrealität (rechtsseitig: „Präzisierung durch unheimliche Details, [...] vergrößerte Eindrucksmomente, das [...] feinknöchelige Grauen [...], Assoziationsbilder").

Klinger resümiert: „So klar findet man Artmanns Romantik, Surrealität und autonomes Ästhetentum nur in diesem frühen Gedicht konfrontiert", wobei es das „Artmannsche Siegel" sei, die hier mittels Doppelpunkten markierte Trennlinie zwischen distinkten Stilen bzw. Tönen auch allgemein zwischen Eigenem und Fremdem souverän zu setzen, „die künstlerischen Eigentumsrechte zum unbeschränkten ästhetischen Gebrauch aufzuheben". Dass der literarisch konservativere Klinger diesem Gedicht so geneigt ist, verdankt sich dessen hohem Grad an Konventionalität.

Zwei thematisch und formal ähnliche, prosahafte Gedichte unter dem Obertitel *zwei gedichte im april* zeigen Naturvorgänge von abnehmender Intensität und Konturierung; demgegenüber fällt ein isoliertes Ich auf sich selbst zurück. In *warum, ihr jungen zweige*, datiert mit „15. 4. 46",[37] verbleibt das Ich in unerfüllter Sehnsucht nach einem erahnten Du, „vergessen trinkend [...] allein".[38] In Artmanns Text wirkt dieses Trinken allein eher deprimierend, denkt man an erfreulicheres solitäres Trinken bei Friedrich Rückert („Seliges Vergessen / Trinkend" aus der spätromantischen Sammlung *Liebesfrühling*)[39] oder bei Leo Sternberg („Genossest du, Vergessen trinkend, / nicht Auferstehungsglück voraus?"). Sternbergs Verse stehen in der von Artmann 1945 in Ingolstadt intensiv gelesenen Literaturgeschichte Soergels, *Im Banne des Expressionismus*.[40] Im zweiten Gedicht, *wenn die sterne verlöschen* – datiert mit „27. 4. 1946"[41] – fühlt das Ich ebenso ahnungsvoll, „fernher, in dunklen lockungen [...] irgendwie" die Stimme des Du und bekundet zuletzt den Wunsch, „über der jugend deiner hände" zu weinen.[29] Hier ist Artmanns Verlust von rund sechs Lebensjahren durch den Krieg mitzudenken, zusammen mit der darauffolgenden Aufhol- und Aufbruchsphase nach seiner Rückkehr nach Wien. Die *zwei gedichte im april* demonstrieren zuletzt seinen schon früh feststellbaren Hang zur Gattungsvermischung. Beide Texte lassen sich durch ihre Diktion in ungebundener, vers- und reimloser Rede als Prosagedichte klassifizieren; ihre Zeilen sind keine eindeutig begrenzten Verszeilen und dementsprechend in verschiedenen Abdrucken unterschiedlich abgetrennt.

Die in den vorigen Gedichten – *abschied, wald…, zwei gedichte im april* – erkennbaren Konturen- und Objekt-Auflösungen (ohne entsprechenden Ich-Zerfall) betreffen im Text *in den straßen verrieselt der tag* („juni 1946")[43] die Zeit-Dimension in der Herbstszenerie eines augenscheinlichen Liebesglücks, was ein erstes solch gelungenes Beispiel in Artmanns Werk wäre. Der Text enthält ein mögliches Kunstzitat, insofern die zierlich tropfende Uhr auf Dalís surrealistisches Ölbild *La persistencia de la memoria* (1931) anspielen könnte, nämlich als eine im Auflösungsprozess schon fortgeschrittene Version von Dalís drei zerfließenden Taschenuhren; eine ähnlich fortgeschrittene Uhren-Auflösung malte Dalí zwei Jahrzehnte später im Fortsetzungsbild *La desintegración de la persistencia de la memoria* (1954). Artmanns Gedicht wurde im Wiener Odeon Theater im Mai 2017 performativ-theatralisch von Erwin Piplits' Serapions-Ensemble umgesetzt, im zweiten Teil („Rebellion") der *Fidèles d'amour*-Trilogie über Herzensbildung durch Erkenntnis und Liebe.

Die drei Strophen/Gedichte in der Gruppe *drei japanische zeilen* waren beim Erstdruck in *ein lilienweißer brief aus lincolnshire* jeweils mit „1946"[44] datiert und im „Verzeichnis der Gedichtanfänge" mit ihren jeweiligen Strophen-Anfängen einzeln angeführt: *flammendem scharlachahorn, die herbstsonne singt, indem ich nicht brach.* Sie stehen unter dem Gruppentitel *drei japanische zeilen,* demzufolge jedes der drei Einzelgedichte als „Zeile" gilt. Demgegenüber wurde diese Textgruppe 1993 in Reicherts editorischer Notiz im ersten Band der zehnbändigen Lyrikausgabe nur mehr als „[e]in Gedicht" bezeichnet, das für ebendiese Ausgabe „vom Autor gestrichen [wurde]".[45] Bei der Wiederaufnahme in die einbändige Lyriksammlung von 2003 kamen die *drei japanischen zeilen* – laut Reichert als Teil der „seinerzeit von Artmann selbst eliminierte[n] Gedichte"[46] – im Haupttext in den „Anhang".[47] Dort eröffnen *drei japanische zeilen* die Gruppe „Verstreute Gedichte" und werden nun offenbar als einziges Gedicht verstanden, da sich im Gedichtverzeichnis nur mehr der Titel *drei japanische zeilen* findet, ohne die drei Strophenanfänge (als Titel) wie noch in *der lilienweißer brief aus lincolnshire.* Text und Titel sind jetzt durchgängig kleingeschrieben, und der Vers „(der abend ahnt es . .)" ersetzt mit „es" das frühere Wort „eis", eventuell als Druckfehler-Korrektur.

Thematisch sind alle drei Gedichtstücke (seien es jetzt drei Gedichte, Gedicht-Strophen oder -teile) zweigeteilt, wobei konkrete Naturobjekte im ersten Teil auf Menschliches im zweiten verweisen. Der Rot-Ahorn dient aufgrund seiner scharlachroten Herbstfärbung als Vergleichsbasis (kurz, intensiv, rot) für das „strohlodern der liebe". Sodann wird dem Sinken der rötlichen Herbstsonne das im Präteritum formulierte Herabfallen eines Chrysanthemums aus einer Frauenhand zugesellt. Gänzlich im Präteritum präsentiert zuletzt ein Ich das unterlassene Brechen eines Jasmin-Zweiges im Zusammenhang mit dem Brechen seines Herzens, allerdings nicht simpel als kausale Ursache (,weil'), sondern mehrdeutig durch die *indem*-Konjunktion – diese lässt sich als Anzeichen eines Mittels/Begleitumstands, wenn nicht gar (veraltet) einer bloßen Gleichzeitigkeit (,während') lesen. In der Abfolge der drei Texte signalisiert der Schritt vom

Präsens zum Präteritum einen Rückzug in die Vergangenheit, eine Loslösung von der Gegenwart des sprechenden Ich. Zur zeitlichen Reise kommt die räumliche: zum einen ins östliche Nordamerika als Heimat des vom *Indian Summer* her bekannten Rot-Ahorns, zum anderen nach Asien („jasmin"), dessen Fokussierung auf Japan, wie im Titel angekündigt, neben der Chrysantheme (z. B. als kaiserliches Wappen, offiziell *Shiragiku* ‚weiße Chrysantheme') formal in der Haiku-artigen Gestaltung liegt. Der Titel *drei japanische zeilen* erscheint selbst als Ankündigung eines dreizeiligen Haikus, dessen 5–7–5-Moren-Schema das letzte, dreiversige Gedichtstück mit dem 5–7–4–Silben-Schema analog umsetzt (falls man die drei Fortsetzungspunkte nicht als eigene Silbe zählt). Mit dem Blick nach Asien schlägt dieses Endstück von Artmanns Frühlyrik 1945/46 eine Brücke zurück zu deren erstem, nach chinesischem und japanischem Vorbild verfassten Gedicht *junger regen*.

4.

Artmanns Frühlyrik 1945/46 zeigt kein Abarbeiten an einem Vorbild, keine *anxiety of influence*, wie es Harold Bloom nannte und Klaus Reichert spezifizierte: „Von Anfang zu sprechen, erübrigt sich fast, denn es gibt kein tastendes Frühwerk, keinen übermächtigen Schatten eines Vorbildes, der zum Verschwinden gebracht werden mußte".[48] Seine textzentrierte Autonomie-Ästhetik vermied entgegenkommende Rezeptionsorientierung ebenso wie allzu offensichtliche Lebensspuren im Produktionskontext, allgemein eine Ausdrucksästhetik etwa therapeutischer Art: „ich habe mal ganz böse gesagt, gedichteschreiben ist keine selbsttherapie, ist nichts für selbstmitleid … da muss man ein anderes kaliber sein".[49] Das galt ihm theoretisch auch für Prosa: Auf die Erwähnung eines Interviewers, Hermann Lenz habe mehrere Romane mit einem Helden geschrieben, „der er selber ist", antwortete Artmann trocken: „No, des is natürlich brav. Ich bin halt nicht brav".[50] Dennoch: Sein Werk mitsamt seiner Frühlyrik zeigt mehr lebensgeschichtliche Abdrücke als seine programmatischen Aussagen zu deren Vermeidung vermuten ließen.

In vielerlei Hinsicht ist die Frühlyrik 1945/46 repräsentativ für sein Gesamtwerk, allein schon sprachlich mit ihren innovativen Wortformen und Mischungen von veralteten und gehobenen Wörtern (*Gelock, säumen*), von Hoch- und Umgangssprache (*tickt's, seh*). Auch der Vorrang von Visualität und Malerei ist trotz aller musikalische Elemente vorgezeichnet und macht Artmanns Naheverhältnis zur bildenden Kunst (Stichwort: Art Club), zu Illustrator/innen und Fotograf/innen plausibel. Inhaltlich überwiegt Naturlyrik mit konkreten Szenerien, die symbolistisch oder naturmagisch aufgeladen sind und damit die Eigenständigkeit der Natur gegenüber der Menschenwelt stärker betonen. Naturobjekte wie Blumen und Bäume erscheinen als konventionelle Bildspender für passiv konzipierte Frauen. In aller Konkretheit wirken gerade Bilder des sicheren Enthaltenseins besonders wertvoll. Diese Lyrik verpflichtet sich keinem engagierten Realismus, und die einzige mögliche Referenz zum Zweiten Weltkrieg, „kriegszernarbte" Erde, bleibt vage. Überhaupt ist der Mensch als Handlungswesen deplatziert. Verstehen lässt sich dies als Reaktion auf die Kriegserfahrung, indem ihm kriegerisches Handeln zum pars pro toto für Geschichte schlechthin wurde – eine 1959 geschriebene Rezension zu Wieland Schmieds Lyrikband *Landkarte des Windes* ist diesbezüglich aufschlussreich. Darin setzt Artmann dem historischen Konzept des Menschen-als-Handlungswesen das ahistorische Konzept des mythischen Weges entgegen, dessen Beschreiten „reinste wortkunst" sei.[51] Die Absage an dynamisch-narrative realistische Repräsentation zugunsten statisch-lyrischer arealistischer Diktion ist eine Flucht vor linearer Geschichte hin bzw. zurück zum Archaisch-Mythischen, wofür er noch Mircea Eliade anzitiert: „der mythos, schreibt mircea eliade, verlangt gesagt zu werden und nicht erzählt."[52]

Literaturverzeichnis

Anon.: „Ja zur kleinschreibung sagen". In: *taz* (12.08.2004), https://taz.de/!713751/ (Zugriff am 28.03.2021).
Artmann, H. C.: *ein lilienweißer brief aus lincolnshire*. Frankfurt am Main: Suhrkamp 1969.
Artmann, H. C.: *The Best of H. C. Artmann*. Hg. von Klaus Reichert. Frankfurt am Main: Suhrkamp 1975.
Artmann, H. C.: *Das poetische Werk*. Band I. Frühe Gedichte. München, Salzburg: Rainer; Klaus G. Renner 1993.
Artmann, H. C.: „vorwort: ein gespräch mit h. c. artmann". [1995a] Hg. *Lyrik als Aufgabe: Arbeiten mit meinen Studenten*. Wien: Passagen Verlag 1995, S. 13–18.
Artmann, H. C.: „Ein Brechmittel für die Linken und ein Juckpulver der Rechten" [1995b]. In: *Mittelbayrische Zeitung* (07.04.1995). [unpag.]. 1995.
Artmann, H. C.: *Gesammelte Prosa. Band I–IV*. Hg. von Klaus Reichert. Salzburg: Residenz Verlag.
Artmann, H. C.: *Sämtliche Gedichte*. Hg. von Klaus Reichert. Salzburg: Jung und Jung 2003.
Bisinger, Gerald: „Nachwort". In: H. C. Artmann (Hg.): *ein lilienweißer brief aus lincolnshire*. Frankfurt am Main: Suhrkamp 1969, S. 501–506.
Bisinger, Gerald: „Vita". In: ders. (Hg.): *Über H. C. Artmann*. Frankfurt am Main: Suhrkamp 1972, S. 181–184.

Brandt, Lars: *H. C. Artmann: Ein Gespräch*. Salzburg: Residenz 2001.

Fialik, Maria: „*Strohkoffer"-Gespräche: H. C. Artmann und die Literatur aus dem Keller*. Wien: Paul Zsolnay 1998.

Friedl, Harald: „H. C. Artmann" [Interiew]. In: ders. (Hg.): *Die Tiefe der Tinte: Wolfgang Bauer, Elfriede Jelinek, Friederike Mayröcker, H.C. Artmann, Milo Dor, Gert Jonke, Barbara Frischmuth, Ernst Jandl, Peter Turrini, Christine Nöstlinger im Gespräch*. Salzburg: Verlag Grauwerte im IAK (Institut für Alltagskultur), S. 67–82.

Hofmann, Kurt: *H. C. Artmann: ich bin abenteurer und nicht dichter*. Wien: Amalthea 2001.

Horowitz, Michael: *H. C. Artmann: Eine Annäherung an den Schriftsteller & Sprachspieler*. Wien: Ueberreuter 2001.

Kaiser, Hans-Georg: „H. C. Artmann: La Bionda (prozpoemo)" (2014). In: https://cezartradukoj.blogspot.com/2014/04/h-c-artmann-la-bionda-prozpoemtraduko.html (Zugriff am 28.03.2021).

Klinger, Kurt: „Lyrisches Sprachtheater: H. C. Artmann". In: ders.: *Lyrik in Österreich seit 1945*. Frankfurt am Main: Fischer Taschenbuch Verlag 1980, S. 203–208.

Kunzelmann, Heide Anna Maria: 2010. *H. C. Artmann und die apolitische Avantgarde: Eine Studie zur proteischen Autorschaft*. Diss. University of London (auch 2013 als: *„Ich bin ja der Proteus": H. C. Artmanns Poetik der Wandelbarkeit*. Wien: Sonderzahl).

Reichert, Klaus: „Editorische Notiz". In: H. C. Artmann: *Das poetische Werk*. Band I. Frühe Gedichte. München, Salzburg: Rainer; Klaus G. Renner 1993, S. 60.

Reichert, Klaus: „Imaginäre Paysagen. Laudatio auf H. C. Artmann". In: *Deutsche Akademie für Sprache und Dichtung. Jahrbuch 1997*. Göttingen: Wallstein 1998, S. 170–178.

Reichert, Klaus: „Editorische Notizen". In: H. C. Artmann: *Sämtliche Gedichte*. Salzburg: Jung und Jung 2003, S. 766–771.

Rückert, Friedrich: *Gedichte von Friedrich Rückert*. Auswahl des Verfassers. Frankfurt am Main: J. D. Sauerländer's Verlag 1872.

Schneider, Hellmut: *Aufgelesen: Zum trivialen Prinzip von H. C. Artmanns Prosa*. Wien: Univ. Diss. 1986, S. 301–314.

Soergel, Albert: *Im Banne des Expressionismus* [= 2. Band („Neue Folge") von *Dichtung und Dichter der Zeit: eine Schilderung der deutschen Literatur der letzten Jahrzehnte*]. Leipzig: Voigtländer 1925.

Steiner, Bettina: „Bei mir ist ja alles erlogen" [Interview]. In: *Die Presse* v. 10.01.1998, S. 8.

Strigl, Daniela:. „‚Wir, die siegen wollten' – H. C. Artmann und René Altmann". In: Millner, Alexandra / Schuster, Marc-Oliver (Hg.): *Acht-Punkte-Proklamation des poetischen Actes. Weiteres zu H. C. Artmann*. Würzburg: Königshausen & Neumann 2018, S. 65–78.

Truchlar, Leo: „H. C. Artmann: Einkehr als Umkehr". In: ders. (Hg.): *Schwelle. Passage. Verwandlung: Ein Interpretationsentwurf*. Münster: LIT Verlag 2006, S. 93–103.

Widmer, Urs: „Über H. C. Artmann". In: Bisinger, Gerald (Hg.): *Über H. C. Artmann*. Frankfurt am Main: Suhrkamp 1972, S. 134–141.

Anmerkungen

1. Bisinger: Vita, S. 181. In *das suchen nach dem gestrigen tag* erinnert sich Artmann als autobiografischer Erzähler an einen leicht abweichenden Titel: „Im spätherbst 1941 habe ich zum ersten mal die lust, etwas zu schreiben. Die geschichte soll ‚Herr Nenadal auf seinem nachhauseweg' heißen. Daraus ist niemals was geworden" (Artmann: Gesammelte Prosa, II, S. 76).
2. Vgl. Bisinger: Vita, S. 181.
3. Vgl. Widmer: Über Artmann, S. 137.
4. Bisinger: Nachwort, S. 502.
5. Friedl: Artmann, S. 67.
6. Hofmann: ich bin abenteurer, S. 58.
7. Ebd., S. 64.
8. Vgl. Strigl: Wir, die siegen wollten.
9. Brandt: Artmann, S. 56.
10. Fialik: „Strohkoffer"-Gespräche, S. 28.
11. Hofmann: ich bin abenteurer, S. 59.
12. Klaus Reicherts Angabe in seiner *Laudatio auf H. C.* bei der Büchnerpreis-Verleihung 1997, das erste erhaltene Gedicht Artmanns sei *ich könnte viele bäume malen* (Imaginäre Paysagen, S. 171) ist insofern inkorrekt, als es nur das erste schriftlich veröffentlichte ist (Jänner 1950 in der Zeitschrift *Neue Wege*).
13. Z. B.: Artmann: ein lilienweißer brief, S. 19; Artmann: Sämtliche Gedichte, S. 9.
14. Schneider: Aufgelesen, S. 305.
15. Hofmann: ich bin abenteurer, S. 30f.
16. Anon.: Ja zur kleinschreibung.
17. Schneider: Aufgelesen, S. 306.
18. „Das Kernelement all dieser Aussagen ist, dass Artmanns Selbstinitiation als Dichter ziemlich genau mit dem Ende des Kriegs zusammenfällt, und dass seine Hinwendung zur Poesie etwas ausgesprochen Lebensbejahendes in sich trägt [...]" (Kunzelmann: Artmann und die apolitische Avantgarde, S. 169).
19. Horowitz: Artmann: Annäherung, S. 53.
20. Hofmann: ich bin abenteurer, S. 57.
21. Ebd., S. 58.
22. Ebd., S. 59.
23. Steiner: „Bei mir ist ja alles erlogen."
24. Kunzelmann: Artmann und die apolitische Avantgarde, S. 169.
25. Horowitz: Artmann: Annäherung, S. 53.
26. Steiner: „Bei mir ist ja alles erlogen."
27. Artmann: Sämtliche Gedichte, S. 9; davon liegt eine Übersetzung in Esperanto vor (Kaiser: Artmann: La Bionda).
28. Artmann: ein lilienweißer brief, S. 21.
29. Eine solche Ambivalenz des „so" findet sich später im Gedicht *der vogel schwirr* (Artmann: Sämtliche Gedichte, S. 436), das die erste barockhafte Lyrikgruppe Artmanns eröffnet (*treuherzige kirchhoflieder*).
30. Truchlar: H. C. Artmann: Einkehr als Umkehr, S. 95.
31. Artmann: Sämtliche Gedichte, S. 15.
32. Ebd., S. 11.
33. Artmann: ein lilienweißer brief, S. 24.
34. Hier und im Folgenden: Hofmann: ich bin abenteurer, S. 139–141.
35. Abbildung aus: Artmann: ein lilienweißer brief, S. 26.
36. Hier und im Folgenden: Klinger: Lyrisches Sprachtheater, S. 204–206.
37. Artmann: ein lilienweißer brief, S. 26. Zum Themenkomplex „Vergessen und Demenz" dient dieses Gedicht als Motto einer Dissertation (Zeßner-Spitzenberg: Vergessen und Erinnern, S. 74).
38. Artmann: Sämtliche Gedichte, S. 12.
39. Rückert: Gedichte, S. 299.
40. Soergel: Im Banne, S. 416.
41. Artmann: ein lilienweißer brief, S. 26.
42. Artmann: Sämtliche Gedichte, S. 12.
43. Artmann: ein lilienweißer brief, S. 27.
44. Ebd., S. 28.
45. Reichert: Editorische Notiz.
46. Reichert: Editorische Notizen, S. 771.
47. Ebd., S. 736.
48. Reichert: Imaginäre Paysagen, S. 171.
49. Artmann: vorwort: ein gespräch mit h. c. artmann, S. 18.
50. Artmann: Ein Brechmittel.
51. Artmann: The Best, S. 369.
52. Ebd., S. 369f.

Veronika Premer

Die mannigfaltigen Gesichter des Todes in H. C. Artmanns Lyrik

Zusammenfassung:
H. C. Artmann setzt sich in seiner Lyrik auf unterschiedlichste Art und Weise mit dem Thema Tod und Vergänglichkeit auseinander. In surrealen Metaphern beklagt er in einem frühen, pathetisch anmutenden Gedicht den Tod seines gefallenen Bruders. Seine eigenen Kriegserfahrungen verarbeitet er einige Jahre später in verfremdeter Form und kleidet sie in barockes Versmaß. Doch auch als „Dialektdichter" begegnet Artmann dem Tod „auf Wienerisch" in Form einer Straßenbahnfahrt zum Zentralfriedhof. Dieser Beitrag behandelt die mannigfaltigen Gesichter des Todes in Artmanns Lyrik exemplarisch anhand dreier Gedichte.

Schlüsselwörter: Tod, Lyrik, Dialekt

Wenn ich mich mit dem Tod beschäftige, dann bin ich tot.
Dann bin ich gestorben und bekomm'
den schlimmsten Abschluß, ein Ehrengrab.[1]

Der Tod ist allgegenwärtig. Im Leben wie auch in der Weltliteratur finden sich seit der Antike immer wieder Verarbeitungen von, Auseinandersetzungen mit ihm, Anklagen gegen ihn oder Ansprachen an ihn. Der Umgang mit dem Tod sowie das Bild des Todes unterliegen jedoch einem Wandel. Traditionen und kulturelle Praktiken haben ihr jeweiliges Spiegelbild in der Literatur: In der Antike Bestandteil des öffentlichen Trauerns, werden „standardisierte Textsorten" wie Klagelieder, Trauer und Trostgedichte, etwa das Epikedeion oder Totenklagen, literarisch aufgegriffen und adaptiert.[2] Im Mittelalter dominierte das „memento mori"; die Gewissheit oder Vorahnung des Todes wird literarisch verarbeitet und vielfach, etwa bei dem Mönch Notker, in moralisierender Weise eingesetzt, um die Notwendigkeit eines demütigen und sündenfreien Lebens angesichts der christlichen Jenseitsvorstellung zu untermauern. Obgleich es auch Texte gibt, die gegen den Tod aufbegehren, ist der Tenor, der nachhallt, stets der gleiche. Gebunden an eine kulturelle Praxis, die auch in der Literatur Eingang findet, lässt der Sensenmann Zeit „zur Vorahnung"; Philippe Ariès zitiert in seinem geschichts-

wissenschaftlichen Klassiker aus den *Romans de la table ronde* Gawan, der die Frage, ob er zu sterben gedenke, bejaht.[3] Gawan weiß demnach, dass er sterben wird. Damit wird das vorherrschende Bewusstsein der eigenen Sterblichkeit und die Allgegenwärtigkeit des Todes im Mittelalter auch in der Literatur sichtbar.
Der Tod hatte einen Platz in der öffentlichen Wahrnehmung, so wurden etwa Totenwachen gehalten, aber auch im Alltag war man stärker mit dem Ableben konfrontiert: Geboren und gestorben wurde im trauten Heim, selbst mit dem Aufkommen der Krankenhäuser war es noch lange ein Privileg Wohlhabender, den Tod daheim zu erleben.[4] Trotz der Ambivalenz des Ortes, an dem Leben und Tod nahe beieinander liegen, dominiert als Assoziation zum Krankenhaus die Verbindung mit Siechtum und dem eigenen Ende. Artmann stellte lakonisch fest: „Man kommt ins Krankenhaus und stirbt."[5] Mit der zunehmenden „Medikalisierung" des Todes, verschwand dieser aus der öffentlichen Wahrnehmung, „das Bild des Todes zieht sich zusammen wie die Blende eines photographischen Objektivs, die geschlossen wird".[6]
Artmanns lyrische Beschäftigung mit dem Tod setzt unmittelbar nach dem Krieg ein. Als Deserteur stand der spätere Dichter auch dem eigenen Tod mehrfach gegenüber. Beim Fluchtversuch erwischt, verurteilt und daraufhin im November 1942 der Wehrmacht-Gefangenenabteilung Hugoslust[7] in Brünn zugeteilt,[8] kam er 1943 in eine sogenannte Feldstrafgefangenenabteilung (FGA). In diesen FGAs wurden vornehmlich jene Soldaten eingesetzt, deren Tauglichkeit, sei es durch Krankheit oder Verwundung, wie im Falle Artmanns, eingeschränkt war. Die starke körperliche Anstrengung war, verbunden mit der Auszehrung durch die Mangelernährung, oft einem Todesurteil gleichzusetzen, was viele dazu veranlasste, die Truppe unerlaubt zu verlassen, um sich Nahrung zu beschaffen oder den Strapazen vorübergehend zu entgehen.[9] Unerlaubtes Entfernen hatte neuerliche Verurteilung und eine Verlängerung der Strafen zur Folge, die Bedingungen führten jedoch dazu, dass die Zahl der Deserteure aus FGAs stetig stieg.[10] Nach Lazarettaufenthalten gelangte H. C. Artmann mit einer Strafgefangenenabteilung, die gegen Ende 1944 der 19. Armee unterstellt wurde, in den Elsaß.[11] Wieder Teil der Truppe, wurden die Grausamkeiten und die Bedingungen in der Strafkompanie bald unerträglich, und er desertierte erneut.
In Wien als „U-Boot" untergetaucht, wurde er verraten und „wenige Tage" vor Erklärung des Standrechts (am 30. März 1945)[12] erwischt und inhaftiert am Morzinplatz,[13] im ehemaligen Hotel Metropol, das 1938 zur Leitstelle der Gestapo umfunktioniert worden war. Er wurde sogleich „zum Tode verurteilt", die Urteilsbestätigung ging ans Reichskriegsgericht,[14] bei Atze heißt es „wahrschein-

lich Todesurteil, gesprochen am 13. Februar (?) vom Gericht am Wehrmachtsgefängnis Torgau (Sachsen)".[15] Seinen Erinnerungen zufolge kam Artmann vom Morzinplatz in das WUG VI in der Burggasse; er habe, so erinnert er sich im Gespräch mit Horowitz, mit anderen „Fahnenflüchtigen praktisch schon in der Todeszelle gesessen".[16]

Artmann entrinnt dem Tod im Krieg, muss aber den Verlust seines Bruders Erwin beklagen. Seine eigenen Kriegserfahrungen verarbeitet Artmann auf verfremdete Art: Das vom Vanitas-Motiv geprägte Barockzeitalter dient dem Dichter als Inspiration für Sprachspiel, ist aber auch thematisch von Tod und Vergänglichkeit geprägt. Für Artmann werden barocke Schreibweisen und Stilmittel zur Schablone für eine künstlerische Auseinandersetzung mit der Vergänglichkeit und den Gräueln des Krieges.

Der Tod hat bei Artmann viele Gesichter. Publikumswirksam entstieg der Autor 1966 als Dracula einem Sarg – der Untote als Artmann'sche Antwort auf Bram Stoker, als dessen Übersetzer er immer wieder genannt wird. Doch der Tod findet bereits zu Beginn des Schaffens seinen Platz bei dem universellen Dichter und wird auf unterschiedliche Weisen in Szene gesetzt. Im Folgenden werden drei Gedichte Artmanns betrachtet, von denen das erste, entstanden in der unmittelbaren Nachkriegszeit, eine der wenigen direkten Auseinandersetzungen mit dem Sterben auf dem Schlachtfeld darstellt; das zweite, ein kurzes Epigramm, spielt mit barocken Mustern; im dritten führt ein „Tramwaylamento" zum Wiener Zentralfriedhof.

1. Soldatentod

Frühe Gedichte Artmanns beschäftigen sich mit dem Tod, als „brod [!]" des Soldaten.[17] Ein sehr persönlicher Text ist der *entwurf zur klage. für einen gefallenen*. Darin thematisiert er den Tod seines um drei Jahre jüngeren Bruders Erwin, der 1943 in Russland gefallen ist.[18]

ENTWURF ZU EINER KLAGE
.FÜR EINEN GEFALLENEN.
für meinen bruder erwin[19]

sein blut:
nun schlägt es blumen ins salzige herz der erde

sein blut:
nun weht es blumen um das rostige rad des feldmohns
sein blut:
nun trägt es blumen ins haus da er nicht mehr ist

ihr ruft ihn
ihr klagt um ihn
ihr beweint ihn
sagt
was habt ihr von ihm noch zu fordern…

was könnte er euch noch geben in diesen tagen
denn seinen tisch darauf er nimmer ißt
was in diesen tagen
denn die schale die nun seiner lippen entbehrt

was in
dieser chirurgischen stille seines todes

was noch
im olivfarbenen zwielicht der dämmerung
könnte er euch mehr geben
denn seine edlen schatten
und die rötliche antwort zwischen taube und adler

was mehr
nach all jener bittern arznei endlosen vorherbstes
nun er die eisschwarze rose brach
von der schaudernden ranke des salzmondes
(mineralische zeichen der nacht durch die er
lächelnd verging…)

sein blut:
noch schlägt es blumen ins salzige herz der erde
sein blut:
noch weht es blumen um das rostige rad des feldmohns
sein blut:
noch trägt es blumen ins haus da er nicht mehr ist
sein blut…

Mit den Worten „sein blut" beginnt dieser Text, anaphorisch wird dies dreimal wiederholt. Dieses Blut lässt er Blumen „in das salzige herz der erde" schlagen. Artmann bedient sich gängiger Symbole, um das Werden und Vergehen bildlich darzustellen. Blut und Blumen stehen in Verbindung zum Tod und zum Erblühen, Blumen sind es auch, die auf Gräbern gepflanzt werden; so entsteht, ganz profan gedacht, neues Leben aus dem Tod.

Das Blut fungiert als Symbol des Lebens und des Sterbens, aber auch der Opferbereitschaft. Der Beginn „sein blut" impliziert einerseits, dass es sich um das Blut eines bestimmten Menschen handelt, andererseits gemahnt es auch an die christliche Diktion des vergossenen Blutes, die dreimalige Wiederholung der Worte „sein blut" verstärkt diese Assoziation, wobei es in surrealen Metaphern Blumen schlägt, weht und trägt. Dem Begriff „es schlägt" sind in diesem Zusammenhang drei Bedeutungen inhärent, einerseits schlägt einem der Umstand des Todes ins Gesicht, ein Schlag, der alles auslöscht, ein Schlag, der die Hinterbliebenen in Trauer versetzt. Gleichsam wohnt dem Ausdruck ein Pulsieren inne, die Kombination von „Blut", „schlägt" und „Herz" in einer Verszeile verbindet sich zum Pulsschlag und damit zu einem Zeichen des Lebens. Dies wird auch durch die Blumen, die Artmann im „salzige[n] herz der erde" auferstehen lässt, deutlich. Die Ambiguität sowohl des Blutes als auch der Blumen, stilistisch durch eine Alliteration verknüpft, liegt in der Verbindung von Tod und Leben. Auch die Blume als Symbol der Vergänglichkeit und Unsterblichkeit zugleich, als Symbol des Kreislaufs des Lebens, wird auf unterschiedliche Weise zum Gedächtnisort für den Gefallenen. Mit dem „Schlagen" der Blumen in die Erde ersteht neues Leben durch das Blut, die Grabbepflanzung nährt das Salz, sprich: die Essenz des Daseins. In der Folge werden die Blumen sanft um das rostige Rad geweht, es wird das Bild eines Kranzes entworfen, der von Rost befallen und deshalb brüchig ist: Der Kranz des Feldmohns, die Blüte selbst ähneln durch ihren radiärsymmetrischen Aufbau und ihre Narbenstrahlen einem Wagenrad.[20] Mohn ist jene Blume, die Thanatos am besten repräsentiert, der rasche Verfall und die Kurzlebigkeit der Pflanze können mit dem frühen Ende eines Lebens gleichgesetzt werden. Gerade das rostige Rad, das den Kreislauf darstellt, dem Verfall nahe ist, wird mit der Blüte verbunden. Die starke Symbolkraft des Mohns, einer Pflanze, deren intensive rote Färbung (beim gängigen Klatsch- respektive Feldmohn) sie zu einem beliebten Motiv der bildenden Kunst werden ließ, findet häufig Verwendung. In Paul Celans Gedichtband *Mohn und Gedächtnis* (1953) wird dieser als Mohn des Vergessens über die Zeilen gelegt.[21] Die Verbindung des Mohns mit dem Vergessen und seinem raschen Vergehen

macht diesen zum Prototypen des Symbols der Vergänglichkeit; als Blutblume, Feuermohn, Flattermohn und wilder Mohn sind der Pflanze in ihren Volksnamen mannigfache Zuschreibungen inhärent, die auch als repräsentativ für ein Soldatenleben gesehen werden können: blutig, feurig, flüchtig und wild.
Die Mohnblume hat im englischsprachigen Raum seit den 1920er-Jahren als *Remembrance Poppy* eine Bedeutung als Erinnerungsblume für die gefallenen Soldaten des Ersten Weltkrieges.
Jennifer Iles notiert in einer Arbeit über die sogenannte Flanders Poppy Folgendes:

> One of the most enduring and powerful symbols of remembrance of the war dead in Britain is the Flanders poppy. Its association with battlefield deaths arose during the First World War when wild red poppies flourished in the churned up mud of the Western Front battlefields of Northern France and Belgium and covered the devastated landscape in a blaze of scarlet, both during and long after the fighting had ceased.[22]

Das Bild der Mohnblume oder die Vorstellung derselben wurde vor allem durch ein Gedicht eines kanadischen Offiziers genährt: Col. John McCrac, ein kanadischer Sanitätsoffizier, verfasste 1915 ein Gedicht, geschrieben auf einer Seite, die aus einem Versandbuch herausgerissen wurde. Es beginnt als berührende pastorale Elegie mit den Zeilen: „In Flanders fields the poppies blow / Between the crosses, row on row".[23]
Artmann bleibt in seinem Text bei den Blumen, die Blumen trägt es ins Haus, Trauerflor umgibt das leere Gebäude. Ein Rufen, Klagen, Weinen ertönt, es wird ein Subjekt angesprochen, dessen Emotionen in einer Akkumulation der Trauer Ausdruck finden: Ihr ruft, klagt, beweint ihn, „sagt / was habt ihr von ihm noch zu fordern". Diese rhetorische Frage wird durch die syntaktische Unbegrenztheit unterstrichen, sie wird ohne Satzzeichen gestellt, drei Punkte lassen die Folgen offen, dadurch wird die Wirkung eines Kreislaufes und einer Endlosigkeit verstärkt. Auf inhaltlicher Ebene wird diese Frage in Verbindung mit dem Klagethema zu einer Anklage, die folgenden Verszeilen unterstreichen den anklagenden Charakter.
Mit rhetorischen Fragen richtet sich der Text an ein Subjekt: „Was" – Die Frage nach dem Sinn schwingt in diesem Interrogativpronomen mit. Dies wiederholt sich in den nächsten Strophen, in denen die Abwesenheit des im Titel beklagten Gefallenen zunächst anhand materieller Bilder verdeutlicht wird, sich dann aber Schritt für Schritt dematerialisierend in einen Schatten verwandelt und schließ-

lich in einem surrealen Bild gänzlich vergeht.

> was in [...] / was noch [...] / was mehr [...]
> was könnte er euch noch geben in diesen tagen
> denn seinen tisch, darauf er nimmer ißt
> was in diesen tagen
> denn die schale die nun seiner lippen entbehrt
>
> was in
> dieser chirurgischen stille seines todes

Das Zerschneiden, der Einschnitt, wird durch das Adjektiv „chirurgisch" deutlich, die Stille ist nicht ruhig oder friedlich, der Tod ist nicht sanft, er wird in einen OP-Saal verlegt, wo der Mensch mit einem harten Schnitt, steril, aus der Lebenswelt herausgerissen wird: Der Tod ist nicht sichtbar, er wird verfremdet, steril, unnahbar, einschneidend.

Artmann taucht das Zwielicht der Dämmerung in olive Farbe. Die Dämmerung bricht herein, Dämmerung des Lebens, das Dämmern des Todes in Olive – der Frieden wird gefunden. Eine Art Heiligsprechung darin zu sehen, mag pathetisch sein, doch ist die Symbolik der Olive und des Ölbaums unweigerlich mit dem Frieden und einer Erhöhung verbunden – der „edle schatten" der bleibt, ein überschattender Gefallener, ein überhöhter Gefallener? Der beklagte Bruder liefert jedenfalls die „rötliche Antwort zwischen Taube und Adler", wobei er nach weiteren surrealen Metaphern durch die Nacht lächelnd vergeht. Die bilderreiche Sprache, in der Entstehen und Vergehen ineinandergreifen, wird auch durch die Farbsymbolik getragen. Die im Gedicht dominierenden Farben sind Rot, Weiß und Schwarz. Rot findet sich im Blut, den Pflanzen Mohn und Rose und in der expliziten rötlichen Antwort wieder. Weiß ist das Salz, steht auch in der Verbindung der Taube als Zeichen des Friedens und der Unschuld, der Salzmond durchleuchtet das Dunkel der Nacht. Gegenübergestellt wird der Taube ein Adler, Symbol der Macht, schwarzes Wappentier des Deutschen Reichs, die rötliche Antwort deutet auf das Blut des Gefallenen hin. Auch in der eisschwarzen Rose verbinden sich die Farben Weiß, Schwarz und Rot, wobei die Rose durch die Attribute als erkaltet und tot dargestellt wird. Mineralische Zeichen der Nacht stehen in Klammer gesetzt im Gegensatz zu organisch-lebendigen; mineralisch Totes könnte hier als Tor verstanden werden, durch das der Gefallene schreitet.

Am Ende schließt sich der Kreislauf in einer Wiederholung der ersten Strophe, welcher jene zwei Worte vom Beginn angehängt werden, drei Punkte folgen dem Ausdruck „sein blut…", auch das deutet auf eine Endlosigkeit des Blutvergießens hin. Der Gefallene wird beklagt, sein Vergehen zieht sich thematisch durch die Gesamtheit der Zeilen, doch das Klagen nimmt kein Ende, und mündet schließlich in drei Punkten, die man als Sprachlosigkeit deuten kann, die beim jungen H. C. Artmann aber durchaus auch auf eine Fortdauer des Klagens hindeuten können. Im Gegensatz zu den Husarengeschichten, in denen Artmann seine Kriegserfahrungen verfremdet wiedergibt und denen er selbst einen märchenhaften Charakter attestiert,[24] ist die persönliche Nähe und Betroffenheit in diesem frühen Gedicht sowohl durch die Widmung als auch durch die exakte Benennung des Themas im Titel präsenter.

Angesichts des Umstands, dass er diesen Text seinem Bruder widmete, setzt Artmann diesem damit ein lyrisches Denkmal; auch im realen Leben wird er seinem erstgeborenen Sohn den Namen seines toten Bruders Erwin geben.

2. Barocker Tod

Mit Gerhard Rühm durchkämmte der junge Artmann nach dem Krieg Bibliotheken auf der Suche nach Inspiration, barocke Texte und Lyrik wurden gelesen und besprochen, die Schreibweisen in die eigene Produktion aufgenommen.[25] Epigramme tauchen in der gesammelten Prosa *Grammatik der Rosen* unter dem Titel *Von denen Husaren und anderen Seil-tänzern* auf.[26]

Der Titel der Epigramme, *Vergänglichkeit und Aufferstehung der Schäfferey*, ist ambivalent, zur gleichen Zeit aber sind die beiden Begriffe untrennbar verbunden, nur was vergeht, kann wieder erstehen. In Orthografie und Typografie an die barocke Schreibweise angelehnt, aber auch thematisch barocken Themen verhaftet, dichtet der fiktive Autor mit seiner Namensnennung, Hieronymus Caspar Laertes Artmannus, seiner Produktion eine autobiografische Note an, die, so Caemmerer, in Grimmelshausen'scher Tradition steht.[27]

auff den Tod alß ein Cithren-schlager[28]

der todt in seiner höhl schlägt auff der aschen *cither* /
o tantze dich zu staub / die lufft ist pulver bitter /
was grün war / wird nun grau / zwölf trauer töne steigen /
zu morder erd verkehrt dein fleisch / der dunckle reigen …

Nun sind diese Epigramme per se nicht von großer Originalität, sie stellen aber eine Art Hommage an eine barocke Bildlichkeit und Sensibilität dar,[29] doch durch Einkleidung in dieses barocke Gewand hat der Tod einen Touch des „memento mori", das Vanitas-Motiv wird zelebriert, und Artmann lässt den barocken Tod rhythmisch in Alexandrinern auferstehen. Im Vergleich zur späteren Barockrezeption Artmanns sieht White den Epigrammzyklus als „der Dichtung des 17. Jahrhunderts am nächsten".[30] Auch Pabisch verortet das „memento mori", sieht dies aber auch als Methode: „Der sprachliche Kunstgriff, das Problem des Todes in entfernter barocker Redeweise zu verkünden, ermöglicht es Artmann, ein Thema offen zu behandeln, es erschiene in der traditionellen Hochsprache der Gegenwart doch sehr abgegriffen."[31] Lajarigge konstatiert, die metaphysische Fragestellung, die dem Epigrammzyklus zugrunde liegt, finde ihren poetischen Ausdruck in einer Reihe von Antithesen, die aufeinander folgen und überlagert sind, wobei der in dieser Hinsicht charakteristische Akkumulationsprozess der Barockdichtung berücksichtigt wird.[32]

Artmann greift nicht nur auf den Akkumulationseffekt zurück; dennoch trägt die konvergente Kombination mehrerer Antithesen unterschiedlicher Natur dazu bei, ein und dieselbe Frage nach der Zukunft allen Lebens hervorzuheben.[33] Die hier zitierten Anfangsverse der Epigramme sieht Donnerberg „stellvertretend, als Metapher für Artmanns Grundstimmung [...], die in allen Späßen und Abenteuern durchschlägt".[34] Wenn man versucht, diese so zitierte Grundstimmung einzufangen, bleibt neben der partiell formalen barocken Form die Suche nach dem Inhalt.[35] Die im Titel des Epigrammzyklus verheißene Auferstehung bleibt im Eingangsepigramm aus, dem Tod wohnt kein christlicher Transgressionsgedanke inne.

So zerfällt alles in dem Gedicht: Asche zu Asche, Staub zu Staub, schwingt es in den Zeilen. Die Bewegungen des Lebens werden durch die ständigen Naturmetaphern veranschaulicht, unter denen die mit den Jahreszeiten verbundenen Pflanzenzyklen eine der offensichtlichen Manifestationen sind: So wird das Pflanzenreich in seinen aufeinanderfolgenden Stadien des Keimens, Blühens und Verwelkens das privilegierte Erfahrungsfeld sein, in dem sich der allegorische Ausdruck des unvermeidlichen Verwelkens allen Lebens in all seiner Kraft manifestieren wird. Der Tod schlägt die Zither und lenkt diesen Reigen, der Tanz wird zum Todestanz geformt, zu Staub tanzt sich ein angesprochenes Du. Gleichsam lässt Artmann die Luft „pulver bitter" werden. Das ruft einerseits die Assoziation an Schlachtfeldsituationen hervor, der Geruch des Pulvers hängt in der Luft, die Bitterkeit des Schießpulvers und jene des Todes verbinden sich zu einer Staubwolke, die inhaliert wird. Andererseits kann das metaphorische „zu staub tanzen", das mit der „aschen cither" zum Pulver kumuliert, die Luft erfüllen. Die durch Alliteration verbundene Farbänderung kann als Übergang vom Leben zum Tod gedeutet werden, in Verbindung mit dem Schlachtfeldszenario, wird dieses durch das Grau gestützt: (Feld-)Grau ist die Uniform (der Wehrmacht), in Grau taucht auch das Pulver die Luft, grau färbt die Asche das Feld.

> was grün war / wird nun grau / zwölf trauer töne steigen /
> zu moder erd verkehrt dein fleisch / der dunckle reigen...[36]

Die zwölf Töne einer Oktave begleiten als Requiem den bedrückend wirkenden Totentanz, die Alliteration der „zwölf trauer töne" lassen im Barockgedicht den anachronistischen Gedanken an die Zwölftonmusik Schönbergs aufkommen, der einige Jahre zuvor mit dem Stück *Ein Überlebender von Warschau* ebenfalls zwölf Trauertöne zum musikalischen Beklagen des Todes erklingen hat lassen. Die Verbindung des Todesthemas mit seinen Kriegserlebnissen habe Artmann in den Texten mit dem Titel *Von denen Husaren und anderen Seil-tänzern* verarbeitet, so konstatiert er im Gespräch mit Maria Fialik: „So habe ich das Grausige verarbeitet, sonst wäre ich auch nicht durchgekommen."[37] Die Epigramme, die den Husarengeschichten anhängen, thematisieren u. a. eben diese Vergänglichkeit, der zitierte Vierzeiler fügt sich mit dem eröffneten Assoziationsfeld ins Bild ein. Reichert sieht die Husarengeschichten als „Kontinuität eines sich bildenden Wirklichkeitsverständnisses",[38] was die Deutung der Barockrezeption bei Artmann über eine stilistische „imitatio" hinaus bestätigt, auch wenn das Bestreben die „auf formaler Ebene erzeugte Barockisierung wieder aufzulösen",[39] nicht so augenscheinlich ist wie in den Husarengeschichten.

„zu moder erd verkehrt dein fleisch / der dunckle reigen..."[40] – So endet dieser „dunckle reigen" mit drei Punkten. Die „Punkte des nicht gesetzten Ausgangs, die diese Sammlung [von Epigrammen, Anm. d. Verf.] verbinden",[41] lassen das Ende offen, widerstreben der Pointiertheit barocker Epigramme. Eine Erlösung oder Auferstehung bleibt aus, an ihre Stelle tritt der Vorgang des natürlichen Zerfalls, zu „moder erd verkehrt / das fleisch". Die Inversion „zu moder erd (verkehrt dein fleisch)" könnte man in „ermorded" verkehren, reiner Zufall oder bewusstes Spiel mit dem Mord, der zum Moder wird; der Verwesungsprozess bildet jedenfalls den Abschluss dieses synästhetischen Reigens und lässt den Toten eins mit der Natur werden.

3. Dialektaler Tod

In dialektal gefärbten Wiener Texten lauern Tod und Vergänglichkeit allerorts. Bei Artmann erfährt man in einem von Qualtinger[42] als wunderbare Litanei wiedergegebenen Gedicht, was die Fahrt mit dem „71er-Wagen"[43] nach Simmering, respektive zum Zentralfriedhof, Wiens größtem Friedhof, liebevoll „Zentraü" genannt, kostet, nämlich „zwa schüleng zwanzk", zwei österreichische Schillinge und zwanzig Groschen. Artmann folgt in seiner Todesbeschreibung einer urwienerischen Diktion: Die regionale Metapher, „Er ist mit dem 71er gefahren", ist auch aktuell ein bekannter Euphemismus für das Ableben einer Person. Der „lautliche Reichtum des Wienerischen"[44], der die Wiener Gruppe angesprochen hatte, erzeugt auch den lamentoartigen Unterton der Todesfahrt.

ZWA SCHÜLENG ZWANZK[45]

zwa schüleng zwanzk
kost s da nua
bis ausse zun gremadorium

dazua kaufst
a bischal lawendl
schee blau und scho grau
aun de schbizzln..

gremadorium muasd song
schee blau und scho grau
aun de schbizzln!

med n anasibzkawong
en an schwoazzn qaund
met dein batazel
en da linken haund..

dua r an lawendl mitdrong
a bischal a bischal gremadorium!

entschdaziaun muasd song
zwa schüleng zwanzk
muasd haum
und dei bischal
muast drong..

a bischal a bischal gremadorium

und gestan
    und heite
        und muang
is drozzdem a sunecha heabstdog...

Interessant ist, dass hier auf sehr profane Dinge verwiesen wird, die man benötigt, um „den letzten Gang anzutreten": etwas Kleingeld, einen Lavendelstrauß und einen Partezettel. Die Fahrt geht nicht zu einem klassischen Begräbnis, sondern das Ziel ist das Krematorium, die Einäscherung – zur Zeit des Entstehens dieses Gedichts jedoch noch ein durchaus umstrittener Bestattungsmodus. Wenngleich Traditionen einem Wandel unterliegen, ist dem Tod lange auf rein religiöse Weise begegnet worden; doch der Einfluss der Kirche schwindet im 20. Jahrhundert; die Tradition, einen Geistlichen für die letzte Ölung zu rufen, wird zunehmend aufgegeben; der Tod tritt ohne Beisein eines Priesters ein.[46] Dem von Karl dem Großen 785 erlassenen Verbot der Leichenverbrennungen folgte eine ab dem 9. Jahrhundert europaweit gängige Praxis der Erdbestattung, die jedoch, ob des mangelnden Glaubens an eine ‚fleischliche Auferstehung', zunehmend an Bedeutung verliert.[47] Dennoch wurde die Feuerbestattung erst 1964 offiziell von der Kirche in Rom zugelassen.[48]

In Wien gab es trotzdem schon früher ein Krematorium. Einen maßgeblichen Beitrag zur Errichtung desselben leistete die Arbeiterbewegung: „Oskar Siedek war von der technischen Errungenschaft des Einäscherungsofens von Siemens so begeistert, dass er in Wien im Jahr 1885 den Feuerbestattungsverein *Die Flamme* gründete, der die Feuerbestattung forcierte."[49] Das Simmeringer Krematorium wurde 1922 eröffnet. Trotz Protests der katholisch geprägten Bundesregierung fand dort 1923 die erste Einäscherung statt, wobei diese eine rein staatliche Bestattungsform blieb; die Amtskirche verwehrte, unter Berufung auf einen Entscheid aus dem Jahre 1886, ein kirchliches Begräbnis, wenn Sterbende eine Urnenbestattung wählten.[50] Die Feuerbestattung kann also als Errungenschaft der Sozialdemokratie und den ihr anhängigen Freidenker/innen gesehen werden.

Die Sprache der Arbeiter wählt Artmann auch bei der Fahrt zum „Arbeiterbegräbnis". Das Dialektgedicht, in dieser Variante auch als vertikales Unterscheidungskriterium zu sehen,[51] ist eines der meistrezipierten und bekannten Genres Artmanns, es zeigt das Abgründige und auch Abstoßende im Menschen. Makaber wird die Fahrt zur Einäscherung geschildert, die Verwendung des Possessivpronomens „dein" („dein batazel"),[52] könnte als Hinweis auf die surreale eigene Bestattung gesehen werden. Auch der historische Umstand, dass die Linie bis zum Zweiten Weltkrieg tatsächlich zum Transport der Leichen gedient hatte, bestätigt diesen Gedankengang, ebenso wie der eingangs erwähnte Ausdruck, „mit dem 71er fahren", der synonym zum Sterben verwendet werden kann.[53] Im Lokalkolorit mit der Lokalbahn Nummer 71, die bis heute nach Simmering führt, endet die menschliche Existenz mit einem bereits angegrauten „bischal lawendel" beim „gremadorium", das Averb „schon"(„scho grau aun de schbizzln") erzeugt den Eindruck eines beginnenden Ergrauens, das den Zerfallsprozess verbildlicht. Mehr als dieses Büschel und der Fahrschein wird nicht benötigt, der Tod kostet damit gewissermaßen „zwa schüleng zwanzk".

Das Spielen mit der Sprache gelingt im Dialekt mit der Bezeichnung „bischal lawendl" oder dem „bischal gremadorium". Der Ausdruck steht für ein „Büschel" kann aber auch als „bisserl" (ein bisschen) verstanden werden, ein und derselbe Ausdruck wird damit mit unterschiedlicher Semantik unterlegt individualisiert. Auch die Schreibweisen variieren, harte und weiche Lautungen wechseln einander ab (muasd / muast, med / met); die Satzzeichen bewirken, dass die Strophen zwei bis fünf abwechselnd in zwei Punkten verhallen, oder mit einem Rufzeichen akzentuiert werden. Durch den Wechsel zwischen dem Auslaufen in Punkten, das ein Senken der Stimme anzeigt, aber auch eine Pause erzeugt, und der Betonung durch das Rufzeichen, das ein Heben der Stimme und eine Erhöhung der Lautstärke erfordert, wird ein „Singsang"-Charakter, eine Art Sprechgesang, evoziert. Auch die Wiederholung, etwa in Vers 16 („a bischal a bischal"), unterstreicht den Liedcharakter. So konstatiert auch Reichert in seinem *Zettelkasten für ein Nachwort zu H. C.* unter dem Titel „Leistungen unter anderem", „daß sich alles in Sprache (Literatur) verwandeln läßt und daß reziprok mit der Sprache alles angestellt werden kann",[54] eben auch die Tramwayfahrt zur Urnenbestattung.

Zum Tod geht es langsam bergab, auch in der Schriftsetzung fährt man stufenweise hinab: Gestern, heute, morgen, der Herbst des Lebens, das knapp vor dem

Ende steht, spiegelt sich im Herbsttag wider. Doch unbeeindruckt davon zeigt sich die Natur: Auch angesichts des Todes scheint die Sonne. Ein surreales Element bildet die erwähnte Deutung, es handle sich um das eigene Begräbnis, verstärkt wird dies durch die Reihung im Gedichtband *med ana schwoazzen dintn*, in dem diesem Gedicht direkt *heid bin i ned munter wuan* folgt.

Der „71er", Wienerinnen und Wienern bis dato als die Linie bekannt, die zum Zentralfriedhof führt, wird bestiegen, der Tramwayfahrer, als Fährmann über den Styx, bringt den Toten mit dem eigenen Partezettel in der Hand zur Urnenbestattung. Der Glaube, das Kirchliche bleibt außen vor, anstelle der letzten Ölung, eines Gebetes oder einer Hoffnung auf Erlösung konstatiert Artmann nüchtern, wessen es bedarf: „zwa schüleng zwanzk". Durch diese Reduktion der Bestattung auf den reinen Kostenfaktor ersetzt das Kapital die Kirche, das Sterben ist umsonst, das Begräbnis nahezu eine Okkasion. Der sich ziehende Klang des gewählten Wiener Dialekts unterstreicht die Banalität des Todes, diesem mutet nichts Abgehobenes mehr an. Im Dialekt entledigt sich ‚der letzte Gang' jeglichen Pathos'. Angesichts der nicht erwarteten Wiederauferstehung, der sich wiederholenden Phrasen, die lamentartig die Fahrt abspulen, scheint es nicht verwunderlich, dass die globale Irrelevanz des Ablebens darauf verweist, dass alles weiterhin seinen gewohnten Gang geht. Der sonnige Herbsttag kontrastiert verstärkt durch die Konjunktion „trotzdem" die Alltäglichkeit des unaufgeregten Ablebens.

4. Fazit

Von den drei Texten mag der erste, biografisch betrachtet, die persönlichste Motivation tragen, der offenkundig direkte Bezug zum Soldatentod verweist auf die Kriegserfahrung, die Klage und Anklage münden in ein offenes Ende. Die Epigramme, weniger persönlich, doch in dem ausgewählten Stück durch den Schlachtfeldbezug mit einem biografischen Hauch in Verbindung gebracht, klagen nicht, klagen auch nicht an. Der Tod wird hier als unausweichlicher Prozess des Vergehens gesehen, auch wenn er gewaltsam herbeigeführt wird. Im letzten Gedicht ist, im Gegensatz zu den beiden anderen, der Krieg nicht präsent, im Umfeld des morbiden Wiens fügt er sich friedlich in das Gesamtbild, dezent schimmert der Verfall lavendelfarben hinter der Todesfahrt hindurch.

Trotz der vielfältigen Masken, die Artmann dem Tod aufsetzt, gibt es in den drei Gedichten auch Entsprechungen. Neben einer reichen Metaphorik und dem starken Hang zur Pflanzensymbolik konvergieren die Gedichte zu einem Endlichen, das nicht durch einen wie auch immer gearteten christlichen oder esoterischen Auferstehungsgedanken entkräftet wird. Vielmehr wird der natürliche Prozess des Zerfalls herausgestrichen, das Vergehen und Aufgehen in der Natur in Form von Blumen, die Auflösung „zu moder erd" oder der künstlich beschleunigte Prozess des Übergangs vom Lebendigen zum Aschenrest aus dem Krematorium. Was bleibt, ist ein natürlicher Todes- und Lebenskreislauf, der alles umschließt, die Verbindung, die Caemmerer in den Epigrammen feststellt,[55] spiegelt sich auch in allen drei gewählten Texten wider: Das Ende bilden drei Punkte, der Kreislauf setzt sich unaufhörlich fort.

Literaturverzeichnis

Achleitner, Friedrich: „Wir haben den Dialekt für die moderne Dichtung entdeckt…". In: Fuchs, Gerhard / Wischenbart, Rüdiger (Hg.): *H. C. Artmann*. Graz, Wien: Droschl 1992 (= Dossier 3), S. 37–40.

Artmann, H. C.: *Ein lilienweißer Brief aus Lincolnshire. Gedichte aus 21 Jahren*. Herausgegeben und mit einem Nachwort von Gerald Bisinger. Frankfurt am Main: Suhrkamp Verlag 1969.

Artmann, H. C.: *Grammatik der Rosen. Gesammelte Prosa*. Bd. 1. Hg. von Klaus Reichert. Salzburg: Residenz 1979.

Artmann, H. C.: *Sämtliche Gedichte*. Hg. von Klaus Reichert. Salzburg, Wien: Jung und Jung [4]2011.

Artmann, H. C.: *The Best of H. C. Artmann*. Hg. von Klaus Reichert. Frankfurt am Main: Suhrkamp 1975.

Ariès, Philippe: *Geschichte des privaten Lebens*. Bd. 4: *Von der Revolution bis zum Großen Krieg*. Frankfurt am Main: Fischer 1992.

Ariès, Philippe: *Die Geschichte des Todes*. München: dtv 1999.

Atze, Marcel (Hg.): *„Wann ordnest du deine Bücher?" Die Bibliothek H. C. Artmann*. Wien: Wienbibliothek im Rathaus / Sonderzahl 2006.

Birgfeld, Johannes: „ein ganz klein wenig zu sehr ins ‚Antiquierende'" In: Atze, Marcel (Hg.): *„Wann ordnest du deine Bücher?" Die Bibliothek H. C. Artmann*. Wien: Wienbibliothek im Rathaus / Sonderzahl 2006, S. 148–163.

Caemmerer, Christiane: „Von den Epigrammata. H. C. Artmann und die Barockliteratur". In: Caemmerer, Christiane / Delabar, Walter (Hg.): *„Ach, Neigung zur Fülle…" Zur Rezeption ‚barocker' Literatur im Nachkriegsdeutschland*. Würzburg: Königshausen & Neumann 2010, S. 129–147.

Celan, Paul: *Mohn und Gedächtnis. Vorstufen, Textgenese, Endfassung*. Tübinger Ausgabe. Hg. von Jürgen Wertheimer. Frankfurt am Main: Suhrkamp 2020.

Donnenberg, Josef: „Pose, Possen, Protest und Poesie – oder: Artmanns Manier". In: Donnenberg, Josef: *Pose, Possen, Poesie. Zum Werk Hans Carl Artmanns*. Stuttgart: Akademischer Verlag Heinz 1981, S. 149–180.

Fialik, Maria: *Strohkoffer Gespräche. H. C. Artmann und die Literatur aus dem Keller.* Wien: Paul Zsolnay Verlag 1998.

Fuchs, Gerhard / Wischenbart, Rüdiger (Hg.): *H. C. Artmann.* Graz, Wien: Droschl 1992 (=Dossier 3).

Heß, Dieter: *Die Blüte. Struktur-Funktion-Ökologie-Evolution.* Stuttgart: Ulmer 2019.

Hofmann, Kurt: *H. C. Artmann. Ich bin Abenteurer und nicht Dichter.* Wien: Amalthea 2001.

Hofmeister, Wernfried: „Mememto mori! Literarische Lebens-und Sterbehilfen aus dem Mittelalter". In: Mitterer, Nicola / Wintersteiner, Werner (Hg.): *„Wir sind die Seinen lachenden Munds." Der Tod – ein unsterblicher literarischer Topos.* Innsbruck: StudienVerlag 2010, S. 19–44.

Horowitz, Michael: *H. C. Artmann. Eine Annäherung an den Schriftsteller & Sprachspieler.* Wien: Ueberreuter 2001.

Iles, Jeniffer: „In remembrance: The Flanders poppy". In: *Mortality,* 3, 13/2008, S. 201–221.

Krammer, Andreas: *Die geschichtliche Entwicklung der Feuerbestattung und deren Auswirkungen.* Graz: Univ. Dipl.arb. 2014.

Lajarrige, Jacques: *Hans Carl Artmann, Tradition littéraire et exercices de style: La mémoire ouverte ou la mort déjouée.* Stuttgart: Akademischer Verlag Heinz 1992.

Özkan, Duygu: „Der 71er. Das bewegte Leben der Friedhofsbahn". In: *Die Presse* v. 04.11.2012.

Pabisch, Peter: *H. C. Artmann. Ein Versuch über die literarische Alogik.* Wien: A. Schendl 1978.

Reichert, Klaus: „Zettelkasten für ein Nachwort zu H. C". In: Artmann, H. C.: *The Best of H. C. Artmann.* Hg. von Klaus Reichert. Frankfurt am Main: Suhrkamp 1975, S. 381–388.

Reichert, Klaus: „Poetik des Einfalls. Zur Prosa Artmanns". In: Fuchs, Gerhard / Wischenbart, Rüdiger (Hg.): *H. C. Artmann.* Graz, Wien: Droschl 1992 (= Dossier 3), S. 111–145.

Rühm, Gerhard: „Dialektdichtung". In: *alpha,* 2, 1956, 2 (8), o. S.

Rühm, Gerhard (Hg.): *Die Wiener Gruppe. Achleitner – Artmann – Bayer – Rühm – Wiener. Texte, Gemeinschaftsarbeiten, Aktionen.* 1. erweiterte Neuauflage. Reinbek bei Hamburg: Rowohlt 1985.

Schertler, Eva-Maria: *Tod und Trauer in der deutschsprachigen Gegenwartsliteratur.* Innsbruck: StudienVerlag 2011.

Schmied, Gerhard: *Sterben und Trauern in der modernen Gesellschaft.* Opladen: Leske u. Budrich 1985.

Schuster, Marc-Oliver: *H. C. Artmann's Structuralist Imagination: A Semiotic Study of His Aesthetic and Postmodernity.* Würzburg: Königshausen & Neumann 2010.

Werfring, Johann: „Wiener Memorabilien. Die Feuerbestattung in Wien". In: *Wiener Zeitung,* 28.10.2002, zitiert nach: https://www.wienerzeitung.at/nachrichten/chronik/oesterreich/175939_Die-Feuerbestattung-in-Wien.html (Zugriff am 25.09.2020).

White, John J.: „Hans Carl Artmann und die europäische Literatur des 17. Jahrhunderts". In: Schuster, Marc-Oliver (Hg.): *Aufbau Wozu. Neues zu H. C. Artmann.* Würzburg: Königshausen & Neumann 2010, S. 73–97.

Wüllner, Fritz: „Wehrmacht ‚Strafvollzug' im Dritten Reich. Zur zentralen Rolle der Wehrmachtgefängnisse in Torgau". In: Haase, Norbert / Oleschinski, Brigitte (Hg.): *Das Torgau-Tabu. Wehrmachtsstrafsystem – NKWD-Speziallager – DDR-Strafvollzug,* Leipzig: Forum Verlag 1993. S. 29–44.

Anmerkungen

1 Artmann in: Hofmann: Ich bin abenteurer, S. 199–200.
2 Vgl. Schertler: Tod, S. 19–20.
3 Ariès: Geschichte des Todes, S. 14.
4 Vgl. Ariès: Geschichte des privaten Lebens, S. 259–260.
5 Hofmann: Ich bin abenteurer, S. 199.
6 Ariès: Geschichte des Todes, S. 747.
7 Die Wehrmachtgefangenabteilung Heydebreck gehörte zum Lager Hugoslust, dieses war dem Wehrmachtsgefängnis Glatz zugeordnet und existierte nach aktuell vorhandenen Unterlagen in den Jahren 1941 und 1942. Vgl. Geldmacher: Strafvollzug, S. 430; S. 451.
8 Atze: Wann ordnest du deine Bücher, S. 222.
9 Vgl. Wüllner: Strafvollzug, S. 40.
10 Vgl. ebd. S. 41.
11 Zit. in Hofmann: Ich bin abenteurer, S. 54.
12 Baldur von Schirach verhängte am 30. März 1945 das Standrecht über den Reichsgau Wien; zahlreiche Todesurteile wurden auch in den letzten Kriegswochen noch von Standgerichten vollstreckt.
13 Vgl. Fialik: Strohkoffer Gespräche, S. 26.
14 Das Reichskriegsgericht war 1943 wegen zunehmender Luftangriffe auf die Hauptstadt von Berlin nach Torgau verlegt worden.
15 Der Eintrag der WAST vermerkt am 13.2. 1945: „über Flucht nach Wehrmachtsgefängnis Torgau". In: Atze: Wann ordnest du deine Bücher, S. 222.
16 Horowitz: H. C. Artmann, S. 53.
17 Vgl. hierzu das Gedicht ein *engel geht mit dem brodsack um*. In: Artmann: lilienweißer brief, S. 134.
18 In der Ausgabe von Jung und Jung ist unter dem Titel die Widmung „für meinen bruder erwin" abgedruckt. Vgl. Artmann: Sämtliche Gedichte, S. 23. Vgl. Schuster: Structuralist Imagination, S. 327.
19 Artmann: lilienweißer brief, S. 51.
20 Vgl. Heß: Die Blüte, S. 36.
21 Das Gedicht *Ewigkeit* entstand etwa 1951, auch Celan bedient sich des Rostes – „rostgeborene Messer" und des Mohnes, Vgl. Celan: Mohn, S. 105.
22 Iles: Flanders poppy, S. 201.
23 Zit. n. ebd., S. 204.
24 Fialik: Strohkoffer Gespräche, S. 25.
25 Vgl. Rühm: Wiener Gruppe, S. 16.
26 Artmann: Grammatik der Rosen 1, S. 237f.
27 Vgl. Caemmerer: Artmann und die Barockliteratur, S. 131.
28 Artmann: Grammatik der Rosen 1, S. 239.
29 Vgl. Lajarrige: Hans Carl Artmann, S. 66.
30 White: Hans Carl Artmann, S. 76.
31 Pabisch: Alogik, S. 46.
32 Lajarrige: Hans Carl Artmann, S. 59.
33 Vgl. ebd.
34 Donnenberg: Pose, Possen Poesie, S. 164.
35 Der Pastichecharakter findet sich in Imitation von Versmaß und einer barock anmutenden Typografie, wie der Verwendung von Doppelkonsonanten, und teilweise der Wortwahl, die konsequente Kleinschreibung und die, in vielen Epigrammen eingesetzte, moderne Metaphorik, „entlarven" diese jedoch als Produkt einer späteren Epoche. Vgl. dazu u. a. Caemmerer: Artmann und die Barockliteratur, S. 139. Pabisch: Alogik, S. 46.
36 Artmann: Vergänglichkeit & Aufferstehung der Schäfferey. In: Grammatik der Rosen 1, S. 239.
37 Fialik: Strohkoffer Gespräche, S. 25.
38 Reichert: Poetik des Einfalls, S. 125.
39 Birgfeld: ein klein wenig ins antiquierende, S. 159.
40 Artmann: Grammatik der Rosen 1, S. 239.
41 Caemmerer: Artmann und die Barockliteratur, S. 136.
42 Unter dem Titel *Marcia funebre – drei gaunze schülleng* wurde Artmanns Text von Ernst Kölz vertont und von Qualtinger auf der LP *Helmut Qualtinger singt schwarze Lieder* interpretiert.
43 Die Straßenbahnlinie Nummer 71 führt in Wien von der Innenstadt nach Kaiserebersdorf, hat mehrere Haltestellen an den

Toren des Zentralfriedhofs der Stadt, bis 1996 hatte die Linie ihre Endstation beim Friedhof.
44 Rühm: Dialektdichtung, Nr. 8.
45 Artmann: Sämtliche Gedichte, S. 209.
46 Auch bei praktizierenden Katholiken setzte sich die Angewohnheit durch, den Priester erst nach dem Ableben zu rufen; die letzte Ölung fand also post mortem statt. Vgl. Aries: Geschichte des Todes, S. 719.
47 Werfring: Feuerbestattung, 2002.
48 Schmied: Sterben und Trauern, S. 143.
49 Krammer: Feuerbestattung, S. 43.
50 Vgl. Werfring: Feuerbestattung.
51 Den Reichtum des Dialekts als Ausdruck regionaler, aber auch sozialer Zugehörigkeit zu erkennen und sich durch Analyse dieses Sprachmaterials zu einer künstlerischen Verwendung desselben zu qualifizieren, ist Artmann eigen. Er, der mit dem Dialekt aufwuchs, beherrschte und kannte eine Vielzahl der Varianten. Vgl. dazu: Achleitner, Friedrich: Dialekt für die moderne Dichtung entdeckt, S. 38.
52 Der Ausdruck „Batazel" ist eine dialektale Schreibweise für Parte-Zettel; im österreichischen Sprachgebrauch wird der Ausdruck „Parte" für eine Traueranzeige verwendet.
53 Vgl. Özkan: Der 71er.
54 Vgl. Reichert: Zettelkasten, S. 387.
55 Vgl. Caemmerer: Artmann und die Barockliteratur, S. 136.

Harald Miesbacher

H. C. Dracula oder Der Schäfer aus dem Schilf
H. C. Artmann, Graz und die Zeitschrift *manuskripte*.
Eine Romanze

Zusammenfassung:
H. C. Artmanns Verbindung zur jungen Grazer Literaturszene bzw. zur Literaturzeitschrift *manuskripte* geht bis zu deren Gründungszeit Anfang der 1960er-Jahre zurück. Artmann wurde gemeinsam mit anderen Autoren der „Wiener Gruppe" von dem Herausgeber Alfred Kolleritsch bereits in der zweiten Heftnummer mit zwei Gedichten aufgenommen. Bis zu Artmanns Tod erschienen immer wieder Beiträge von ihm in den *manuskripten*. Überdies war er auch durch freundschaftliche Verbindungen zu Autorenkollegen (W. Bauer, A. Kolleritsch u. a.) mit Graz verbunden, für einen kurzen Zeitraum (1966/67) hatte er sogar eine (unstete) Wohnadresse in der „heimlichen Hauptstadt der deutschsprachigen Literatur". Die steirische Kulturpolitik wiederum ehrte den Autor durch die Verleihung wichtiger Literaturpreise.

Schlüsselwörter: Grazer Forum Stadtpark, Steirische Literaturpreise, Wiener Gruppe

Seit den frühen 1960er-Jahren stand H. C. Artmann in loser, doch regelmäßiger Verbindung mit jener jungen Autorengeneration, die sich zu jener Zeit in Graz in der von Alfred Kolleritsch und Alois Hergouth neu gegründeten Literaturzeitschrift *manuskripte* zusammengefunden hatte.
Bereits in der zweiten Nummer von Anfang 1961 wurden zwei seiner Gedichte abgedruckt, es handelt sich um *ein iblis ist ein ding* sowie *wer in die hölle kommt*.[1] Da darin ebenfalls Texte von Gerhard Rühm, Friedrich Achleitner und Konrad Bayer Aufnahme gefunden hatten, wurde das Heft auch als „Wiener Gruppe-Nummer" bezeichnet. Sie brachte dem jungen, in dieser Ausgabe für die Textauswahl erstmals allein verantwortlichen Herausgeber Alfred Kolleritsch im Übrigen sogleich Probleme mit dem Heftsponsor, der Steirischen Raiffeisenbank, ein. Die lokalen Bankchefs verlangten umgehend die Überklebung des Sponsorenvermerks. Bereits der ominöse Ruf der vier Wiener Gruppe-Mitglieder, mehr aber noch die einzelnen Beiträge der Wiener Avantgardisten und ebenso

Verszeilen aus Kurt Schwitters' Ballade *Die Nixe*² sollen sie zur Distanzierung veranlasst haben.
Der Herausgeber Kolleritsch war gewarnt. Die nächsten Nummern gestaltete er denn auch etwas kompatibler für den literarischen Durchschnittsgeschmack, gleichwohl hatte er mit dieser zweiten Ausgabe unbestritten eine neue ästhetische Ausrichtung der Zeitschrift eingeschlagen. Kolleritsch verfolgte mit den *manuskripten* ab nun eine sichtlich sprachreflexive bzw. -experimentelle, insgesamt sprachkritische Linie. In der Folge wurden die *manuskripte* überhaupt zum führenden österreichischen Publikationsforum für zeitgenössische avantgardistische Literatur. Einschlägige Autor/innen requirierte Kolleritsch nicht bloß aus dem Grazer Umfeld, sondern er versuchte von Beginn an Kontakte zu anderen avancierten Literaturszenen aufzunehmen und konnte so bereits in kurzer Zeit ein recht engmaschiges nationales wie internationales Netz zu sprachexperimentellen Gruppierungen knüpfen.³ Auf heimischer Ebene waren weiterhin die Wiener Avantgardisten Artmann, Rühm, Bayer, Achleitner, ferner Andreas Okopenko, Ernst Jandl und Friederike Mayröcker seine erste Adresse, die im ersten Jahrzehnt der *manuskripte* in einzelnen Ausgaben immer wieder vertreten waren. Bevorzugt waren es Rühm und Bayer, die Texte etwa für die Heftnummern 5 (1962), 8 (1963), 10 (1964), 14/15 (1965), 20 (1967), 21 (1967/68), 22/23 (1968) beisteuerten, ab Heft 13 (bis einschließlich Heft 25/1969) kam dann insbesondere Oswald Wiener mit dem Vorabdruck von *die verbesserung von mitteleuropa* als „work in progress" hinzu, wobei nach Abdruck einer Passage in Heft 18 (1967) Anzeige wegen Pornografie-Verdachts erstattet und die Beschlagnahme der Ausgabe urgiert wurde. Auch H. C. Artmann kam im Verlauf der 1960er-Jahre noch in drei Heften zu Abdruckehren. In Heft 10 (1964) finden sich die zwei Gedichte *wenn ich aus deiner arche steige* sowie *in einem herbstlichen hafen september drei kraniche streiten um ein brot*,⁴ in Heft 18 (1966) ist ein Auszug aus *fleiß und industrie*⁵ und in Heft 20 (1967) aus *Lord Listers briefe am nachmittag*⁶ abgedruckt.
Die Erstkontakte Kolleritschs zur zeitgenössischen Wiener Avantgarde hatten sich bereits Ende der 1950-er Jahre über die Grazer Urania ergeben, deren Leiter Wolfgang Schaukal den Verein für Erwachsenenbildung in Graz als Schnittstelle zwischen Schule, Universität und einer interessierten Öffentlichkeit positioniert hatte. Durch das Vortrags-, Ausstellungs- sowie Diskussionsangebot wurde das Publikum mit neuen wissenschaftlichen und aktuellen künstlerischen Strömungen konfrontiert.⁷ Legendär war die sogenannte „Samstagsrunde", ein unverbindliches, offenes Diskussionsforum, wo die jüngere Wissenschaftler- und

Künstlergeneration auf akademischem Niveau aktuelle philosophische, ästhetische, literarische etc. Themen zunächst referierte und anschließend eingehend diskutierte.[8]
Ihre Fortsetzung fanden die Gespräche der „Samstagrunde" oftmals feuchtfröhlich in einer beliebten innerstädtischen Branntwein- oder Kalmus-Stube, die bald als Urania-„Zweigstelle" anzusehen war und in den 1960er-Jahren als das bevorzugte Lokal der jungen Grazer Dichterszene um Wolfgang Bauer, Gunter Falk, Alfred Kolleritsch nochmals Kultstatus erlangte. Zu ihnen gesellte sich nicht zuletzt, sobald er in der Stadt weilte, H. C. Artmann, der im Übrigen an der Verbreitung des Mythos um die „Haring", wie das Lokal hieß, einen gehörigen Anteil hatte. Auch für Alfred Kolleritsch war der Urania-Kreis immens wichtig: „Wir von damals verdanken der Urania viel. Sie half uns anders zu werden", und er betonte ferner: „Zum erstenmal erfuhren wir, daß es eine Gegenwart gibt und daß sie erst zu erobern sei; die Moderne der Kunst, der Literatur, der Philosophie, der Architektur. Uns führte dieser Weg weg von den gebotenen Inhalten der Universität, fort in ein Freiland, das rein geblieben war vom Nationalsozialismus, den man ringsum weiterwachsen ließ oder unter den Tisch kehrte."[9] Noch viele andere bekräftigten die Strahlkraft der Urania, darunter Barbara Frischmuth, nach deren Erinnerung Thema der Urania-Vorträge etwa auch die Wiener Gruppe war.[10] Freilich war der interessierte Kreis klein, dennoch blieb dessen intensive Rezeption der künstlerischen Moderne, wie sich bald erweisen sollte, nicht folgenlos für das gesellschafts-, noch mehr aber für das kulturpolitische und künstlerische Leben der Provinzstadt Graz. Es wurde, merkt Kolleritsch noch an, „an einem Fundament gebaut, auf dem später das Forum Stadtpark und der ‚steirische herbst' weiterbauten".[11]
Gegen Ende der 1950er-Jahre war in Graz der Boden für die Moderne jedenfalls ausreichend aufbereitet. In diese Zeit fielen dann auch die ersten direkten Begegnungen von Kolleritsch mit Mitgliedern der literaturavantgardistischen Szene Wiens. Im Dezember 1959 lasen anlässlich einer von der Künstlervereinigung „Sezession Graz" organisierten Ausstellung von Arbeiten Arnulf Rainers erstmals die Wiener Gruppe-Autoren Gerhard Rühm und Friedrich Achleitner in der Stadt, wobei Kolleritsch, so wird überliefert, besonders von dem bloß um ein Jahr älteren Rühm nachhaltig beeindruckt war.[12] Ein lokales Blatt hingegen urteilte grob abschätzig und bezeichnete, sich einen wortspielerischen Fauxpas sondergleichen leistend, die beiden Autoren doch tatsächlich als „ent-artete Artmann-Zwillinge".[13] Rühm kam bereits wenige Monate danach abermals nach Graz, diesmal aus Anlass eines Urania-Vortrags mit dem Titel „Probleme der

Dichtung".[14] Dass Kolleritsch, der in der Urania selbst Kurse zur modernen Literatur hielt, den Vortrag verfolgte, ist sehr wahrscheinlich, ebenso wie ein erster persönlicher Kontakt.

Ein knappes Jahr später wandte sich Kolleritsch schließlich brieflich an Rühm:

> Sehr geehrter Herr Rühm!
> Mit einer Empfehlung unseres Freundes Georg [d. i. Georg Jánoska] bitte ich Sie herzlichst um einen Beitrag für die zweite Nummer unserer Manuskripte.
> Sie soll schon in den ersten Dezembertagen erscheinen. Vertrauen Sie uns! Es würde mich überaus erfreuen, Sie als Mitarbeiter begrüßen zu können. Vielleicht könnten Sie auch einen Beitrag v. Herrn Achleitner senden. Herr Artmann hat für die nächste Nummer auch seine Mitarbeit versprochen. Junge schweizer, deutsche und spanische Lyrik werden im zweiten Heft vertreten sein. Das erste Heft ist bereits vergriffen.
> Bitte geben Sie mir eine rasche Antwort.
> Hochachtungsvoll
> A. Kolleritsch[15]

Tatsächlich konnte Kolleritsch in der zweiten Nummer der *manuskripte* die eingangs erwähnten Texte von Mitgliedern der Wiener Gruppe abdrucken. Zu diesem Zeitpunkt hatte sich der im Grunde literarisch-traditionell sozialisierte *manuskripte*-Herausgeber längst an sprachexperimentellen Arbeiten, bevorzugt der Wiener Avantgardisten Artmann, Rühm, Bayer und Achleitner, zu orientieren begonnen, und ganz bewusst distanzierte er sich von dem vorherrschenden lokalen literarischen Traditionalismus. Auch die junge heimische Autorengeneration empfing unbestritten starke Impulse von den Wienern v. a. hinsichtlich des Materialcharakters der Sprache bzw. der Sprache als Wirklichkeitskonstrukteur. Der Grazer Germanist Gerhard Melzer entdeckte deutliche Bezugnahmen zu Artmann und Rühm etwa in den frühen Mikrodramen Bauers, ebenso habe gemäß seinem Befund Peter Handke die Grundidee für sein Sprechstück *Publikumsbeschimpfung* von Konrad Bayers Kurzstück *kasperl auf dem elektrischen stuhl* übernommen.[16] Im Gefolge von Gerhard Rühms und Friedrich Achleitners konstruktivistischen Montage-Experimenten bzw. formalistischer Sprachspiel-Methodik („methodischer inventionismus") bewegte sich insbesondere Gunter Falk. Dass die Grazer Anfänger, wenngleich im unterschiedlichen Maße, von den literarischen Experimenten einzelner Mitglieder der Wiener Gruppe beeinflusst wurden, betonte auch Gerhard Roth einmal ausdrücklich.[17]

Mit Rühm blieb Kolleritsch auch in der Folge in Verbindung. Er richtete Schreiben an ihn und fragte um Texte für die *manuskripte* an.[18] Gelegentlich waren es regelrechte Bittbriefe in der typischen Art Kolleritschs: „lieber herr rühm, bitte schreiben sie mir, warum sie mir nicht schreiben? haben sie nicht doch einen text?"[19] Erwähnt sei nebenbei, dass der Kontakt zwischen den beiden über lange Jahre sehr förmlich blieb, es mitunter gar Unstimmigkeiten gab, erst 1968 wurde ins freundschaftliche Du gewechselt.[20]

Auch mit Konrad Bayer korrespondierte Kolleritsch in der Frühzeit der *manuskripte* gelegentlich,[21] während ein erster Versuch einer direkten Kontaktaufnahme mit Artmann erst Anfang des Jahres 1965 dokumentiert ist. Von seiner Grazer Privatadresse (Leechgasse 18) aus richtete er ein förmliches Schreiben, datiert mit 6. Jänner 1965, an den Kollegen, der zu diesem Zeitpunkt im schwedischen Malmö lebte:

> Lieber Herr Artmann!
> Fast habe ich nicht die Hoffnung, daß Sie dieser Brief erreicht. Mein Freund Jandl hat mir diese Adresse gegeben, aber gleichzeitig bedauert, daß Sie auf der Buchsendung eine Adresse angegeben haben, die anders und unleserlich sei. Sie werden sich bestimmt noch an die „Manuskripte" erinnern, in denen Sie ja schon durch Bayers Vermittlung publiziert haben.
> Ich hoffe, daß Sie uns, wenn wir Sie wieder um Texte bitten, nicht im Stich lassen. Sollten Sie aber durchaus nicht wollen, dann schreiben Sie uns wenigstens das. Haben Sie jedoch Lust, uns etwas zu schicken: die nächste Nummer geht Ende Jänner in Druck. Wichtig für uns wäre Ihre Mitarbeit an unserer Prosanummer, die im Juni erscheint.
> Wir sind alle sehr von Ihrem Buch begeistert.[22] Schade, daß der Verlag so lange Lieferzeiten hat. Es dauert ewig, bis das Buch kommt, die Buchhändler stöhnen jedesmal. In Graz ist es augenblicklich nicht zu haben, obwohl Nachfrage besteht. Übrigens wollen wir das Buch im nächsten Heft ausführlich besprechen.
> Ich bitte um Ihre freundliche Antwort, ich erwarte sie wirklich dringend.
> Mit freundlichen Grüßen
> (A. Kolleritsch)[23]

Sowohl die erbetene Antwort als auch eine Textsendung Artmanns unterblieben vorerst allerdings. Erst in Heft 18 (Oktober 1966 / Februar 1967) konnte Kolleritsch einen Auszug aus dem bereits erwähnten *fleiß und industrie* bringen, das im Jänner 1966 in Berlin entstanden war.[24] Ein etwaiges Begleitschreiben seitens Artmanns konnte bis dato nicht gefunden werden. Im selben Heft wird Artmann noch in Zusammenhang mit einer ausführlichen Vorstellung der neu gegründeten und von Gerhard Fritsch und Otto Breicha herausgegebenen Literatur- und Kunstzeitschrift *protokolle* erwähnt. Von allen Beiträger/innen – darunter Andreas Okopenko, Hans Lebert und Albrecht-Paris Gütersloh – hebt Kolleritsch, der die neue Zeitschrift selbst rezensiert, ohne sie als Konkurrenz zu betrachten, ausdrücklich Artmann hervor, von dem der „vielleicht schönste Beitrag stammt":[25]

> In seinem „Traumbuch" ist zumindest für ihn [Artmann], der bei Gott mitgeholfen hat, einer selbstsicheren Sprachwelt auf die Schliche zu kommen, die Sprache neu auferstanden: zu einer Eigenwelt, in der sie sich mit ungeheurer Bildkraft weitererzeugt. Das ist mehr als surreale Phantasie, als Realitätsflucht, das ist Poesie, wie sie sein darf, aber freilich nur sein kann: durch H. C. Artmann.[26]

Ein weiterer Abdruck eines Artmann-Textes erfolgte dann bereits in der *manuskripte*-Nummer 20 vom Sommer/Herbst 1967, es handelte sich um die schon erwähnte Passage aus *Lord Listers briefe am nachmittag*. Artmann wird hier von der *manuskripte*-Redaktion geradezu hofiert. Im Rezensionsteil würdigt Hedwig Kolleritsch zwei aktuelle Bücher von und über Artmann, sowohl die Gemeinschaftspublikation mit Ernst Fuchs, *grünverschlossene botschaft* (1967), als auch einen von Dichterfreunden Artmanns zusammengestellten Band mit dem Titel *Der Landgraf zu Camprodon. Festschrift für den Husar am Münster Hieronymus Caspar Laertes Artmann* (1966).[27] Der *manuskripte*-Herausgeber selbst verweist in einer weiteren Besprechung einer *protokolle*-Nummer abermals auf ihn. Artmann, so hält er fest, gehöre aus seiner Sicht ohnehin in jede Publikation, die zeitgenössische österreichische Literatur präsentiert.[28] Schließlich ziert ein „Bildnis" Artmanns, das der Maler und Kolleritschs Mitherausgeber Günter Waldorf schuf, das Cover der Ausgabe – Titel des Porträts: „H. C. Dracula".
Damit spielte Waldorf zweifelsohne auf *dracula dracula*[29] an, einen Text, der, nach Bühnenpräsentationen in Berlin und Wien, im Juni 1966 auch in Graz im Forum Stadtpark schauspielerisch umgesetzt wurde.[30] Artmann kam zu diesem Anlass nach Graz, er wirkte sogar selbst an der Aufführung mit, die allerdings einigermaßen anarchisch und somit ganz im Sinne Artmanns nach Art eines Happenings geriet. Gunter Falk, der für eine lokale Tageszeitung eine Kritik verfasste, sprach von einer Aufführung, die „vom Theaterstandpunkt aus gesehen, miserabel" war,[31] was jedoch, wie er meinte, hauptsächlich an den mangelnden

technischen Voraussetzungen gelegen war. Das Stück sei auch „kein Stück im gewohnten Sinne", stattdessen der Versuch, ein entregeltes, totales „Spiel"-Modell aus fernen Theaterzeiten, die Artmann schätze, auf der Bühne umzusetzen. Über die Aufführung wusste auch Wolfgang Bauer, der ebenfalls mitwirkte, zu berichten.[32] Demnach erzeugte Artmann mit seinem kurzfristigen Aufführungswunsch im Forum Stadtpark einigen Druck bei seinen Grazer Freunden. Was er für die Aufführung benötige, übermittelte er gerade einen knappen Tag (Bauer: „morgen in der Nacht"[33]) vorher – zuvorderst einmal Darsteller, ferner Kostüme und vor allem eine Nackte! Weil Artmann den Text einfach vom Tonband abspielen wollte, brauchten die Darsteller diesen wenigstens nicht einzulernen, sondern sie sollten bloß, wie Bauer erzählte, „zum Band dazu spielen, mit Bewegungen und Gestik, oder so ähnlich wie in der Sendung *Tohuwabohu*."[34] Schließlich hält Bauer noch fest:

> H. C. kam um 20 Uhr an, um 22 Uhr war Beginn. Das Forum war bumvoll, obwohl es keine Ankündigung oder Werbung über die Medien gab, nur unsere eigene Propaganda, es waren an die 400–500 Leute da. Der Abend wurde skandalös, eine pro- und kontra-Stimmung. Zum Eklat kam es, weil H. C. eine brennende Fackel in die Zuschauer warf und eine Frau dabei mit Wachs verletzte. Das stand auch in der Zeitung. Für'n Fredy (Kolleritsch) war das unangenehm. Heute käme da ja sofort die Polizei. Doch wir kamen glimpflich davon.[35]

Schon in einem früheren Kurzporträt des Kollegen hatte Bauer über diese denkwürdige *dracula*-Aufführung in Graz, die zu einem „wüste[n] Abend"[36] geraten war, berichtet. Eine Rolle verkörperte darin auch eine junge Darstellerin, deretwegen, wie Bauer anmerkt, das „poetische Objekt" Artmann hernach eine Weile hierorts verblieb – „hier lernte er seine Gattin kennen und blieb eine Zeitlang in Graz", nicht zuletzt auch, weil er gefunden haben soll: „Graz ist die einzige Stadt in Österreich, in der man leben kann."[37]

Nicht feststellen ließen sich die genauen Wohnadressen Artmanns während seiner Grazer Zeit. Als erwiesener Stadtnomade nahm er es wohl nicht so ernst mit der Meldepflicht. In einem Wiener Meldeblatt ist immerhin angeführt, dass Artmanns Grazer Adresse die Absengerstraße 9, gelegen im Vorortbezirk Eggenberg, gewesen und er von dort im April 1967 zurück nach Wien verzogen sei.[38] Schriftstellerkollegen wie etwa Wilhelm Hengstler oder Kolleritsch erinnerten sich hingegen an eine andere Wohnadresse, nämlich an eine Unterkunft nahe dem wegen seiner Nachtclubs damals eher anrüchigen Lendplatz.[39] Beide wurden von Artmann auch einmal dorthin mitgenommen – Kolleritsch just am Tage vor seinem ersten Scheidungstermin, dem er, wie er einmal erzählte, in gehöriger innerer Unruhe entgegensah. Artmann, der hinreichend über Trennungserfahrungen verfügte, habe ihm in männlicher Solidarität begütigend beigestanden und ihn zur Beruhigung zunächst ins Kino in den Filmklassiker *Lawrence von Arabien* geschleppt. Weil er fortwährend am ganzen Körper geschlottert habe, sei er von Artmann anschließend in dessen Bleibe mit einem wärmenden Pullover (von roter Farbe!) versorgt worden. Das Erlebnis und weitere Spuren, die Artmann in Graz hinterließ, literarisierte Kolleritsch übrigens Jahre später in seinem Gedicht *Geheimsprache für H. C.*, in dem es heißt:

Lawrence of Arabia
griff von der Leinwand herab,
verzerrt, wir saßen in
der ersten Reihe, ganz außen.
(So entstehen Perspektiven.)

In deinem Zimmer
stülptest du
einen Pullover über mich:
zum Schutz für den nächsten Tag,
an dem ich Freiheit suchte,
die du, erfahrener, kanntest.
Dem Lehrmeister dankte ich.

Einmal im Süden des Landes,
du kamst aus dem Schilf
als Schäfer (der Dichter!),
nicht unweit davon gedieh die Schäferin,
reifte heran für spätere Jahre.

Wir begleiteten dich zur Schmiede,
zum Schuster. Deine Verwandlungen
verwandelten sich in Bilder,
auch Draculas Schrecken.

Wie immer, du warst die Nähe
der Poesie, der Flug
der Wörter ins Weite.

Gewahrend und sanft
ist der Meister der Formen
für die Jüngeren der Jüngere.[40]

Im Zeitraum 1966/67 bestand gewiss die engste Verbindung Artmanns zu Graz, hauptsächlich zur Zeitschrift *manuskripte*, zum Forum Stadtpark und ebenso zu manchen Vertretern der jungen Grazer Literatengeneration. In dieser Zeit beteiligte sich Artmann auch gern an so manchem abend- bzw. nächtlichen Umtrunk, den die hiesigen ‚Dichta' samt Entourage – zuvorderst zu nennen wäre das alkoholinfernalische und ähnlich wie Artmann zu Spontanperformances neigende Duo Bauer/Falk – in einschlägigen Lokalen veranstalteten. In einem dieser Lokale soll es übrigens auch zur frühesten Begegnung zwischen Artmann und Rosa Pock, damals Jungstudentin und später seine Ehefrau, gekommen sein. Mit seinem spezifischen Charisma verkörperte Artmann für viele der Grazer Jungautoren schlichtweg den Paradetypus des Poeten, wohl in ähnlicher Weise wie für Konrad Bayer, der einmal bekannte: „Er war mir Anschauung, Beweis, daß die Existenz des Dichters möglich ist."[41] Artmanns Einfluss und Wirkung auf einzelne der lokalen Jungschreiber (ebenso auf manche auswärtigen Mitglieder der „Grazer Gruppe") suchte bereits Paul Pechmann in seinem Beitrag für den von Alexandra Millner und Marc-Oliver Schuster herausgegebenen Sammelband mit Vorträgen einer im April 2013 abgehaltenen Konferenz anlässlich des 60 Jahre-Jubiläums der *acht-punkte-proklamation des poetischen actes* näher zu bestimmen.[42] Er verweist dabei auf eine größere Anzahl von gegenseitigen literarischen Bezugnahmen. Schon früh verfassten einzelne der damaligen Grazer Jungautoren (neben Bauer und Hengstler auch Reinhard P. Gruber) journalistisch-literarische Artmann-Porträts oder Hommagen, denen in späteren Jahren noch weitere (etwa von Günter Eichberger, Helmut Eisendle, Alfred P. Schmidt) folgten. Besondere Reverenz erwies Wolfgang Bauer dem befreundeten älteren Kollegen mit seinem Minidrama *Der Tod des H. C. Artmann*[43] aus dem Jahr 1968 – ohnehin ähnelt Bauer von all den Grazer Dichtern Artmann hinsichtlich seines Poetenhabitus und seiner literarischen Produktion am ehesten.
Andererseits findet sich auch in Artmanns Werk, etwa in *nachrichten aus nord und süd*, gar manche Reminiszenz an die Grazer Jungkollegen sowie an die eine

Zeitlang so titulierte „heimliche Hauptstadt der deutschen Literatur".[44] Obendrein dichtete Artmann zumindest ein explizites Graz-Gedicht, worin sich der wohl autobiografische *you are never alone*-Poet, wie er sich bezeichnet, dennoch die bange Frage stellt: „ob aber die mur ach / dein fräulein spielt / wie beweist du das?"[45]

Zu Recht jedenfalls kann Pechmann ein Naheverhältnis Artmanns zu Graz, zu etlichen Autoren wie zum Grazer Literaturbetrieb insgesamt feststellen. Die Verbindung blieb auch später aufrecht, was etwa durch zumindest sporadische Korrespondenz dokumentiert ist – so schickte Wolfgang Bauer noch in den 1990er-Jahren Postkarten aus Spanien und Frankreich an Artmanns damaliges Salzburger Domizil, versehen zuweilen mit dem alkoholbrüderlichen Trinkspruch „Sehr zum Wohle!".[46] Erhalten hat sich ebenso ein neunseitiger Brief Herwig von Kreutzbrucks (1939–2008), geschrieben einen Monat vor Artmanns Tod, an den „Hochgeehrte[n] und geliebte[n] H. C.", worin das Grazer Dichteroriginal dem „Meister", dem er nach eigener Aussage u. a. „die Lehre vom internationalen Scharm mit echt österreichischer Großmut" verdanke, ausdrücklich bekundet, wie sehr das „Forum GRAECENSE, der Stadtpark und ich, scriptor huius litterae", ja, Graz und die Steiermark insgesamt „durch dein Auftreten im Forum"[47] sich geehrt fühlen.

Nach der *dracula dracula*-Aufführung im Sommer 1966 las Artmann (gemeinsam mit Oswald Wiener, Gunter Falk und Klaus Hoffer) im Oktober im Forum Stadtpark aus eigenen Texten bei Gelegenheit der Präsentation der Heftnummer 18 der *manuskripte*.[48] Im Übrigen war das sein erster Leseauftritt in dem Haus. Artmann war damit, nachdem Rühm (1962) sowie Wiener und Achleitner (beide 1965) ihre Lesepremieren dort bereits hinter sich hatten, eigentlich der letzte aus der Riege der Wiener-Gruppe-Autoren, der im erklärten Zentrum der jungen Grazer Literatur seine Erstlesung absolvierte. Literarisch vertreten war er in diesem Jahr aber bereits zuvor einmal. Anlässlich eines Rezitationsabends im Forum Stadtpark im Februar trug der Burgschauspieler Richard Eybner Wiener Dialektgedichte vor, darunter eben auch welche aus Artmanns Erfolgsband *med ana schwoazn dintn* (1958). Auch darüber verfasste Gunter Falk einen Zeitungsbericht, bemängelte allerdings die doch zu „liebenswürdige, wienselige Interpretation" der Artmann'schen Gedichte, denn „Artmann ist nicht der Heurigensänger der Donaustadt, seine Lyrik ist diffiziler, schwerer, schwärzer, ja tragischer".[49] Anfang 1967 folgte, bevor er Graz wieder verließ, im Forum Stadtpark ein weiterer Auftritt Artmanns mit einer Lesung aus *tök ph'rong süleng – mitteilungen über die werwolfjagd*.[50] Am 23. Mai 1976 gestaltete der Grazer Schauspieler Erhard Koren mit dem Musiker Ernst Pozar einen Vortragsabend mit Gedichten Artmanns aus dem Achleitner-Artmann-Rühm-Gemeinschaftsband *hosn rosn baa*.[51] Im Dezember 1978 las Artmann gemeinsam mit Peter Rosei im Forum, in dem mittlerweile Alfred Kolleritsch das Präsidentenamt innehatte, im Rahmen der Reihe „Literatur im Keller 34".[52] Weitere Lesungen Artmanns folgten am 21. September 1985 anlässlich des Festes „25 Jahre Forum Stadtpark", ferner am 10. März 1988 sowie zur Verleihung des Franz-Nabl-Preises am 15. Dezember 1989.[53] Vertreten war Artmann auch bei der Veranstaltung „Abenteuer des Übersetzens" im Jänner 1991, als er „Fremdsprachiges von St. Achatz bis Zamboanga" las.[54] Mehrmals (1972, 1981, 1986) nahm Artmann auch an den Literatursymposien im Rahmen des „steirischen herbst" teil. Gelegentliche Anwesenheiten in Graz bedingte auch sein (zwar bloß kurzzeitiges) Amt als erster Präsident der 1973 gegründeten Grazer Autorenversammlung, die bis zu ihrer Übersiedelung nach Wien 1975 jährlich in Graz tagte.[55] Der enge Bezug zu Graz fand seinen Ausdruck auch darin, dass Artmann drei wichtige lokale Literaturpreise erhielt, 1986 den *manuskripte*-Preis, 1989 den Franz-Nabl-Preis und 1998 den Literaturpreis des Landes Steiermark.

Die hauptsächliche Verbindung zu Graz war jedoch jene zu den *manuskripten*, die während vier Jahrzehnten kontinuierlich bestand. Nach den ersten Publikationen in den 1960er-Jahren folgten weitere in Heft 39 (*Der keller des großvaters des mörders* und *An einer schnurgeraden straße nach westen*),[56] Heft 43 (*Tag des Hl. Stanislas Elytis, 28.3.*),[57] Heft 47/48 (darin die Gedichte *drei mohren stehn im felde* sowie *ich hör den tosbach rauschen*),[58] Heft 50 (*requiem viennense* – gemeinsam mit G. Rühm sowie *alaska und nebraska*)[59] und Heft 59 (*nachrichten aus nord und süd*),[60] die allesamt das imposant breite Spektrum der poetischen Produktion Artmanns abbilden. Für die Jubiläumsnummer zum 20-jährigen Bestehen der *manuskripte* im Jahr 1980 klopfte Kolleritsch bei Artmann per Schreiben ein weiteres Mal um einen Beitrag an und schloss mit der Zeile: „Ich bitte Dich, mich bald mit dem Geburtstagsgeschenk zu überraschen! Herzlich Fredi."[61] Ein Beitrag für die *manuskripte*-Doppelausgabe 69/70 blieb – trotz für Kolleritsch typischer und von ihm im Bittbrief später extra vermerkter Mahnung! – allerdings aus. Immerhin schickte Artmann *Neue Prosa* für das Sonderheft zum Literatursymposion 1981, und im selben Jahr noch lieferte er für die von Klaus Hoffer und Helmut Eisendle aus Anlass des 50. Geburtstages des Herausgebers Alfred Kolleritsch zusammengestellte *manuskripte*-Sondernummer das fällige, nun sogar persönliche Geburtstagsgeschenk nach – in Form von *17 haikus* nebst dem Dreizeiler im breiten steirischen Dialekt: „waosdensaoxt, fredi, / dain 50ka faiasd haia? / wia de zaid fageed . .!" Ebenso steuerte er für das Heft 126, das dem 70. Geburtstag Friederike Mayröckers gewidmet war, wie zahlreiche andere schreibende Freunde und Freundinnen der Jubilarin als poetische Grußbotschaft ein originales Mayröckereskes Glückwunschgedicht bei:

sternengereif
der reiherruf
kühle füllend
tal und teich

irrästiger du
lerchenkundig
meiner künste
wipfelgaukeln

felsen gefüge
minerale feen
wir bei ihnen
als vogelpaar
hexe hagedolde[62]

Danach blieben bis zu Artmanns Tod im Dezember 2000 weitere Beiträge für die *manuskripte* aus, sodass darin für einen Zeitraum von vier Jahrzehnten insgesamt zwölf Beiträge von ihm zu verzeichnen sind, was nicht gar viel erscheinen mag. Dennoch kann von einer engen Verbindung zu den *manuskripten*, zumal zu Alfred Kolleritsch, wenn sie auch in den 1990er-Jahren zusehends loser wurde, gesprochen werden. Kolleritsch versäumte auch nicht, das Werk Artmanns bei Gelegenheit zu würdigen, etwa 1991 anlässlich von dessen 70. Geburtstag. In seiner Marginalie zu Heft 114 („Zu H. C. Artmanns Geburtstag") schrieb er (im Übrigen durchaus programmatisch für sein Selbstverständnis als Herausgeber):

> 1961 hat H. C. Artmann in den *manuskripten* zum ersten Mal veröffentlicht, in der Nr. 2, zusammen mit Friedrich Achleitner, Konrad Bayer, Gerhard Rühm. Es kamen die Jahre der Begegnung mit den Wienern. Der Funke sprang über den Semmering, die a n d e r e österreichische Literatur rückte zusammen und begann sich abzusetzen. Der Widerstand gegen den Würgegriff der überdimensionalen

und in unseren Tagen wieder drohenden r e c h t e n Hand gab dieser Literatur vorübergehend ein Gemeinsames (je ferner diese Tage sind, desto deutlicher wird das). H. C. war die Leitfigur des poetischen Widerstands, der tiefer reicht als der politische, ideologisch bestimmte. Der poetische Widerstand hält das Offene frei. Das Offenhalten war der vielen Autoren faszinierende N a m e. Der Name nennt den Horizont, zu dem hin H. C. den Mut zu poetischen Wegen wachhielt. Aber H. C. weiß, daß diese Wege bestimmt sein müssen von der Verzweiflung an der Kunst und bestimmt von der Frage, ob die Situation der Kunst noch bedarf. Das oft lange Schweigen des H. C. Artmann ist seine Reflexion der keinen Denkenden verschonenden Krise. Seine Erfahrung der Krise ist rein geblieben von fordernden Erklärungen und Sinngebungen und irgendwelchen tröstenden Vermittlungen. Er hat sein Schreiben ohne Pathos in das Nichts gehalten, weil er im Bereich des Gesellschaftlichen keinen Ort der Kunst mehr finden konnte. Gerade deshalb leuchtet das Licht seines Schreibens. Ich glaube, daß es trotz der großen Anziehungskraft fast unmöglich ist, ihm in dem, was er schuf, nahe zu sein. Nur die Einübung in die Ferne berechtigt, mit ihm zu gehen. Mit seinem Werk hat er die ganze Zeit über die Grenzen überschritten, die mitunter den österreichischen Literaturstreitern so angenehm sind.

[…]

Die *manuskripte* und das Forum Stadtpark danken Dir, daß Du 30 Jahre mit uns durchgehalten hast.[63]

In das Heft selbst rückte Kolleritsch eine Fotoserie mit Artmann in verschiedenen poetischen Inszenierungen, Gedichte von Evelyn Schlag zu Ehren des Jubilars, zwei Laudationes – eine von Klaus Reichert, die zweite von Jörg Drews – sowie einen literaturwissenschaftlichen Vortrag Wendelin Schmidt-Denglers, allesamt ausgewiesene Artmann-Experten.[64]

Nach Artmanns Tod schuf Walter Schmögner für den Umschlag der Juni-Ausgabe 2001 der *manuskripte* (Heft 152) zunächst „EIN DENKMAL FÜR H. C. ARTMANN" in Form einer „GROSSE[N] FAHRBARE[N] URNE". Auch das Cover des nächsten Heftes war als bildnerische Hommage an Artmann gestaltet, diesmal steuerte Günter Brus eine Arbeit bei. Diese 153. Heftausgabe war überhaupt als „Erinnerungsnummer" für H. C. Artmann konzipiert. Darin abgedruckt wurden Beiträge verschiedener Autoren und einer Autorin für ein Artmann-Symposium mit dem Titel „Die Positionierung H. C. Artmanns in der Europäischen Literatur", das im Juni 2001 nach dem Tod des 79-Jährigen im Wiener Burgtheater abgehalten wurde.[65] Schließlich war das Heft noch mit einigen nichtpublizierten „Materialien zu Arbeit und Leben von H. C. Artmann" befüllt, etwa mit während einer Bahnfahrt von Münster (Westfalen) nach Berlin-Charlottenburg niedergeschriebenen Notizen sowie poetischen Vorüberlegungen zu neuen Texten, die dann in *unter der bedeckung eines hutes* erschienen, ferner Materialien zu zwei in Irland bzw. in der Bretagne gedrehten Fernsehfilmen und nicht zuletzt mit älterem, aus dem Jahr 1970 stammendem Aktenmaterial, darunter Haftbefehl und Anklage gegen Artmann, ergangen wegen Beleidigung eines Polizeibeamten und Widerstands gegen die Staatsgewalt![66] Damit wohl wollte Kolleritsch an den konsequent obrigkeitskritischen Widerständler, vor allem aber den poetischen Freigeist Artmann erinnern, wie ihn Urs Widmer bereits ein Vierteljahrhundert vorher in seinen für die *manuskripte* geschriebenen *Bildnissen von Dichtern* trefflich geschildert hatte:

> Ist es sein Fehler, daß er wie ein Adler in unsern Gefiederkäfig einbricht? Wir schwirren schnatternd in die Ecken. Erst nach Minuten recken wir die Köpfe. Da sehen wir, daß die Heftigkeit seines Auftritts die Liebe des Zugroßgewachsenen ist. Er schaut uns traurig an. Fast läßt er den Kopf hängen, für einen Augenblick. Wenn er die Laterna-magica-Bilder vor seinen Augen wegschiebt, sieht er eine Welt voller Mörder und Grundstückmakler. Wir trauen uns langsam wieder hinter unsern Biedermeiermöbeln hervor. Wir sagen ihm, daß er wie vom Salzatlantik gegerbt aussieht. Er haut uns lachend auf die Schultern. Jetzt taut er auf. Er erzählt uns vom Nordkap, vom Südkap, vom Kap der Guten Hoffnung, von den Frauen von Feuerland. Ich habe, sagt er uns ins Ohr, eine mitgebracht. Kommt herein! Wir staunen sie an. Einer von uns flüstert, sie sieht ähnlich aus wie die letzte. Auch die da ist in durchsichtige Kleider gehüllt. Wir applaudieren alle. Plötzlich sehen wir, daß er jetzt keinen Jägeranzug mehr trägt, sondern einen Frack und den Hosenbandorden. Er lacht und trinkt einen Schluck. Nicht alle haben das gleiche Gefieder, sagt er, aber jeder hat ein paar schöne Lieder. Wir brummen ein paar Melodien von uns vor uns hin, dann hören wir ihm zu, wie er etwas in einer uns unbekannten Sprache singt.[67]

Literaturverzeichnis

Artmann, H. C.: *Grünverschlossene Botschaft. 90 Träume. Gezeichnet von Ernst Fuchs*. Salzburg: Residenz 1967.
Artmann, H. C.: *ein lilienweißer brief aus lincolnshire. Gedichte aus 21 jahren*. Frankfurt am Main: Suhrkamp 1969.

Artmann, H. C.: *Unter der Bedeckung eines Hutes. Montagen und Sequenzen.* Salzburg: Residenz 1974.
Artmann, H. C.: *Nachrichten aus Nord und Süd.* Salzburg: Residenz 1978.
Artmann, H. C.: *Grammatik der Rosen. Gesammelte Prosa in 3 Bänden.* Hg. v. Klaus Reichert Bd. 2. Salzburg, Wien: Residenz Verlag 1979, S. 121–135.
Artmann, H. C.: *gedichte von der wollust des dichtens in worte gefaßt.* Salzburg, Wien: Residenz 1989.
Artmann, H. C: *Aus meiner Botanisiertrommel. Balladen und Naturgedichte.* Salzburg, Wien: Residenz 1995.
Artmann, H. C.: *Gesammelte Prosa.* Hg. v. Klaus Reichert. Bd. 3. Salzburg, Wien: Residenz 1997.
Artmann, : H. C.: *Fleiß und Industrie. Ein Buch der Stände.* 30 Prosastücke. Frankfurt am Main: Suhrkamp 1967; bzw. neu aufgelegt und mit einem Nachwort von Raoul Schrott. Salzburg, Wien: Jung und Jung 2006.
Artmann, H. C.: *Sämtliche Gedichte.* Unter Mitwirkung und in der Anordnung des Autors hg. v. Klaus Reichert. Salzburg, Wien: Jung und Jung 2011.

Artmann in *manuskripte*

Artmann, H. C.: *ein iblis ist ein ding* und *wer in die hölle kommt.* In: *manuskripte* 1, 1961, H. 2, S. 16–17.
Artmann, H. C.: *wenn ich aus deiner arche steige* und *in einem herbstlichen hafen september drei kraniche streiten um ein brot.* In: *manuskripte* 4, 10/1964, S. 24–25.
Artmann, H. C.: *fleiß und industrie.* In: *manuskripte* 6, 18/1966, S. 7–11.
Artmann, H. C.: *Lord Listers briefe am nachmittag.* In: *manuskripte* 7, 20/1967, S. 9–12.
Artmann, H. C.: *Der keller des großvaters des mörders* und *An einer schnurgeraden straße nach westen.* In: *manuskripte* 19, 39/1973, S. 29–30.
Artmann, H. C.: *Tag des Hl. Stanislas Elytis, 28.3.* In: *manuskripte* 14, 43/1974, S. 34.
Artmann, H. C.: *drei mohren stehn im felde* und *ich hör den tosbach rauschen* In: *manuskripte* 14, 47–48 /1975, S. 77–78.
Artmann, H. C. / Rühm, Gerhard: *requiem viennense* In: *manuskripte* 14, 50/1975, S. 11.
Artmann, H. C.: *nachrichten aus nord und süd.* In: *manuskripte* 18, 59/1978, S. 57–60.
Artmann, H. C.: *Neue Prosa.* In: *manuskripte* 21, 1981, Sonderheft zum Symposium „Außenseiter", S. 3–7.
Artmann, H. C.: *17* haikus. In: *manuskripte. Für Alfred Kolleritsch* (1981), S. 9.
Artmann, H. C.: *sternengereif.* In: *manuskripte* 34, 126/1994, S. 30.

Bauer, Wolfgang: „Portrait der Woche. H. C. Artmann". In: Kleine Zeitung v. 24.06.1967. Nachgedr. in: Fuchs, Gerhard / Wischenbart, Rüdiger (Hg.): *H. C. Artmann.* Graz, Wien: Droschl 1992 (= Dossier 3), S. 167–170.
Bauer, Wolfgang: „Der Tod des H. C. Artmann". In: ders.: *Der Geist von San Francisco. Verstreut publizierte und nachgelassene Texte.* Hg. v. Thomas Antonic. Klagenfurt u. a.: Ritter 2011, S. 189–190.
Chotjewitz, Peter O.: „Der neue selbstkolorierte Dichter". In: Bisinger, Gerald (Hg.): Über H. C. Artmann. Frankfurt am Main: Suhrkamp (= edition suhrkamp 541), S. 13–31.
Drews, Jörg: „Lieber H. C. Artmann". In: *manuskripte* 31, 114/1991, S. 4–9.

Erlenbusch, Lisa: „Friedrich Achleitner und die ‚manuskripte'. Vom konkret-poetischen ‚Bankenschreck' zum späten, doch souveränen Heimkehrer aufs literarische Feld". In: *manuskripte. Wie es mit der Literatur weitergeht. 60 Jahre Literaturzeitschrift manuskripte.* Sonderheft 2020, S. 149–164.

Ernst, Caesar Walter / Jaroschka, Markus (Hg.): *Zukunft beginnt im Kopf. Festschrift 75 Jahre Urania für Steiermark.* Graz: Leykam 1994.

Falk, Gunter: „H. C. Artmann: Dracula und der Poet. Der in Berlin lebende Dichter weilte in Graz – Zur Aufführung seines Dracula-Stückes im Forum Stadtpark". In: *Neue Zeit* (Graz) v. 29.07.1966.

Falk, Gunter: „Lust, Leid und Liederlichkeit. Zwei Abende im Grazer Forum Stadtpark – Wienerische Lyrik, junge Autoren". In: *Neue Zeit* (Graz) v. 09.02.1966.

Frischmuth, Barbara: „Wie alles begonnen hat". In: Ernst, Caesar Walter / Jaroschka, Markus (Hg.): *Zukunft beginnt im Kopf. Festschrift 75 Jahre Urania für Steiermark.* Graz: Leykam 1994, S. 201–202.

Galter, Hannes: *Die Urania in Graz. 100 Jahre Bildung und Kultur. Eine Urania-Geschichte von Hannes Galter.* Mit Beitr. v. G. Bisovsky u. a. Graz, Wien: Leykam 2019.

Horowitz, Michael: *H. C. Artmann. Bohemien und Bürgerschreck.* Wien: Carl Ueberreuter Verlag 2021.

Innerhofer, Roland: *Die Grazer Autorenversammlung (1973–1983). Zur Organisation einer „Avantgarde".* Wien u. a.: Hermann Böhlaus Nachf. 1985.

Kaar, Sonja: *Das Gelsen-Phänomen.* Interview mit Wolfgang Bauer in Graz am 13.9.1998. URL: https://artmann-und-berlin.aau.at.

Kolleritsch, Alfred: „Protokolle 66". In: *manuskripte* 6, 18/1966, S. 35.

Kolleritsch, Alfred: „Protokolle 67". In: *manuskripte* 7, 20/1967, S. 34.

Kolleritsch, Alfred: „Marginalie". In: *manuskripte* 23, 83/1984, S. 2.

Kolleritsch, Alfred: „Marginalie". In: *manuskripte* 31, 114/1991, o. S.

Kolleritsch, Alfred: „Was wäre ich, was wären andere ohne die Urania geworden?" In: Ernst, Caesar Walter / Jaroschka, Markus (Hg.): *Zukunft beginnt im Kopf. Festschrift 75 Jahre Urania für Steiermark.* Graz: Leykam 1994, S. 180–181.

Kolleritsch, Alfred: *Der letzte Österreicher.* Salzburg, Wien: Residenz 1995.

Kolleritsch, Alfred: *Die Verschwörung der Wörter. 70 ausgewählte Gedichte.* Mit einem Vorw. v. Hans Eichhorn. Salzburg, Wien: Residenz Verlag 2001.

Melzer, Gerhard: „Zur Entwicklung der modernen österreichischen Literatur nach 1945". In: *manuskripte* 23, 81/1984, S. 81–93.

Pechmann, Paul: „H. C. Artmann und die ‚Grazer Gruppe'". In: Millner, Alexandra / Schuster, Marc-Oliver (Hg.): *Acht-Punkte-Proklamation des Poetisches Actes. Weiteres zu H. C. Artmann.* Würzburg: Königshausen & Neumann 2018, S. 91–111.

Reichert, Klaus: „Laudatio auf H. C. Artmann". In: *manuskripte* 31 (1991), H. 114, S. 4–5.

Rigler, Christine: *Generationen. Literatur im Forum Stadtpark 1960–1995.* Graz, Wien: Droschl 1995.

Rühm, Gerhard (Hg.): *Die Wiener Gruppe. Achleitner Artmann Bayer Rühm Wiener. Texte. Gemeinschaftsarbeiten Aktionen.* Reinbek bei Hamburg: Rowohlt ²1985.

Rühm, Gerhard: „vorwort". In: Bayer, Konrad: *Das Gesamtwerk.* Hg. v. Gerhard Rühm. Reinbek bei Hamburg: Rowohlt 1969, S. 8–17.

Schmidt-Dengler, Wendelin: „Die Einsamkeit Kasperls als Langstreckenläufer. Ein Versuch zu H. C. Artmanns und Konrad Bayers Dramen". In: *manuskripte* 31 (1991), H. 114, S. 10–17.

Weinzettl, Franz: „Daten zu Alfred Kolleritschs Leben und Werk". In: Bartsch, Kurt / Melzer, Gerhard (Hg.): *Alfred Kolleritsch*. Graz: Droschl 1991 (= Dossier 1), S. 165–180.

Widmer, Urs: „Bildnisse von Dichtern. H. C. Artmann". In: *manuskripte* 25 (1975), H. 47/48, S. 69.

Wingler, Hedwig: „G. J. und die Samstagsrunde". In: Ernst, Caesar Walter / Jaroschka, Markus (Hg.): *Zukunft beginnt im Kopf. Festschrift 75 Jahre Urania für Steiermark*. Graz: Leykam 1994, S. 197–201.

Wingler, Hedwig: „H. C. Artmann: *Grünverschlossene Botschaft* und *Der Landgraf von Camprodon*". In: *manuskripte* 7, 1967, H. 20, S. 34.

Briefe von Alfred Kolleritsch an Gerhard Rühm:

Alfred Kolleritsch: Brief an Gerhard Rühm vom 16.11.1960. Literaturarchiv der Österreichischen Nationalbibliothek, Wien (LIT), Vorlass Gerhard Rühm Sign.: 397/11.

Alfred Kolleritsch: Postkarte an Gerhard Rühm (nach dem Poststempel vermutl. vom 19.1.1962). LIT, Vorlass Gerhard Rühm Sign.: 397/11.

Alfred Kolleritsch: Briefe vom 9.5.1962 und 28.5.1962. LIT, Vorlass Gerhard Rühm Sign.: 397/11.

Alfred Kolleritsch: Brief an Gerhard Rühm vom 24.7.1968. LIT, Vorlass Gerhard Rühm Sign.: 397/11.

Alfred Kolleritsch: Brief an Gerhard Rühm vom 8.9.1968. LIT, Vorlass Gerhard Rühm Sign.: 397/11.

Briefe von Alfred Kolleritsch an H. C. Artmann:

Alfred Kolleritsch: Brief an H. C. Artmann v. 6.1.1965. *manuskripte*-Archiv. Ordner „Briefe" 1965

Alfred Kolleritsch: Brief an H. C. Artmann v. 20.6.1980. *manuskripte*-Archiv. Ordner „Briefe" 1980.

Korrespondenz von Wolfgang Bauer und H. C. Artmann:

Wolfgang Bauer: Postkarte. Nachlass H. C. Artmann in der Wienbibliothek im Rathaus. Handschriftensammlung ZPH 1317, Sign. 2.1.2.67.

Korrespondenz Herwig von Kreutzbruck und H. C. Artmann:

Herwig von Kreutzbruck: Brief an H. C. Artmann. Nachlass H. C. Artmann in der Wienbibliothek im Rathaus. Handschriftensammlung ZHP 1317, Sign. 2.1.1.148.

Anmerkungen

1 Später aufgenommen in Artmann: lilienweißer brief; zuletzt in Artmann: Sämtliche Gedichte, S. 61f. bzw. 86f. Die in den *manuskripten* erstpublizierten Gedichte stammen aus den frühen 1950er-Jahren – s. dazu Nachlass H. C. Artmann in der Wienbibliothek im Rathaus ZPH 1317, Konvolut *reime, verse & formeln* (1954–55) Sign. 1.1.2.7.1.30 bzw. 1.1.2.7.2.24. Für die Übermittlung und Zitierfreigabe dieser und weiterer Dokumente aus Artmanns Nachlass dankt der Verf. Herrn Mag. Gerhard Hubmann herzlich.

2 Es hieß da an einer Stelle: „Die hatte hinten irgendwo / Den Schwanz, gewachsen am Popo; / Dagegen fehlten ihr die Beine / Das Mädchen hatte eben keine."

3 Zu verweisen wäre etwa auf *manuskripte* 4, 1964, H. 11, in dem Konkrete Poesie der brasilianischen Noigandres-Gruppe publiziert wurde, sowie auf *manuskripte* 4, 1964, H. 12, mit tschechischer Experimentallyrik.

4 Zuletzt in Artmann: Sämtliche Gedichte, S. 384f. bzw. 386ff. – Die beiden Gedichte finden sich ebenfalls im Nachlass-Konvolut *reime, verse & formeln*, Sign. 1.1.2.4.1.

5 Artmanns Sammlung poetischer Porträts alter, vorindustrieller Handwerksberufe wurde später mehrmals neu herausgebracht. Zunächst in Artmann: Fleiß und Industrie. Zuletzt unter dem gleichnamigen Titel neu aufgelegt und mit einem Nachw. v. Raoul Schrott versehen bei Jung und Jung 2006.

6 Später in Artmann: Grammatik der Rosen, S. 121–135.

7 Vgl. dazu Ernst / Jaroschka: Zukunft beginnt im Kopf. Neuerdings vgl. Galter: Urania in Graz, insbes. S. 155–207. – In dem Roman Der letzte Österreicher (1995) setzte Alfred Kolleritsch Wolfgang Schaukal ein literarisches Denkmal.

8 Vgl. Wingler: G. J. und die Samstagsrunde, S. 197–201.

9 Kolleritsch: Was wäre ich?, S. 180.

10 Vgl. Frischmuth: Wie alles begonnen hat, S. 202.

11 Kolleritsch: Was wäre ich?, S. 180.

12 Vgl. Weinzettl: Daten zu Alfred Kolleritschs Leben und Werk, S. 175.

13 Zit. nach Erlenbusch: Achleitner und die ‚manuskripte', S. 150 (mit Verweis auf einen Artikel in der *Kleinen Zeitung* (Graz) v. 18.12.1959). Auch Rühm erinnert an das denunziatorische Epitheton in seinem Vorwort zu Bayer: Rühm: „vorwort", S. 13.

14 Vgl. Galter: Urania, S. 170. Gemäß dem Veranstaltungsprogramm der Urania war Rühm mit dem Vortrag am 21.3.1960 in Graz zu Gast.

15 Alfred Kolleritsch: Brief an Gerhard Rühm vom 16.11.1960. Literaturarchiv der Österreichischen Nationalbibliothek, Wien (LIT), Vorlass Gerhard Rühm Sign.: 397/11. – Georg Jánoska, geb. 1924, habilitierte sich 1955 in Graz und wurde mit seinen Forschungsschwerpunkten Sprache und ihr Verhältnis zur Wirklichkeit zu einem wichtigen Anreger für die jüngere Grazer Wissenschaftler- und Künstlergeneration.

16 Vgl. Melzer: Entwicklung, S. 82.

17 Vgl. Rigler: Generationen, S. 64, mit Bezug auf ein Gespräch mit dem Autor Roth am 14.3.1995.

18 Etwa Alfred Kolleritsch: Postkarte an Gerhard Rühm (nach dem Poststempel vermutl. vom 19.1.1962) oder Briefe vom 9.5.1962 und 28.5.1962, dann wieder ab dem Jahr 1965. Alle in LIT, Vorlass Gerhard Rühm Sign.: 397/11.

19 Alfred Kolleritsch: Brief an Gerhard Rühm vom 24.7.1968. LIT, Vorlass Gerhard Rühm Sign.: 397/11.

20 Vgl. Alfred Kolleritsch: Brief an Gerhard Rühm vom 8.9.1968. LIT, Vorlass Gerhard Rühm Sign.: 397/11.

21 Konrad Bayers Briefe an Alfred Kolleritsch beginnen mit dem 16.1.1962 und befinden sich ebenfalls in LIT, etwa Teilvorlass Alfred Kolleritsch 1 (Sign. 307/B36/1-3) bzw.

3 (Sign. 521/B11/1-2). – Zwei Briefe sind auch abgedruckt in: *manuskripte* 40, 2000, H. 149, S. 42 bzw. 65.
22 Gemeint ist Artmann: das suchen nach dem gestrigen tag.
23 Alfred Kolleritsch: Brief an H. C. Artmann vom 6.1.1965. *manuskripte*-Archiv. Ordner „Briefe" 1965. – Mit dem angesprochenen Ernst Jandl stand Kolleritsch zumindest seit 1963 in Verbindung. Erste Texte des Wieners erschienen in *manuskripte* 3, 1963, H. 9 und *manuskripte* 4, 1964, H. 10. Und bei dem Buch dürfte es sich am ehesten um *das suchen nach dem gestrigen tag oder schnee auf einem heißen brotwecken. Eintragungen eines bizarren liebhabers*, erstmals erschienen 1964 bei Walter in Olten / Freiburg im Breisgau, gehandelt haben.
24 Vgl. Artmann: Fleiß und Industrie.
25 Rez. Kolleritsch: Protokolle 66, S. 35. – Einzelne Textpassagen von *Aus einem Traumbuch* erschienen in der besagten Ausgabe der *protokolle* (S. 129–136), später publiziert in Artmann: Grünverschlossene Botschaft.
26 Ebd.
27 Vgl. Rez. Wingler: H. C. Artmann, S. 34.
28 Vgl. Rez. Kolleritsch: Protokolle 67, S. 34.
29 Gemeint ist *dracula dracula*, später publiziert in Artmann: Grammatik der Rosen, S. 163–175.
30 Die Aufführung fand am 27.6.1966 statt. Vgl. Rigler: Generationen, S. 146.
31 Falk: H. C. Artmann: Dracula und der Poet..
32 Vgl. Kaar: Gelsen-Phänomen. https://artmann-und-berlin.aau.at (Zugriff am 20.03.2022). – Der Verfasser dankt Sonja Kaar für Hinweis und Zitiererlaubnis.
33 Ebd.
34 Ebd. Tohuwabohu war eine eine beliebte ORF-Kabarettreihe in den 1990er-Jahren.
35 Kaar: Gelsen-Phänomen. – Im Übrigen erwähnte auch Artmann in einem Gespräch mit Sonja Kaar am 08.09.1998 in Grimmstein, dass sich Kolleritsch „geniert" habe. – Der Verfasser dankt Sonja Kaar für Hinweis und Zitiererlaubnis.
36 Bauer: Portrait der Woche, S. 168.
37 Ebd. – Bei der Jungschauspielerin handelte es sich um Inga Weber, Mitglied der Grazer Laiengruppe *Die Dilettanten*, die seit 1962 im Forum Stadtpark zeitgenössische Stücke zur Aufführung brachte.
38 Für Hinweis und Übermittlung der Meldekartei dankt der Verf. Alexandra Millner.
39 Eine Unterkunft in der Elisabethinergasse, eine einst gleichfalls eher übel beleumundete Örtlichkeit, nennt wiederum Horowitz: H. C. Artmann, S. 162.
40 Kolleritsch: Verschwörung der Wörter, S. 90f.
41 Zit. nach Chotjewitz: Selbstkolorierte Dichter, S. 14.
42 Vgl. Pechmann: Artmann und die „Grazer Gruppe", S. 91–111.
43 Später wiederabgedruckt in Bauer: Der Geist von San Francisco, S. 189f.
44 Vgl. dazu Pechmann: Artmann und die „Grazer Gruppe", S. 94ff.
45 Artmann: gedichte von der wollust, S. 22. (Auch im Nachlass H. C. Artmann in der Wienbibliothek im Rathaus ZPH 1317, Konvolut gedichte von der wollust des dichtens in worte gefäßt, Sign. 1.1.2.5.1.17.)
46 Nachlass H. C. Artmann in der Wienbibliothek im Rathaus. Handschriftensammlung ZPH 1317, Sign. 2.1.2.67.
47 Ebd. ZHP 1317, Sign. 2.1.1.148.
48 Vgl. Rigler: Generationen, S. 71f.
49 Falk: Lust, Leid und Liederlichkeit.
50 Vgl. Rigler: Generationen, S. 72.
51 Vgl. ebd., S. 82.
52 Vgl. ebd., S. 85.
53 Vgl. ebd., S. 102, 110 und 116.
54 Vgl. ebd., S. 119.
55 Vgl. dazu allgemein Innerhofer: Grazer Autorenversammlung.
56 Später in Artmann: Bedeckung eines Hutes.
57 Später in Artmann: Gesammelte Prosa.
58 Später in Artmann: Aus meiner Botanisiertrommel.
59 Erstdruck in Rühm: Wiener Gruppe, S. 591.

60 Später in Artmann: Nachrichten.
61 Brief Alfred Kolleritsch an H. C. Artmann v. 20.6.1980. *manuskripte*-Archiv. Ordner „Briefe" 1980.
62 In: *manuskripte* 34, 126/1994, S. 30.
63 Kolleritsch, Marginalie o. S.
64 Reichert: Laudatio auf H. C. Artmann, Drews: Lieber H. C. Artmann, Schmidt-Dengler: Die Einsamkeit Kasperls als Langstreckenläufer.
65 Die Beiträge stammten von Ferdinand Schmatz, Ronald Pohl, Malcom Green, Marianne Fritz, Oswald Egger und Jörg Drews. In: *manuskripte* 41, 153/2001, S. 18–33.
66 Vgl. ebd., S. 3–17.
67 Widmer: H. C. Artmann, S. 69.

Milka Car

H. C. Artmann als österreichischer Kultautor in Zagreb
Rezeptionshistorisches Resümee

Zusammenfassung:
Im Beitrag wird die Rezeption der Texte H. C. Artmanns im kroatischen Raum erforscht. Besondere Beachtung wird dem vorläufigen rezeptionshistorischen Höhepunkt in den 1980er-Jahren in Zagreb geschenkt, als H. C. Artmann intensiv übersetzt und dadurch zu einem Kultautor dieser Zeit wurde. Einerseits steht die Frage nach dem kroatischen respektive dem damaligen jugoslawischen Literaturbetrieb im Vordergrund, womit die These vom Kultstatus von H. C. Artmann begründet werden soll. Andererseits soll auch die Popularität der neoavantgardistischen Texte im spätsozialistischen Kontext thematisiert werden.

Schlüsselwörter: Rezeptionsgeschichte, Kulturtransfer, Zagreb, Übersetzung, Kultstatus H. C. Artmanns

Geht man rezeptionshistorisch vor, so kann man relativ schnell unterschiedlich verlaufende Rezeptionsphasen im Opus eines Autors oder einer Autorin feststellen. Im Folgenden wird der rezeptionshistorische Horizont der Werke von H. C. Artmann beleuchtet, in dem die unterschiedlichen Rezeptionsphasen seiner Texte in kroatischer Sprache untersucht werden. Die Rezeption der Texte H. C. Artmanns nahm ihren Anfang im jugoslawischen literarischen Feld und setzte sich nach dem Zerfall Jugoslawiens im kroatischen kulturellen Feld in etwas geringerem Ausmaß fort. Auf jeden Fall werden die Höhepunkte schnell ersichtlich, wenn man die Anzahl der Übersetzungen wie auch der Erwähnungen H. C. Artmanns analysiert. Da man nicht davon ausgehen kann, dass das Publikum in der zweiten Hälfte des 20. Jahrhunderts im südöstlichen Europa und insbesondere in Zagreb und Kroatien zweisprachig war, werden für die rezeptionshistorischen Untersuchungen die veröffentlichten Übersetzungen der Texte Artmanns wie auch die wissenschaftlichen Artikel in Betracht gezogen, die sich mit seinem Œuvre beschäftigen.

Man kann in dieser Hinsicht sogar von einem gegenseitigen Austausch reden, denn die Rezeption wird in diesem Fall durch die geografische und kulturelle Nähe begünstigt. Diese Beobachtung deckt sich mit der verspielten Darstellung der Stadt Zagreb im phantastischen Kapitel aus dem im Jahre 1972 veröffentlichten kurzen Roman H. C. Artmanns unter dem Titel *Der aeronautische Sindtbart oder Seltsame Luftreise von Niedercalifornien nach Crain* (1972). In diesem Kapitel werden in einem reiseberichtähnlichen Abschnitt die Abenteuer des autodiegetischen Erzählers geschildert, der eine „prinzessin" begleitet, um daraufhin in einer „mittleren landeshauptstadt"[1] zu landen, wo er in einem Café auf eine „galavorstellung"[2] wartet. Zur „zeitvergeudung" wird gespeist, und Rufus, der Reisebegleiter des Erzählers, spricht mit dem Ober im aufgezeichneten Kroatisch,[3] wobei sich der Ober als „Thelonius C. Vuković" vorstellt, der in diesem Romanfragment als der „ärgste ertzmagier Europas"[4] geschildert wird. So sind in H. C. Artmanns Prosa „Masken und Rollen, die künstliche Identitäten stiften", zu verfolgen, dabei „ein Verwandlungsspiel in Gang setzend, dem sich auch die reale Autorperson Artmann verpflichtet fühlt, wenn sie den ‚poetischen Akt' als ‚Pose in ihrer edelsten Form' definiert".[5] Besonders interessant ist hier die Tatsache, dass gerade dieses Romanfragment bzw. sein erster Teil in Übersetzung von Dragutin Horvat[6] vorliegt. Es wurde im Themenheft der Zeitschrift *Književna smotra* (*Literarische Revue*) veröffentlicht. Im Anschluss an die Übersetzung sind die theoretischen Reflexionen des Übersetzers über die Probleme bei der Übertragung der Texte Artmanns in eine andere Sprache zu lesen.

Will man die These von der geografischen Nähe und der dadurch begünstigten Rezeption belegen, sollte man systematisch vorgehen. So sind die Ergebnisse der Suche nach Übersetzungen und Darstellungen der Werke H. C. Artmanns im kroatischen Kontext mit ihren wichtigsten Fixpunkten tabellarisch wie folgt darzustellen.

Tabelle 1

Jahr	Übersetzung	Publikationsorgan
1982	*Pošto daš?* (*How much, schatzi?*, 1971)	
1983		Themenheft der Zeitschrift *Književna smotra*
1996	Suvremena austrijska poezija (Zeitgenössische österreichische Poesie)	Zeitschrift *Forum*
1998	Napisano crnom tintom (*med ana schwoazzn dintn*, 1958)	Zeitschrift *Forum*

2003	Bečka skupina (Zur Wiener Gruppe)	Zeitschrift *Republika*
2004	Gedichtauswahl	Anthologie der österreichischen Poesie in der zweiten Hälfte des 20. Jahrhunderts *Jezik i svijet*, hg. von Truda Stamać

Wie aus der Tabelle ersichtlich, beginnt die produktive Rezeption Artmanns in Jugoslawien in seiner zweiten Schaffensphase, die ab den 1970er-Jahren erfolgt, was man auch am Katalog der National- und Universitätsbibliothek ablesen kann, denn die ersten angeschafften deutschsprachigen Ausgaben stammen aus dieser Zeit und repräsentieren einen Ausschnitt aus seinem rezenten Schaffen bis in die 1990er-Jahre. Es handelt sich also zunächst um die Rezeption deutschsprachiger Originale,[7] erst im Jahr 1982 folgt die erste größere Übersetzung eines Textes von H. C. Artmann aus dem Deutschen ins Kroatische. Es geht um die Erzählsammlung *How much, schatzi?* (1971) in der Übersetzung der Germanist/innen Dragutin Horvat und Marija Katičić Horvat. Die Sammlung umfasst zehn Erzählungen und wurde im Themenheft der Zeitschrift *Književna smotra* aus dem Jahr 1983 in zwei Rezensionen besprochen (Narančić, Kovačević). Dieser Erzählband ist bis heute die einzige selbstständige Publikation von H. C. Artmann in kroatischer Sprache geblieben. Das Interesse für die „Straßensprache"[8] in Artmanns Kurzgeschichten deckt sich wohl mit dem Interesse für die Bewegung der „Jeans-Prosa" (proza u trapericama) in der kroatischen Prosa in den 1960er- und 1970er-Jahren, die ihren Namen vom Slawisten Aleksandar Flaker bekam und sich in Romanen von Autoren wie Antun Šoljan (*Kratki izlet*, 1965), Alojz Majetić (*Čangi off gotoff*, 1970), Zvonimir Majdak (*Kužiš, stari moj*, 1970), Ivan Slamnig (*Bolja polovica hrabrosti*, 1972) oder Branislav Glumac (*Zagrepčanka*, 1975) durch die Darstellung unkonventioneller, oft zielloser Außenseiter und subkultureller Existenzen großer Popularität erfreute. Demgegenüber wurde die frühe neoavantgardistische Phase H. C. Artmanns erst nachträglich rezipiert, anhand der Übersetzungen ausgewählter Gedichte, v. a. aus der bekanntesten Gedichtsammlung Artmanns *med ana schwoazzn dintn*, die vorwiegend in literarischen Zeitschriften publiziert wurden.

Dass H. C. Artmann zu dieser Zeit schon ein anerkannter Autor war, bezeugt auch die Tatsache, dass er in der sehr einflussreichen *Geschichte der deutschen Literatur* in kroatischer Sprache, die von Viktor Žmegač, Zdenko Škreb und Ljerka

Sekulić im Jahr 1974 herausgegeben wurde, als der wichtigste Vertreter der Wiener Gruppe vorgestellt wird. Besprochen wird darin sowohl sein frühes Schaffen wie auch die Tatsache, dass es sich um einen Autor handelt, der gekonnt mit literarischen Konventionen spielt und seine Texte als „Parodie, Travestie und Pastiche"[9] entwirft. Neben humoristischer Lyrik seien in seinem Schaffen auch szenische Grotesken mit Anspielungen auf das österreichische Barocktheater zu finden. Erwähnt wird seine ausgeprägte Neigung zum intertextuellen Spiel, zu Gattungsformen der Unterhaltungsliteratur („Trivialliteratur") sowie zum Pastiche mit intertextuellen Anspielungen auf die didaktischen Texte aus der älteren deutschsprachigen Literatur. Sein spielerischer Umgang mit der Tradition wird als Manierismus betrachtet, wie „etwa der nicht-mimetische Sprachgebrauch, die Neigung zu gekünstelten Wortspielen, die Verknüpfung weithergeholter Bilder und Metaphern, eine fallweise üppige, verschnörkelte Rhetorik" wie auch „die überwiegend vor-narrative Struktur von Artmanns Prosatexten, die Vorliebe für Aufzählung, Montage, Diariumssequenz oder Reisebericht".[10]

Die von dem damaligen Leiter des Österreichischen Kulturinstituts in Zagreb Dr. Bruno Kunz initiierte Konferenz zu H. C. Artmann im Mai 1982 kann daher nicht als Auftakt, sondern eher als Abschluss einer längeren produktiven Rezeptionsphase angesehen werden. Sie markiert das Interesse der damaligen jugoslawischen Öffentlichkeit für „avantgardistische Tendenzen in der zeitgenössischen deutschsprachigen Literatur",[11] wie es der Redakteur des Themenheftes der Zeitschrift *Književna smotra* (*Literarische Revue*), der Publizist, Kulturvermittler und Verleger Nenad Popović, in seiner Einleitung des Bandes ausdrücklich betont. Zugleich solle dieses Themenheft eine wichtige kulturpolitische Wende signalisieren und markiere, nach Popović, das Ende einer geschichtlich belasteten Periode der „stärksten Identifikationen und der stärksten Ablehnungen und Negationen".[12] Dies ist eine Anspielung auf die gemeinsame Vergangenheit in der Österreichisch-Ungarischen Monarchie, die von kroatischen Intellektuellen nicht immer positiv bewertet wurde. Zu erinnern sei hier nur an die antagonistische Einstellung zum zentraleuropäischen Erbe des kanonisierten kroatischen Schriftstellers Miroslav Krleža, der vor allem den Begriff Mitteleuropa kritisierte: „Mittel-Europa" sei seiner Meinung nach ein „pangermanisches, politisches oder, besser, imperialistisches (kaiserliches) Losungswort aus dem Jahre 1915".[13] Stattdessen solle die vorliegende Nummer ein Zeichen der „Neutralität" sein, „gleichzeitig objektiv, unbelastet und spontan",[14] ohne der verlorengegangenen „Intimität" der geschichtlichen Beziehungen nachzutrauen oder eine „feierliche Atmosphäre einer kulturpolitischen Geste" zu brauchen.[15] Insofern soll im Folgenden dieses Themenheft der Zeitschrift *Književna smotra* (*Literarische Revue*) ausführlicher präsentiert werden. Die in der Zeitschrift publizierten Beiträge der Konferenz dienten als Anlass für die weitere Beschäftigung mit dem Werk H. C. Artmanns, womit der Kultstatus des Autors zumindest in Zagreb und auf dem kroatischsprachigen Gebiet im letzten Drittel des 20. Jahrhunderts festgelegt war. Ein Beleg für diese These sind die weiteren Übersetzungen Artmanns, vor allem seiner Poesie, die von Truda Stamać, der anderen wichtigen Kulturvermittlerin, in den Zeitschriften *Forum* oder *Republika* sowie in der bedeutenden Anthologie österreichischer Poesie *Jezik i svijet* (*Sprache und Welt*) von Truda Stamać zuletzt Anfang der 2000er-Jahre veröffentlicht wurden.

Die gesamte Nummer der *Književna smotra* (*Literarische Revue*) gliedert sich in zwei Teile und beinhaltet auch Fotografien von Manfred Willmann aus Graz: Der erste Block ist der Vergangenheit und der Gegenwart der österreichischen Literatur gewidmet, der umfassendere zweite Teil ausschließlich dem Œuvre H. C. Artmanns. Obwohl die Zeitschrift mit dem Artikel *Zur Aktualität der Wiener Moderne* von Viktor Žmegač eröffnet wurde,[16] ist schon der zweite Aufsatz von Nenad Popović[17] dem damals immer noch weniger bekannten Schaffen der „randständigen und subkulturellen"[18] Wiener Gruppe gewidmet. In diesem Aufsatz wird den sogenannten „lateralen",[19] also zusätzlichen Quellen aus dem Gesamtwerk von H. C. Artmann besondere Beachtung geschenkt, so dass auch seine *Acht-Punkte-Proklamation des poetischen Actes* darin zum ersten Mal übersetzt und neben der Betonung der (Neu-)Entdeckung der Mundartdichtung besonders ausführlich behandelt wird.[20] Im Anschluss an die sehr kundige Darstellung der Wiener Gruppe als ein „Sprachkabarett",[21] das seine Kunstwerke zwischen der „analytischen Konkretheit" und den „provokativen kreativen extrovertierten Aktionen"[22] entwickelt hat, wird eine Auswahl der Texte der sogenannten „erweiterten Poesie" und des „poetischen gesellschaftlichen Spiels"[23] aus der Monografie *Die Wiener Gruppe* (1967) von Gerhard Rühm dargeboten, ebenfalls in der Übersetzung von Nenad Popović. Übersetzt werden entweder die eigenständigen Texte von Konrad Bayer, Gerhard Rühm und Friedrich Achleitner oder die Gemeinschaftsarbeiten von Oswald Wiener und Konrad Bayer (z. B. *one hundert miles*) und H. C. Artmann, aber die meisten übersetzten Texte der neoavantgardistischen Gruppe – oft mehrsprachig oder sogar numerisch –, stammen doch von H. C. Artmann. In diesem ersten Teil sind noch Aufsätze zu Thomas Bernhard von Zdenko Škreb zu finden,[24] nebst der Übersetzung des Prosafragments *Midland in Stilfs* aus der Feder von Nenad Popović. Den ersten Block schließt der Aufsatz des Germanisten Dragutin Horvat zu Gernot Wolfgruber ab.[25]

Viel umfassender ist der zweite Teil des Bandes, der H. C. Artmann gewidmet ist und mit der anfangs erwähnten Übersetzung seines Prosafragments *Zrakoplovstveni Sindtbart iliti Čudovito putovanie od Donje Kalifornije do Krainske* eröffnet wird. Im weiteren Teil sind die deutschsprachigen Beiträge der österreichischen Germanisten in kroatischer Übersetzung zu lesen. So schreibt Hellmut Schneider zu Struktur und Schablone vor allem in Hinblick auf den Band *Grammatik der Rosen* (1970), Josef Donnenberg beschäftigt sich mit den „metaphorischen Autoportraits" von H. C. Artmann, Eduard Beutner mit Mythen, Märchen und Sagen in Artmanns Prosa, während der Zagreber Germanist Ivo Runtić im Titel seines Beitrags die Frage *Informiert Artmann?*[26] stellt. Runtić behandelt darin den damals rezent veröffentlichten Band *Nachrichten aus Nord und Süd* (1978) als einen nicht-fiktionalen Text, der die Realität paradoxerweise antimimetisch darstellt. Im sehr kurzen Beitrag von Jan-Peter Domschke wird *Zur Wirklichkeit, Wahrheit und Phantastik in H. C. Artmanns Erzählung „How much, schatzi?"* geschrieben. Ein Beitrag im Themenheft ist auch H. C. Artmanns Theaterschaffen gewidmet, denn Gerd-Dieter Stein stellt einige Prämissen zu Artmanns Dramenproduktion auf und widmet sich insbesondere dem Einakter. Abgeschlossen wird der Band mit einem weiteren Beitrag von Nenad Popović zur *Prosa H. C. Artmanns und den Erfahrungen der Wiener Gruppe*.[27] In seinem Artikel wird die These über die zwei unterschiedlichen Schaffensphasen von H. C. Artmann verfolgt und sehr polemisch zur Individualität Artmanns und der Kollektivität der Wiener Gruppe geschrieben. Ersichtlich wird aus dem Überblick über den Aufbau des Bandes, dass Nenad Popović am Themenheft maßgeblich beteiligt war. So ist er als der erste Kulturvermittler zu betrachten, der die Rezeption H. C. Artmanns begründete und ihr auch entscheidende Anregungen gab.

Eine zweite und bisher letzte Rezeptionswelle der Texte H. C. Artmanns ist vor allem mit dem Namen der Übersetzerin und Kulturvermittlerin Truda Stamać verbunden. In ihrer Einleitung in der Zeitschrift *Forum* schrieb sie von H. C. Artmann als einem österreichischen Klassiker. An dieser Stelle soll auch der Kultstatus des Autors begründet werden, denn damit wird die spezifische Qualität seines Werkes geschildert, die in einem speziellen Anhängerkreis als Kulturphänomen anerkannt wird. Zweitens wird damit auch die Nähe dieses Gegenwartsklassikers zur Massenkultur signalisiert, deren Verfahren er in seinen Texten verfremdet und intertextuell parodiert, was am besten anhand der Übersetzung seines Gedichts *warte, warte noch ein weilchen* zu belegen ist:

„warte, warte noch een weilchen,
bald kommt artmann auch zu dir.
mit dem kleenen hackebeilchen,
und macht schabefleisch aus dir."[28]

Dieses von Truda Stamać mehrmals abgedruckte Gedicht kann ebenfalls als ein Kultgedicht betrachtet werden, insbesondere wenn man an die Verflechtung der intertextuellen Anspielungen und Massenkultur denkt, denn es geht um die Evokation eines viel diskutierten massenkulturellen Phänomens mit Anspielung auf den Serienmörder Fritz Haarmann aus der Periode der Weimarer Republik. In der kroatischen Übersetzung hat es den intensiv-morbiden Klang beibehalten:

čekaj čekaj koji časak
skoro će ti artmann ući.
donijet će mali batić
u mljeveno te meso stući.[29]

In dieser zweiten Phase werden vor allem seine poetischen Texte intensiv rezipiert. Die Übersetzungen werden in der Regel in literarischen Zeitschriften publiziert. Eine Auswahl aus seiner Poesie veröffentlichte Truda Stamać in der Zeitschrift *Forum*[30] im Jahr 1998. Diese Auswahl umfasst 15 Druckseiten, zudem schrieb die Übersetzerin ein Nachwort. In diesem Nachwort betrachtet sie H. C. Artmann nicht nur als einen „Klassiker der modernen deutschen Poesie",[31] sondern sogar als den „Inbegriff der zeitgenössischen Poesie".[32] Zitiert werden in ihrem Text aus dem Lexikon der zeitgenössischen Literatur von Jörg Drews seine Biografie wie auch die zentralen Angaben zur Wiener Gruppe. Im Nachwort der Übersetzerin wird auch seine proteische und unfassbare Natur betont.[33]
Aus Anlass des Jubiläums „1000 Jahre Österreich", eigentlich der ersten urkundlichen Erwähnung des Wortes „ostarrîchi" im Jahre 996, war zwei Jahre davor in derselben Zeitschrift eine repräsentative Auswahl zeitgenössischer österreichischer Lyrik abgedruckt worden. In dieser Auswahl sind Autoren und Autorinnen wie Paul Celan, Erich Fried, Friederike Mayröcker, Ingeborg Bachmann und Thomas Bernhard vertreten. Darin kommen auch zehn Gedichten von H. C. Artmann vor, diesmal in der Auswahl und Übersetzung von Mate A. Ivandić.[34] Die Ausgabe ist nicht zweisprachig, und die Titel werden nur auf Kroatisch angeführt, sie umfassen eine Auswahl aus diversen Sammelbänden H. C. Artmanns. Ivandić stellt ihn als eine „Figur des barocken Dichters in seiner

poetischen Existenz"[35] vor und behauptet, er mische in seinen Texten „das Ernsthafte und das Humoristische, die Liebe und den Tod, das Spruchhafte und das Moribunde, das Sanfte und das Böse, das Böse und das Galante, das Verdorbene mit dem Parodistischen".[36]

Danach veröffentlichte Truda Stamać ihre Übersetzungen der Lyrik Artmanns nochmals in der Zeitschrift *Republika* im Jahr 2004 und schrieb auch darin ein kurzes Vorwort über die Arbeit der Wiener Gruppe, in welchem sie deren vehemente „Kritik der damaligen Kulturpolitik"[37] apostrophierte. Als spezifisches Interesse für das Makabre und Poetische[38] von H. C. Artmann ist eine repräsentative Auswahl seiner Mundartgedichte vertreten. Die Übersetzerin verwendet dafür die kajkawische Mundart. In ihrem Vorwort schreibt die Übersetzerin über H. C. Artmanns Entscheidung für Mundart als eine Möglichkeit der Vermittlung zwischen dem Vorstadtdialekt von Breitensee und der westeuropäischen Avantgarde.

Schließlich versammelt sie in ihrer umfangreichen Anthologie der österreichischen Lyrik aus dem letzten Drittel des 20. Jahrhundert, die 2003 unter dem Titel *Jezik i svijet*[39] (*Sprache und Welt*) veröffentlicht wurde, die Gesamtheit ihrer Übersetzungen, inklusive der älteren und schon früher in den Zeitschriften publizierten Texte. In dieser vorbildlichen Anthologie der zeitgenössischen österreichischen Lyrik ist wieder H. C. Artmann als Dichter vertreten. Jede Autorin bzw. jeder Autor wird von der Übersetzerin kurz vorgestellt. So behauptet sie in ihrer Einführung zu den Übersetzungen der Texte Artmanns, er sei im Hinblick auf seine lyrische Produktion immer mehr ein Dichter als ein experimenteller Autor gewesen, d. h. sie attestiert seinen Texten eine genuin poetische Qualität. Ähnlich wie in ihrem Nachwort in der Zeitschrift *Forum* aus dem Jahr 1998 betont sie hier, dass die Wiener Gruppe *mit* der Sprache experimentierte, während H. C. Artmann vor allem *in* der Sprache experimentierte. Dem Schaffen H. C. Artmanns wird das Kapitel mit dem Titel *Atelier der Worte* gewidmet. Darin sind elf Gedichte übersetzt. Das erste Gedicht ist das schon erwähnte parodistische *warte, warte noch ein weilchen*. Im Nachwort der Herausgeberin wird der Autor als der „letzte Troubadour"[40] bezeichnet, der sich zu seinen Lebzeiten zu einer „Legende" stilisierte. Seine „Verbarien", also Textformen, die nach ihr einen besonderen Stellenwert verdienen würden, habe er als eine intertextuell „zwischen Dracula und Batman" pendelnde Instanz geschrieben und die gesamte Literaturgeschichte in seinen Versen komprimiert. Die spezifische Verbindung der Tradition mit Innovation wird in einer kurzen Interpretation des Gedichts *wald*[41] von der Übersetzerin als Wort und Gegenwort der Sprache gedeutet. In derselben Anthologie ist ein gesondertes Kapitel dem Schaffen der Wiener Gruppe gewidmet. Dieses Kapitel wird stellvertretend mit dem Gedicht von Bayer, Rühm und Wiener *kunst kommt von können* eröffnet. Darauf folgen das mundartliche *an briafdroga und sei gschbenzt* von H. C. Artmann wie auch seine nochmals übersetzte und abgedruckte *Proklamation des poetischen Actes* als das zentrale poetologische Manifest der Gruppe. Im Nachwort der Übersetzerin wird vor allem die Rolle H. C. Artmanns und Oswald Wieners hervorgehoben, denn die beiden Autoren werden als „Marksteine"[42] der Gruppe betrachtet. Es zeigt sich in diesem kurzen rezeptionshistorischen Überblick, dass Rezeptions- und Kanonisierungsprozesse historisch und kulturell variabel und als Ergebnisse vielschichtiger Selektionsprozesse zu betrachten sind, in welchen exogene und indogene Faktoren gleichermaßen eine wichtige Rolle spielen. Im Fall H. C. Artmanns ist seine produktive Rezeption einerseits dem pluralistischen und offenen historischen Moment in der Periode der „Anomie"[43] der 1980er-Jahre zu verdanken, einer Periode in der jugoslawischen Geschichte, in welcher das „weltanschauliche Vakuum und die intellektuelle Sinnkrise"[44] viele Ausdrucksformen angenommen und zugleich Freiheitsräume und Interesse für experimentelle Tendenzen in der (westlichen) Literatur geschaffen hatten. Die vorliegenden Übersetzungen und Texte über H. C. Artmann sind vielmehr noch mit der Arbeit der Kulturvermittler zu verbinden, die Artmanns Kultstatus im deutschsprachigen Raum früh erkannten und ihn in das jugoslawische und kroatische Feld übertrugen. In jeder Rezeptionsphase gab es Übersetzerinnen und Übersetzer, die an der rezeptionshistorischen Praxis der Kulturvermittlung aktiv beteiligt waren und mit ihrer Arbeit seinen Status als Gegenwartsklassiker in der Tat legitimierten.

Literaturverzeichnis

Artmann, H. C.: *The Best of H. C. Artmann*. Hg. v. Klaus Reichert. Frankfurt am Main: Suhrkamp 1970.
Artmann, H. C.: „Der aeronautische Sindbart. Seltsame Luftreise von Niedercalifornien nach Krain". In: ders.: *The Best of H. C. Artmann*. Hg. v. Klaus Reichert. Frankfurt am Main: Suhrkamp 1970, S. 194–114.
Artmann, H. C.: *Pošto daš?*. Zagreb: Grafički zavod Hrvatske 1982.
Artmann, H. C.: „warte, warte…". In: ders.: *ein lilienweisser brief aus lincolnshire*. Frankfurt am Main: Suhrkamp 1969, S. 453.
Artmann, H. C.: „Zrakoplovstveni Sindtbart iliti Čudovito putovanie od Donje Kalifornije do Krainske. Fragment što ga pisac sam s jukateškoga na materinski svoj jezik prevede anno 1958". In: *Književna smotra. Časopis za svjetsku književnost*, 49, 1983, S. 55–57.

Calic, Marie-Janine: *Geschichte Jugoslawiens im 20. Jahrhundert*. München: Beck 2010.

Horvat, Dragutin: „Gernot Wolfgruber ili proza u trapericama na austrijski način". In: *Književna smotra. Časopis za svjetsku književnost*, 49, 1983, S. 47–51.

Ivandić, Mate A.: „1000 godina Austrije – Pjesnici (II)". In: *Forum*, 10, 1996, S. 1187–1138.

Matvejević, Predrag: *Razgovori s Krležom*. 7., verb. u. erg. Aufl. Zagreb: Prometej 2001.

Melzer, Gerhard: „Unkonventionelle Bestrebungen. Die ‚Wiener Gruppe'". In: Žmegač, Viktor (Hg.): *Geschichte der deutschen Literatur vom 18. Jahrhundert bis zur Gegenwart*. Bd. III / 2. Weinheim: Beltz Athenäum 1994, S. 751–770.

Narančić, Smiljana: „Filmična Artmannova proza kao angažirana parodija". In: *Književna smotra. Časopis za svjetsku književnost*, 49, 1983, S. 100–102.

Popović, Nenad: „Bečka grupa". In: *Književna smotra. Časopis za svjetsku književnost*, 49, 1983, S. 10–16.

Popović, Nenad: „Proza Hansa Carla Artmanna i iskustva Bečke grupe". In: *Književna smotra. Časopis za svjetsku književnost*, 49, 1983, S. 95–97.

Popović, Nenad: „Urednički kutak". In: *Književna smotra. Časopis za svjetsku književnost*. 49, 1983, S. 2.

Rühm, Gerhard (Hg.): *Die Wiener Gruppe. Achleitner – Artmann – Bayer – Rühm – Wiener. Texte, Gemeinschaftsarbeiten, Aktionen*. 1. erweiterte Neuauflage. Reinbek bei Hamburg: Rowohlt 1985.

Runtić, Ivo: „Informira li Artmann? Opaske uz Vijesti sa sjevera i s juga". In: *Književna smotra. Časopis za svjetsku književnost*, 49, 1983, S. 82–85.

Stamać, Truda: „Bečka skupina". In: *Republika. Časopis za književnost*, 3, 2002, S. 84–94.

Stamać, Truda: „H. C. Artmann. Napisano crnom tintom". In: *Forum*, 9–10, 1998, S. 1127–1142.

Stamać, Truda: *Jezik i svijet. Austrijski pjesnici druge polovice dvadesetog stoljeća*. Zagreb: Ceres 2004.

Škreb, Zdenko: „Thomas Bernhard". In: *Književna smotra. Časopis za svjetsku književnost*, 49, 1983, S. 21–37.

Žmegač, Viktor / Škreb, Zdenko / Sekulić Ljerka (Hg.): *Povijest njemačke književnosti*. 3. erweit. Ausgabe. Zagreb: HSN 2003.

Žmegač, Viktor: „O aktualnosti bečke moderne". In: *Književna smotra. Časopis za svjetsku književnost*, 49, 1983, S. 3–10.

Anmerkungen

1 Artmann: Der aeronautische Sindtbart, S. 204.
2 Ebd., S. 205.
3 „Mi mamo, sagte Rufus kroatisch, domino i tri trabuko cigare, deset gospojinskih cigareta, jedan sladoled, tri čase [!] piva, jednu limonadu, jednu sodu sa malinom, dva einspänner sa šlagom i četrnaest liker.. Što sam vam dužan?" Ebd.
4 Ebd., S. 206.
5 Melzer: Unkonventionelle Bestrebungen, S. 756.
6 Artmann: Zrakoplovstveni Sindtbart, S. 55–57.
7 So sind folgende Titel von H. C. Artmann im Katalog der NSK aufgelistet: *Unter der Bedeckung eines Hutes. Montagen und Sequenzen*, 1974; *Aus meiner Botanisiertrommel. Balladen und Naturgedichte*, 1984; *Gedichte von der Wollust des Dichtens*

in Worte gefasst, 1989; *Grünverschlossene Botschaft. 90 Träume*, 1989; *Im Schatten der Burenwurst. Skizzen aus Wien*, 1991; *Der zerbrochene Krug*, 1992; und zuletzt *Wann ordnest Du Deine Bücher? Die Bibliothek H. C. Artmann*. Hg. von Marcel Atze und Hermann Boehm 2006. In: http://katalog.nsk.hr/F/4UQS1T4QXH6ARX4KAYJSF11VCMJ4UXEM5K2TNSU2AN1PRLH1FI-33601?func=find-acc&acc_sequence=000231377 (Zugriff am 20.11.2020).
8 Narančić: Filmična, S. 99–100.
9 Žmegač, Škreb, Sekulić: Povijest njemačke, S. 388f.
10 Melzer: Unkonventionelle Bestrebungen, S. 755.
11 Popović: Urednički kutak, S. 2.
12 Ebd.
13 Matvejević: Razgovori, S. 64.
14 Popović: Urednički kutak, S. 2.
15 Ebd.
16 Vgl. Žmegač: O aktualnosti, S. 3–10.
17 Vgl. Popović: Bečka grupa, S. 10–16.
18 Ebd., S. 11.
19 Ebd., S. 10.
20 Vgl. ebd., S. 11. Veröffentlicht in Gerhard Rühms Anthologie *Wiener Gruppe*, S. 10, wie auch in *The Best of H. C. Artmann*, S. 363.
21 Popović: Bečka grupa, S. 13.
22 Ebd., S. 14.
23 Ebd.
24 S. Škreb: Thomas Bernhard, S. 21–37.
25 S. Horvat: Gernot Wolfgruber, S. 47–51.
26 S. Runtić: Informira li Artmann?, S. 82–85.
27 S. Popović: Proza Hansa Carla Artmanna, S. 95–97.
28 Artmann: warte, S. 447.
29 Stamać: H. C. Artmann, S. 1140.
30 S. Stamać: H. C. Artmann, S. 1127–1142.
31 Ebd., S. 1140.
32 Ebd.
33 Vgl. ebd., 1142.
34 Die Gedichte wurden nur in der kroatischen Übersetzung in folgender Reihenfolge gedruckt: *moje srce, uvijek ptice, oproštaj, gorki snijeg, ako se ja, kroz dimnjak, molim te, u dubinu svoje knjige, o smrti ti mračni majstore, pojte, moje svinje, pojte*. Vgl. Ivandić: 1000 godina Austrije, S. 1187–1138.
35 Ebd., S. 1138.
36 Ebd.
37 Stamać: Bečka skupina, S. 84.
38 Ebd., S. 90.
39 Die von H. C. Artmann in dieser Anthologie vertretenen Gedichte sind: *warte, warte noch een weilchen; wald; immer die vögel; du übermeister necrophilus; ein bitter schnee; eine laus; o bettelstab, o bettelstab (absteigende lieder); vergänglichkeit & aufferstehung der schäfferey; …, den hintern sollte ich dir; persische quatrainen / ein kleiner divan; ich bitte dich (hirschgehege & leuchtturm), herrgott bin ich froh ich habe geburtstag; ein reißbrett aus winter; dich hat der teich*. Vgl. Stamać: *Jezik i svijet*, S. 234–250.
40 Ebd., S. 253.
41 Ebd., S. 235.
42 Ebd., S. 295.
43 Vgl. Calic: Geschichte Jugoslawiens, S. 278–297.
44 Ebd., S. 295.

Richard Wall

Artmanns *Tír na nÓg*

Zusammenfassung:
H. C. Artmann war nicht nur ein famoser Vortragskünstler, der das Maskenspiel liebte, sondern auch ein für die damaligen Verhältnisse vielgereister Poet. Als solcher auch ein Kenner der keltischen Mythologien und Literaturen, sowohl der q-keltischen (der irischen und schottisch-gälischen) wie der p-keltischen (der walisischen und bretonischen). Er bereiste mehrmals Irland und die Bretagne und hat Texte dieser vom Englischen und Französischen überlagerten Kulturen, die oft nur unvollständig und in mittelalterlichen Handschriften erhalten sind, übertragen. Artmann liebte das Fragmentarische – ein Wesensmerkmal der Moderne – und vielleicht auch deswegen das Unausgeführte in dieser Dichtung, das ihn in seiner Poetik bestätigte. In seiner Poesie wollte er „Möglichkeiten" einer (subjektiven) Lesbarkeit anbieten. Ihm lägen jene sprachlichen „abenteuer" am Herzen, wie er einmal schrieb, „die in die *westliche, in die atlantische* richtung weisen [...]."

Schlüsselwörter: Irland, Tír na nÓg, Atlantik, Bretagne, altirische Dichtung, Ortha nan Gaidheal, hl. Patrick, keltische Mythologie, Übersetzung

> limerick du stadt
> siehst keine planeten
> bist ein stern auf der straße nach westen
> aus: H. C. Artmann: *limerick:*

1.

An Gedankenspaziergänge – wissenschaftlich gesehen wahrscheinlich nichts anderes als eine Kombination elektrischer und chemischer Prozesse im Gehirn – erfreut sich wohl nicht nur der Dichter. Diese Art zu verreisen bedingt keinen Ortswechsel. Wiederkehrende Bilder und kreisende Gedanken werde ich los, wenn ich darüber schreibe. Syntax und Grammatik, der Schreibprozess, bringen sie in eine halbwegs lineare, wenn auch nicht immer in eine logische Ausrichtung. In einem gewissen Alter, so im Oberstübchen noch nicht der Kalk rieselt, greifen des Öfteren Gedankenspaziergänge und Erinnerungen ineinander. Ich könnte auch sagen, wo mein Denken aufhört, beginnt etwas in mir sich zu erinnern. Neulich, um meinen Geburtstag herum, erinnerte ich mich eines Buches, das ich zu einem früheren Geburtstag von M. geschenkt bekommen hatte. Ich begab mich in meine Bibliothek und ließ meinen Blick über die Bücherrücken streifen. Ich wurde fündig. Doch die enganliegenden Bände links und rechts im Regal wollten, als wären sie eifersüchtig, das auserkorene Buch beim ersten Zangengriff, ausgeführt mit dem Daumen und Zeigefinger der rechten Hand, nicht gleich freigeben. Mein zweiter Zugriff hatte Erfolg. Ein in jeder Hinsicht gediegen gemachtes, großformatiges Buch mit einem Schutzumschlag, der das Konterfei eines vor 22 Jahren verstorbenen Dichters zeigt. Titel: *Artmann, H. C., Dichter. Ein Album mit alten Bildern und neuen Texten.* Ich schlug es auf und begann darin zu blättern, las mich dort und da fest; und begann wieder zu blättern.

2.

Ein Foto: Es zeigt den obengenannten Poeten, Maskenspieler und Meister der (Ver-)Wandlungen, im Bergfried von Blarney Castle beim Küssen des altehrwürdigen wie legendenumwobenen Blarney Stone. Um an den tintenschwarzen *Stein der Beredsamkeit* an der Außenseite des oberen Wehrgangs heranzukommen, ist zuerst ein Aufstieg über 120 Stufen erforderlich, danach muss man sich an einem Eisengestänge festhalten und rücklings in die Tiefe lassen. Die Anstrengung dieser Prozedur steht dem in „St. Achatz am Walde" geborenen Dichter, der auch als Kapitän „John Adderley Bancroft alias Lord Lister"[1] aufzutreten beliebte, ins Gesicht geschrieben. Zudem dürfte es geregnet haben. Es gibt nicht gerade wenige Fotos von H. C., aber auf keinem anderen trägt er eine graue Regenpelerine und eine Baskenmütze. Geküsst wird der ominöse Stein heutzutage vorwiegend von ausländischen Touristen. Immerhin soll der Kuss auch jene Eloquenz befördern, die es dem Mann ermöglicht, mit charmanten Worten eine Frau zu umgarnen.

Der Spruch „You are talking Blarney!" ist in Irland selbst ein wenig aus der Mode gekommen. Vielleicht weil ohnehin jede Person, also Frauen nicht ausgeschlossen, die Kunst der abschweifenden Rede, des Palaverns, der kreativen Relativierung einer unzumutbaren Realität mittels Sprache aufs Vortrefflichste beherrscht. Anders ausgedrückt: Jeder Ire, gewiss auch jede Irin, hat, gleichsam als positive Parallel-Punzierung zur Erbsünde, den besagten Stein in der Grafschaft Cork schon geküsst, wenn er bzw. sie das Licht der Welt, in diesem Fall das *celtic twilight* erblickt.

Auch H. C. hätte sich die Prozedur ersparen können, denn aufs Maul war der Dichter verbaler Maskeraden und eskapistischer Scharaden wahrlich nicht gefallen. Auch auf Frauen soll sein Satzbau, der sich nie zu hohlem Geschwätz gefügt, nicht ganz wirkungslos gewesen sein.

3.

H. C. war damals vierzig, als er sich im Regen zum besagten Stein hunterließ. Vielleicht logierte er damals „in jenem haus am fuße des montenotte-hügels in der wirklich schmuddeligen stadt cork", wie er sich in seiner interpunktionslosen Prosa *Nachrichten aus Nord und Süd* erinnert. Vielleicht feierte er sogar seinen Geburtstag mit einer Reise nach Irland, die nicht die erste gewesen sein konnte. Denn im Jahre 1959 war bereits der schmale Band *der schlüssel des hl. Patrick. religiöse dichtung der kelten* erschienen, Anrufungen und Segensformeln von archaischer Sinnlichkeit. In der Frühzeit des irischen Christentums war die keltische Mythologie noch in diesen Gebeten lebendig. Die Unmittelbarkeit der Bilder und schlichte Schönheit dieser Dichtungen, die er selber in Irland aufgespürt hat, dürften H. C. zur Übertragung gereizt haben. Artmann stieß auf noch unveröffentlichte Handschriften, durchstöberte die sechsbändige Sammlung *Ortha nan Gaidheal*, die „Lieder der Gälen", und zu einigen Übertragungen heißt es sogar: „Vom Übersetzer in Irland aufgezeichnet."

Das *fragment eines segens* ist mir einer der liebsten Texte in dieser Sammlung:

> möge sanftmut sein auf deinen lippen, lieblich und lau wie ein abend im sommer, der langsam ins laub der bergeschen sinkt..
> möge freundlicher sinn sich breiten in deinen augen, anmutig und edel wie die sonne, die aus nebeln sich hebend die ruhige see wärmt..
> möge keuschheit sich spiegeln am grund deines herzens, heiter und hell wie der quell des HEILIGEN BRENDAN, darin die taube ihr bild schaut..
> möge der weisheit entsprießen dir jegliche handlung, herrlich und hoch wie der weizen eines guten gesegneten jahres ohne wurm, ohne wühlmaus.. [2]

Dazu heißt es im Kommentar: „Irisch, unbekannter autor. Vom übersetzer einer noch unveröffentlichten handschrift entnommen."[3]

4.

Aus einem Gespräch mit Artmann Mitte der 1970er-Jahre, als er im Stadtteil Mülln in Salzburg in der Augustinergasse lebte, weiß ich, dass er auch versucht hat, Texte des bedeutendsten walisischen Dichters des Mittelalters Dafydd ap Gwilym zu übersetzen. Veröffentlicht hat er von dem im 14. Jahrhundert in der Grafschaft Ceredigion geborenen, weitgereisten Berufsbarden meines Wissens nichts. Vielleicht war ihm damals der schwedische Rokokodichter und Komponist Carl Michael Bellmann in die Quere gekommen, dessen Sauf-, Liebes- und Sterbelieder er kongenial übersetzte und mit dem Musiker und Librettisten Michael Korth auf eine singbare Interpretation hin musikalisch erprobte. Diese gemeinsame Begeisterung mündete in die Schallplattenaufnahme *Der Lieb zu gefallen* mit Johannes Heimrath und dem Ensemble *Bärengässlin*.

Seine Irlandreisen und die frühe keltische Dichtung haben ihn jedenfalls nachhaltig geprägt. Im Vorwort seiner Prosa *Unter der Bedeckung eines Hutes. Montagen und Sequenzen*, 1974 erschienen, spricht er über das Unausgeführte in diesen Texten, um „Möglichkeiten" einer (subjektiven) Lesbarkeit anzubieten. Ihm lägen jene am Herzen, „die in die *westliche, in die atlantische* richtung weisen, jene abenteuer", die er bei der Lektüre der „fragmentarischen altirischen dichtung erlebte [...]".[4]

Nahezu bis in seine letzten Texte hinein begleitete ihn das Keltische, die mittelalterliche Literatur von Wales, Irland und der Bretagne (wo er auch, in Rennes, in den Jahren 1969 und 1970 eine Zeitlang gelebt hatte). Im Bändchen *gedichte von der wollust des dichtens in worte gefaßt von H. C. Artmann* (1989) – vordergründig eine Sammlung von Versen, die dem Genre Reisegedichte zugeordnet werden könnten – tragen sechs Gedichte Orte oder Regionen aus Irland und der Bretagne im Titel: Die Karstregion Burren im County Clare, das bretonische Carnac mit 3000 Menhiren, das Fort Dún Aengus (irisch Dún Aonghasa bei H. C. *dún aongusa*) auf Árainn, die Insel Inishvickillane in der Gruppe der Blasket-Inseln im County Kerry (H. C.: *inishvikillane*), Limerick und das im Burren gelegene Lisdoonvarna. Artmann zitiert immer wieder Barden und Dichter dieser Kulturregionen, oder er streut in einen Text, um poetologisch einen geografisch-historischen Bezug herzustellen und einen Klang- und Assoziationsraum zu eröffnen, ihre Namen ein. Besonders schön und schlüssig, wie mir scheint, gelingt ihm dies in einem Gedicht der Sammlung *Aus meiner Botanisiertrommel* (1975), in dem er gleich zu Beginn an einen legendären bretonischen Barden und Druiden aus dem 6. Jahrhundert erinnert.

MIR IST, ALS HÖRT ICH WIEDER
des gwenc'hlan prophesei,
die alten zauberlieder
entstehn in mir aufs neu.

ich wandere durch weiten,
drauf nebel, tau und licht
wie elfenschemen gleiten
in einem traumgesicht.
[…]
wo farn mit zungen redet,
die wog gen klippen rauscht,
der falk das feld befehdet,
der druid dem vogel lauscht.

inmitt von ros und dornen,
von efeu, rank und moos,
ein schloß der sieben nornen,
die spinnen mir mein los.
[…][5]

Er imaginiert in insgesamt zehn Strophen eine friedfertige Landschaft, die mich an das von einem unbekannten Autor verfasste Gedicht *Coillte Glasa an Triúcha* („Die grünen Wälder von Triúcha") aus dem 16. Jahrhundert erinnert, in dem ein natürliches Paradies beschworen wird, das an *Tír na nÓg*, an das Land der ewigen Jugend der alten Kelten, denken lässt.

5.

Was hat H. C. so stark für die Dichtung und Mythen der Kelten eingenommen? Ich werde in den folgenden Zeilen versuchen, einer Antwort näherzukommen. Ich weiß nicht, ob H. C. vom irischen Mönch Sedulius Scottus wusste. Ich nehme an, ja, und kann mir gut vorstellen, dass er an dessen Charakter und Lebenseinstellung großen Gefallen fand. Sedulius gelangte – zusammen mit einigen anderen irischen *peregrini* wie Dicuil und Johannes Scotus Eriugena – an den Hof von Karl den Großen. Um 848 reiste Sedulius nach Lüttich, der Hauptstadt von Karls Enkel Karl dem Kahlen, und verblüffte dort durch Witz und Bildung. Er konnte ausgezeichnet Latein, wahrscheinlich sogar Griechisch, schrieb auf die Empfänger abgestimmte Gedichte, davon viele zum Ruhm seiner fürstlichen Gönner, eine gängige Praxis damals. Aufgrund seines Talents war er auch unter dem Beinamen „Vergil von Lüttich" bekannt. Weltgewandt, mit Lust an der Konversation (siehe Blarney!), gutem Essen und gutem Wein, entwarf Sedulius einmal zum Spaß eine gereimte Eingabe an den Bischof von Lüttich, in dem er um besseres Quartier ansuchte und ihn gleichzeitig bat, einer Bereicherung der Klostertafel um Honig, Met und Wein zuzustimmen.

Trotz ihrer Frömmigkeit gefielen sich die irischen Mönche, wie die *filid* und Barden vor ihnen, auch im Erfinden sogenannter *immrama*. Sie beschreiben meist Seereisen eines Helden in die „Anderswelt" (nach *Tír na nÓg, Land der ewigen Jugend*, im Westen von Irland auf dem Atlantik gelegen, oder nach *Mag Mell, Ebene der Freude*). Sie beinhalten sowohl christliche Aspekte als auch Elemente der altirischen Mythologie. Eine der bekanntesten und abenteuerlichsten Legenden erzählt vom hl. Brendan und seiner wundersamen Reise mit zwölf Gefährten zu einer verheißenen Insel, *terra repromissionis sanctorum*, im nordwestlichen Atlantik.

Beim Abfassen solcher Legenden bzw. Abschreiben eines lateinischen Bibeltextes konnte es durchaus vorkommen, dass die Gedanken abschweiften und sie sich der Sinnlichkeit der sie umgebenden Welt zuwandten. So blieb aus dem 9. Jahrhundert ein Gedicht erhalten, das in genauen Bildern und einer knappen Form die Ankunft des Winters beschwört:

Neues künd ich: hirsche röhren,
winter schneit, sommer schwand.

wind stark und kalt, sonne fahl,
kurz ihr lauf, das meer schwillt an.

tiefrot der farn, seine form verloren,
die wildgans ruft ihren alten schrei.

kälte lähmt der vögel schwingen,
von der zeit der kälte dies ich künde.

Dieses Gedicht, das von dem auf keltische Sprachen spezialisierten Linguisten Kenneth Hurlstone Jackson aufgezeichnet worden ist und das ich zu übersetzen versucht habe, ist ein Beispiel für den hohen Grad an verinnerlichter Anschauung, für die erfrischende Qualität mittelalterlicher keltischer Literatur. Ihre Besonderheit tritt umso klarer zutage, wenn man sie mit zeitgenössischer europäischer Literatur vergleicht. Der Blick eines einsamen geistigen Arbeiters auf einige wenige, das Einbrechen des Winters charakterisierende Zustände und Vorgänge ist hier konzentriert umgesetzt in starke und eindringliche Bilder. Die Kelten hatten vor ihrer Akzeptanz des Christentums ein ausgeprägt positives Verhältnis zur Natur, das auch nach Übernahme des Christentums mit seiner Losung aus der Genesis, *dominum terrae*, noch lange beibehalten wurde.

6.

Dem Gedichtzyklus *landschaften* stellt H. C. das Zitat eines gewissen „coillte mac rónáin" voran: „dann wandt ich mich / westwärts gen tara, / swar keine entfernung: / kein einziges roß / unter ihnen erreichte / tara vor mir .."[6]
Das Zitat klingt wie ein Fake, und der Name des Autors wie erfunden. Tatsächlich gab es einen sagenhaften Iren dieses Namens, Caílte mac Rónáin. Er lebte im 3. Jahrhundert, war als Neffe von Fionn mac Cumhaill Mitglied der Fianna und wird im mythologischen Finn-Zyklus als Krieger erwähnt. Caílte mac Rónáin konnte mit Tieren sprechen, war ein phantasievoller Geschichtenerzähler und soll ein außergewöhnlich schneller Läufer gewesen sein. So lässt sich auch das Zitat erklären, nämlich: dass er schneller Tara erreichen konnte als ein Pferd. Kurz zu Tara: Auf dem Hügel von Tara im Co. Meath war der Sitz des Hochkönigs, *Ard Rí*, aus dem Clan der Uí Néill.
Dieser 20 Gedichte umfassende Zyklus entstand im Jahre 1966. In einer seiner seltenen theoretischen Texte aus dem Jahre 1967, in dem H. C. exemplarisch auf das Gedichte *landschaft 8* Bezug nimmt, führt er aus, was für ihn das Wort „Landschaft" bedeutet „und welchen Platz es im Haushalt" seiner „sinnlichen Erfahrungen einnimmt".[7] Und er bekennt, dass für die Entstehung dieses Zyklus die Form des Tagebuchs von Linnés Lapplandreise, *Iter Lapponicum*, Bedeutung hatte. „Was mich faszinierte, war nicht der behäbige und distanzierende Bericht eines Naturforschers, sondern es waren die strahlenden Momentaufnahmen winziger Dinge, seien sie organischer oder anorganischer, materieller oder sozialer Art: abgesprungene, isolierte Details und im Strahlenglanz ihrer leuchtenden Faktizität."[8]

Abschließend betont er, seine *landschaften* seien keine im hergebrachten Sinne, „sondern innere Landschaften, imaginäre Paysagen, Landschaften, die die Worte sich selbst schaffen oder die durch Worte neu erstellt werden."[9]
Aufgrund seiner sinnlichen Erfahrungen – dazu gehört auch das Lesen – setzt er „Worte in Szene": Für ihn ein magischer Vorgang: Worte „besitzen Augen, Facettenaugen wie Käfer und schauen sich unaufhörlich und aus allen Winkeln an. Ich bin Kuppler und Zuhälter von Worten und biete das Bett; ich fühle, wie lange eine Zeile zu sein hat und wie die Strophe ausgehen muß."[10]

7.

Ob „Blarney" oder nicht: H. C. schuf Gedichte, die, liest man sie heute, wie aus der Zeit gefallen erscheinen. (Ich meine hier nicht die von Dutzenden Schauspielern, Kabarettisten, Komponisten etc. ausgelaugten, abgelutschten und verbratenen Dialektgedichte aus *med ana schwoazzn dintn*.) Je länger man sich mit seinem Schaffen beschäftigt, umso mehr erkennt man den großen nachhaltigen Einfluss der mittelalterlichen keltischen Literatur, eine Leidenschaft, die früh begonnen hatte: Von seinem Onkel Alois hatte er im Sommer 1935 ein Lehrbuch der walisischen Sprache geschenkt bekommen. Im Gegensatz zu vielen seiner massentauglichen Texte mit Unterhaltungswert, die er bei Lesungen von sich gab und mit denen er seine Show abzog, sind es die feinen und feinsten Gespinste seiner Poesie, die ich damals wie heute schätze, und die es zu seinem 100. Geburtstag nach wie vor – oder wieder – zu entdecken gilt.

Literaturverzeichnis

Artmann, H. C.: *der schlüssel des hl. Patrick. religiöse dichtungen der kelten übertragen von h .c. artmann*. Salzburg: Otto Müller 1959.
Artmann, H. C.: ‚Ein Gedicht und sein Autor'. In: Artmann, H. C.: *The Best of H. C. Artmann*. Hg. v. Klaus Reichert. Frankfurt am Main: Suhrkamp 1975, S. 372–376.
Artmann, H. C.: *Aus meiner Botanisiertrommel. Balladen und Naturgedichte*. Salzburg, Wien: Residenz 1975.
Artmann, H. C.: *Gesammelte Prosa*. Hg. v. Klaus Reichert. Bd. II. Salzburg, Wien: Residenz 1979.
Artmann, H. C.: *ein lilienweißer brief aus lincolnshire. gedichte aus 21 jahren*. Frankfurt am Main: Suhrkamp 1982.

Artmann, H. C.: *limerick:* In: Artmann, H. C.: *gedichte von der wollust des dichtens in worte gefaßt.* Salzburg, Wien: Residenz 1989, S. 32.
Jackson, Kenneth Hurlstone: *A Celtic Miscellany. Translations from the Celtic Literatures.* London: Penguin 1975.

Anmerkungen

1 Artmann: Gesammelte Prosa, S. 389.
2 Artmann: Der Schlüssel des hl. Patrick, S. 13.
3 Ebd., S. 68.
4 Artmann: Unter der Bedeckung eines Hutes, S. 8.
5 Artmann: Aus meiner Botanisiertrommel, S. 61.
6 Artmann: ein lilienweißer brief, S. 475.
7 Artmann: „Ein Gedicht und sein Autor", S. 373.
8 Ebd.
9 Ebd., S. 376.
10 Ebd.

Johann Holzner

H. C. Artmanns Dialektgedichte: Zugpferde und Nachzügler

Zusammenfassung:
In einer historischen Phase, in der die Dialektdichtung aus ästhetischen wie auch aus politischen Gründen im deutschsprachigen Raum diskreditiert war wie kein anderes literarisches Genre, hat H. C. Artmanns Gedichtband *med ana schwoazzn dintn* (1958) einen Befreiungsschlag bedeutet: Zahlreiche Autorinnen und Autoren, keineswegs nur in Österreich, berufen sich in der Folgezeit auf diesen Gedichtband, der somit einer neuen Dialektpoesie den Weg bereitet. Im folgenden Beitrag werden – nach einem kurzen Exkurs zu Artmanns *es gibt guade und bese geatna: des is es liad fon an besn* – einschlägige Gedichte dreier Autoren aus der Südtiroler Literaturszene vorgestellt: Gedichte von N. C. Kaser, Gerhard Kofler und Luis Stefan Stecher.

Schlüsselwörter: Dialektpoesie, N. C. Kaser, Gerhard Kofler, Luis Stefan Stecher

Der Blick in die Abgründe einer Alltagssprache, in deren Formeln borniert Selbstdarstellungen, weitverbreitete Klischees und landläufige Vorurteile aufblitzen, von kaum verborgener Aggressivität zunächst einmal noch ganz zu schweigen, dieser Blick, den H. C. Artmann in seinen Gedichten *med ana schwoazzn dintn* (1958) virtuos festhält, hat für eine lange Reihe von Autorinnen und Autoren (nach den 1960er-Jahren) ungemein befreiend gewirkt; übrigens keineswegs nur in Österreich. Denn kein Genre ist in den diversen deutschsprachigen Literaturlandschaften der unmittelbaren Nachkriegszeit derart diskreditiert wie „die lokale Dialektpoesie von hinter den Wäldern und hinter dem Mond", wie Christoph Meckel sie in seinem *Suchbild* (1980) schonungslos charakterisiert,[1] damals noch immer ein literarisches Milieu vor Augen, in dem sein Vater seinerzeit unangefochten gearbeitet hat. Artmann bereitet den Weg für die sogenannte „Neue Dialektdichtung". Allerdings, während diese sich sukzessive etabliert und dabei wiederholt ausdrücklich auf ihn beruft, ist er selbst längst auf ganz anderen Feldern zu finden.

1974 wird in Obergurgl eine erste internationale Arbeitstagung für Dialektliteratur ausgerichtet.[2] Hans Haid, der Initiator dieses Treffens, erkämpft sich in dieser Zeit mit seinen Ötztaler Dialektgedichten auf Anhieb einen seriösen Platz in der österreichischen Literaturlandschaft: Im Dialekt, so Haid, der mit Artmann und anderen Repräsentanten der Wiener Gruppe noch in Kontakt steht, „treffe ich besser, greife ich tiefer, bin ich konkreter und zugleich poetischer",[3] und so übernimmt er in seinen Gedichten, die sich mit dem Leben und Arbeiten auf dem Lande, mit Religion und Brauchtum sowie vor allem auch mit dem traditionellen Verständnis von Heimat befassen, viele Anregungen aus dieser Verbindung. Nur eines nicht mehr – Artmanns Auffassung nämlich: „Dichtung ist Spiel, sonst ist sie öd."[4] Haid stellt seine Gedichte[5] dagegen auf das Schienennetz der engagierten Literatur, das nach 1968 bekanntlich mächtig ausgebaut wird. Artmann richtet das zentrale Interesse auf sein Material, die Sprache; weit weniger auf deren Referenzcharakter. Das „Ich, das gute alte lyrische Ich, steht also [in seinen Gedichten] immer in Anführungszeichen, und selbst wenn in diesen Texten ein H. C. Artmann namentlich genannt ist", kann und muss man, wie Klaus Reichert festgestellt hat, doch davon ausgehen, dass „ein erkennungsdienstlich unter dem gleichen Namen zu behandelndes Subjekt damit nicht gemeint ist".[6] In der jüngeren Dialektdichtung, schon in den Gedichten von Haid, mehr noch aber in den diversen Nachläufern und Nachzüglern, ist das indessen oft und oft wieder anders; ganz anders jedenfalls, wo das lyrische Ich nicht in erster Linie die Sprache selbst oder den Sprachgebrauch, sondern einen Alltag vor Augen hat oder vor Augen führt, der in der alten Dialektdichtung noch lange und gerne verbrämt oder gar vergoldet worden ist, obwohl er ganz andere Klassifizierungen verdient hätte – engherzig, rückständig, stickig-dumpf oder aber auch: politisch schwer belastet.

Kurz: Artmann hat der „Neuen Dialektdichtung" den Weg bereitet. Alle Autorinnen und Autoren, die nach 1960 in diesem Genre sich hervorgetan und dabei die lokalen Grenzen gesprengt haben, setzen sich mit ihm auseinander, von Hans Haid (1938–2019), der 1976 den Anstoß zur Gründung des Internationalen Dialektinstituts gegeben hat, bis hin zu Markus Manfred Jung (geb. 1954 in Zell im Wiesental), der seit 2006 diese Einrichtung leitet und als Verfasser „Alemannischer Gedichte" bekannt geworden ist. In der Schweiz (wo Dialektpoesie besonders hoch im Kurs steht und seit Jahren mit der „edition spoken script" über eine attraktive Heimstätte verfügt) hat Peter Bichsel Gedichte von Artmann übersetzt; und wo immer dort nach Zugpferden der jüngeren Dialektliteratur gefragt wird,[7] steht nach dem Werk von Johann Peter Hebel unweigerlich nur ein Buch wie selbstverständlich im Mittelpunkt: *med ana schwoazzn dintn*. – Trotzdem, über den dünnen Fäden, die Artmanns Sammlung mit der „Neuen

Dialektdichtung", wohl auch mit dem Austro-Pop verbinden (dessen Geburtsstunde 1970 geschlagen hat),[8] sind die Abweichungen und die Differenzen zwischen den verschiedenen Erzeugnissen der Poesie nicht zu übersehen; dazu im Folgenden einige Anmerkungen.

H. C. Artmann
es gibt guade und bese geatna:
des is es liad fon an besn

mei gmiad
is ma fadistad
waun da mond zuanema duad
i hoed s daun nima r aus
mi glist s fost noch an bluad
do nim e mei giaskaunlkaunl
und giass de bluman
wia r a reng..
und daun
und daun
daun nim e d sichl draun
und hau r eana r ollan
d kepfaln oo!

an qadratmeta zeascht
und *zwaa* qadratmetan
und an gaunzn *gat!*
ana *glan* wisn
ana *grossn* wisn
und daun an gaunzn
födfödföd..

do ken e nix
do giw e kan bardaun
do kuman s olle
olle draun!

de gaunze nocht
hadsch i daun duach

des bluad rind mia
fon *omd* en d schuach
i schneid schneid schneid
das des bluad nua so
fon da sichl *schreid*
bis in da frua!

Das Gedicht[9] erlaubt, wie alle Gedichte der Sammlung, und eben dies zeichnet sie aus, die unterschiedlichsten Lesarten. Um hier nur zwei ganz gegensätzliche herauszuheben: Es sträubt sich keineswegs gegen eine Deutung, die hinter der Figur des Gärtners schon den Mörder sieht, der, so hat jedenfalls Egon Schwarz diesen Text gelesen, „mit seiner nihilistischen Schadenfreude an der Zerstörung"[10] blitzartig Erinnerungen an die NS-Barbarei aufkommen lässt. Das Gedicht stünde so gesehen in einem Traditionskontext, der mit dem Theaterstück *Der Bockerer* von Ulrich Becher und Peter Preses (Uraufführung 1948 in Wien) eröffnet wird und in dem berühmt-berüchtigten Monolog *Der Herr Karl* (1961) von Helmut Qualtinger und Carl Merz bereits den Gipfel erreicht. – Man kann es dessen ungeachtet radikal anders sehen. Als Zeugnis nämlich eines unablässig augenzwinkernden Autors, der „nicht von der Mundart" herkommt, aber ungemein fasziniert ist von der „Fülle klanglicher Valeurs", die das Standarddeutsch gar nie bietet, und der demnach vornehmlich diesen neu-entdeckten Reichtum in Szene setzt. Heimito von Doderer hat schon sehr früh (1959) für diese Optik plädiert,[11] und wenn man hört, wie Artmann dieses Gedicht gelesen hat,[12] dann erkennt man, dass auch für diese Deutung sehr vieles spricht.

Es versteht sich, dass die divergenten Deutungen mit unterschiedlichen Biografien zu tun haben: Egon Schwarz und Heimito von Doderer, beide Angehörige derselben Generation, beide aus Wien gebürtig, haben doch die Ära des Nationalsozialismus grundverschieden erlebt; während jener (als Jude) 1938 aus Österreich, aus Europa flüchten muss, tritt dieser schon 1933 der NSDAP in Österreich bei und übersiedelt wenig später sogar nach Deutschland, ehe er 1938 eine Wohnung in Wien bezieht und das Atelier der ins Exil vertriebenen Malerin Trude Waehner ‚übernimmt':[13] Es ist also nicht verwunderlich, dass sie sich über die Figur des Gärtners nicht einigen können. Aber festzuhalten ist, dass Artmanns Gedicht beide Auslegungen widerspruchslos zulässt.

*

Im Folgenden will ich drei Gedichte kurz vorstellen, deren Verfasser von der Aufwertung der Dialektpoesie zweifellos profitiert, aber auch selbst zu dieser neuen Wertschätzung des Genres beigetragen haben; alle drei Autoren kommen übrigens aus der Südtiroler Literaturszene, die in der Dialektliteratur immer schon eine ganz besondere Rolle gespielt hat.

Das erste Beispiel stammt von Norbert Conrad Kaser, der zeitlebens in seiner Heimat als *enfant terrible* gegolten und erst nach seinem Tod die ihm gebührende Beachtung gefunden hat, und zwar im gesamten deutschsprachigen Raum. Das Gedicht *stegener markt ausgabe 77*[14] arbeitet ganz gezielt mit der Gegenüberstellung Standarddeutsch – Dialekt, auch wieder mit der Kleinschreibung (die in den 1970er-Jahren oft genug noch als Affront verstanden worden ist), wirkt aber mittlerweile keineswegs mehr aufsässig oder gar umstürzlerisch; im Gegenteil: Da gibt ein lyrisches Ich, ganz offensichtlich ein Alter Ego des Autors, doch ganz unmissverständlich zu verstehen, dass die gute alte Zeit (in Südtirol) vorbei ist und unwiederbringlich.

N. C. Kaser (1947–1978)

stegener markt ausgabe 77

weinen will ich weinen um den groeßten markt tirols.
leute zuhauf menschen auch . . . nix weiter.
der markt aber schreit nicht mehr.
kinderaugen verlaufen sich nicht am tuerkischen honig.
automatisierte schausteller.
wo? wo die schwerversehrten bettler

die gaukler schwindler feuerfresser
die heilgenbildchen wundermittel
die tiger panther rotarschaffen
die dickste ziehorglerin der welt
koeschtnbrater bauernfaenger riesenschlange
steilwandfahrer tanzbaer akrobat

fade sind die waren ohne salz daß sich die plastikblumen schaemen.
die tupfer fehlen im gewog gewurle & geschehen.
doch ueber allem schweben vom bierzelt aus die schwaden massenhaft
massakrierter huehner dem dorfe stegen zu.
weinen will ich weinen & find das schneuztuchmanndl nimmer
mit seinem song:

eins fiers moidile nannile joggile seppile tresile
moidile nannile joggile seppile
moidile nannile joggile
moidile nannile
moidile

plaerren kannt'i!

Im Dialekt, vor allem in der Schlusszeile, kommt zweierlei zum Vorschein: zum einen, dass jede Übertragung ins Standarddeutsche zum Scheitern verurteilt ist, weil sie nie und nimmer adäquat zum Ausdruck bringen kann, was „plaerren kannt'i" mitteilt [ich könnte weinen]; und zum andern, dass der Dichter alles andere im Sinn hat, als radikal auf Distanz zu gehen zu den Menschen in seiner nächsten Umgebung. Indem er ihre Sprache spricht, legt er ein Bekenntnis ab: Ich gehöre zu Euch.

Das zweite Beispiel stammt von Gerhard Kofler, der schon sehr früh mit Gedichten in Italienisch, Deutsch und Südtiroler Mundart hervorgetreten ist und damit von allem Anfang an herausgestellt hat, dass schon die Wahl der Sprache ein Eigengewicht anzeigt, Bindung verrät und Substanz.

Gerhard Kofler (1949–2005)

des bescheidene

des kloane, des stille
des bescheidene
hom ins die lehrer
ungepriesn als obs
olleweil a gfihl
wia in der weihnochtskrippn
gebn kannt.
des kloanschte stadtl
auf der welt isch inser Glurns
hom se gsogt
und des kloanschte biachl
isch des Vaterunser
in der Neistifter kloaschter-
bibliothek.

gonz winzige
vorstellungen,
ober dorin holt
die erschtn sein.
in galling
isch mer ober
virkemmen
daß man so
decht olleweil wieder
als erschte
zu kurz kimmt.

Nicht nur die Kleinschreibung ist ein formales Zeichen des Protests. Auch der Dialekt ist hier als solches zu verstehen: In den Wörtern dieses Gedichts[15] äußert sich die Abkehr von der Welt der Väter ebenso wie der unbeugsame Wille, sich keineswegs aus deren Revier ganz abdrängen zu lassen. – Indem Kofler seine Dialektgedichte mit Gedichten in Italienisch und Deutsch konfrontiert, unterstreicht er seinen Anspruch, sich eine eigene ‚Heimat' aufzubauen, mitten in der italienischen Welt, eine Gegen-Welt zur Enge der Provinz.

In Brixen leben (zum Beispiel)	*Vivere a Bressanone (per esempio)*
ich atmete Neruda, entdeckte Lorca	respiravo Neruda, scoprivo Lorca
spazierte mit Alberti unterm arm	passeggiavo con Alberti sotto il braccio
und so wurde ich im feuchten dunkel	e così tra i portici nel buio umido
unter den lauben nicht jener blasse	non diventai quel pallido
kanarienvogel im käfig oder	canarino in gabbia o qualche
eine andere verwelkte metapher	altra metafora appassita
zwischen den verrosteten ethnischen gitterstäben	tra le arrugginite sbarre etniche

Auch in diesem Gedicht[16] stellt sich, schon mit dem ersten Wort, selbstbewusst also ein lyrisches Ich vor, das sich von seiner Umgebung, einer unerträglichen Umgebung getrennt und aus eigenem Antrieb in eine ganz andere, fiktive eingelebt hat: nicht mehr in die Welt der deutschsprachigen oder gar der Südtiroler Literatur bezeichnenderweise, sondern in die Welt einer Literatur, die eine völlig andere Sprache spricht als die im Land hochgeschätzte, im wörtlichen wie im übertragenen Sinn. Was als Flucht in die Imagination ausgelegt werden könnte, wird jedoch umgewertet und im Rückblick gesehen als Ausweg aus dem Dunkel einer Region, die, vorgeblich um sich zu schützen, nach allen Seiten hin die Tore versperrt und so sich zu einem Gefängnis entwickelt hat. – Die Auswirkungen der Lektüre zeigen sich schon in den ersten Büchern von Gerhard Kofler, *Südtiroler Extravaganzen* (1981) und *Neue Südtiroler Extravaganzen* (1982–1984), deren Titel nicht zufällig auf Pablo Neruda zurückweisen, und sie zeigen sich schließlich auch darin, dass Kofler ostentativ das Deutsche und das Italienische nebeneinander stellt (auch das Deutsche klein schreibend), um die Brücke von der Multikulturalität zur Interkulturalität nicht nur zu fordern, sondern gleich selber zu schlagen. – Was Kaser und Kofler mit Artmann verbindet, ist indessen, vom artistischen Spiel mit den klanglichen Valeurs des Dialekts einmal abgesehen, doch nur ein einziges Merkmal: die gemäßigte Kleinschreibung. Denn die Polyperspektivität, die Artmanns Gedichte auszeichnet, können sich die Südtiroler Autoren (jedenfalls in dieser Phase nach 1968) noch nicht leisten; sie wollen ja nicht missverstanden werden.

Im dritten Beispiel, Luis Stefan Stechers *Korrnr-Schlaflied*, findet sich kein lyrisches Ich mehr, das auf den Autor zurückverweisen würde; stattdessen ein Gegenspiel von „wir" und „sie": dort die so genannten Karrner, da die Menschen, die wie selbstverständlich über Haus und Hof ... und jede Menge Geld verfügen.

Luis Stefan Stecher (geb. 1937)

SCHLOOF INN, KLUANR KORRNR,
schloof inn, lezzr Dräkk,
haint saimr nou doo,
morgn saimr awäkk.

Miar schnaidn die Wiidn,
unt sui hoobm di Hurt,
miar kriagn di Pruusn,
unt sui kriagn in Turt.

Miar raafn umdi Raschpm,
unt sui meign kuan Schmorrn,
sui foorn mitr Guutsch,
unt inz plaip dr Korrn.

Sui hoobm a schianz Greid,
unt inz handrnsi nooch.
Sui hoobm gschnizzlti Dachr,
unt miar lai a Plooch.

Sui hoobm kochlti Eifn
unt di Schupfn foll Holz,
unt du lai di Sunn
untassa Korrnr dain Schtolz.

Die Chancen, dass diesem ebenso schlichten wie schönen Gedicht[17] des Südtiroler Künstlers und Schriftstellers Luis Stefan Stecher irgendwann einmal in absehbarer Zeit der Sprung in den Kanon der deutschsprachigen Schlaflieder gelingen könnte, dürften nicht allzu gut stehen. Schon der Dialekt, der Vintschger Dialekt, wie er in Laas gesprochen wird, steht dem wohl entgegen,[18] vor allem jedoch auch der raue Wind, der aus den Wörtern und Sätzen herausweht und so gar nichts Beruhigendes zu bieten hat. Andererseits, ließe sich immerhin einwenden, gibt es in der Geschichte der deutschsprachigen Lyrik doch auch etliche Beispiele, die anzeigen, dass ästhetisch anspruchsvolle (und keineswegs harmlose) Gute-Nacht-Lieder einen festen Platz im Olymp der Poesie behaupten können. Es mag hier genügen, an das Abendlied von Matthias Claudius *Der Mond ist aufgegangen* und an Richard Beer-Hofmanns *Schlaflied für Mirjam* oder an die Gedichte von Christine Busta und Elfriede Gerstl zu erinnern.

In der Südtiroler Literaturlandschaft haben sich auch die *Korrnrliadr* längst einen festen Platz erobert. Sie gelten als Zeugnis der endlich angemessenen Auseinandersetzung mit dem Leben der (oft und oft schlecht beleumundeten) Karrenzieher, die insbesondere im Südtiroler Vinschgau und im Nordtiroler Oberland Sommer für Sommer wie aus dem Nichts aufgetaucht sind, um sich (in der Regel) mit Gelegenheitsarbeiten und kleinen Geschäften da und dort ein paar Schillinge zu verdienen – Zeugnis einer verspäteten Auseinandersetzung, ist doch die Welt der Karrner inzwischen untergegangen, ihre Sprache wird kaum mehr gesprochen und auch schon kaum mehr verstanden: Stecher legt ihnen den Dialekt, der in seinem Geburtsort gesprochen wird, in den Mund.

Dieser Dialekt ist hart genug, auf der Ebene der Lexik wie auf der Ebene der Syntax. Das harte Dasein der Karrner spiegelt sich in Wendungen wie „lezzr Dräkk" ebenso wie in dem permanenten Gegenspiel von „wir" und „sie"[19] oder in dem Umstand, dass kein Wort so dominant zu werden vermag wie das

„hoobm" / haben (das den Karrnern jene Ausgrenzung beschert, die zu ihrem Untergang geführt hat).

Ich erinnere mich noch dunkel: In der Gärtnerei meiner Großmutter haben in den 1950er- und früher 1960er-Jahren jeden Sommer zwei oder drei oder auch mehr Karrner angeklopft … und sie sind von der Großmutter freundlich empfangen worden, sie haben unsere Messer geschliffen und das Werkzeug repariert und am Ende ein kleines Taschengeld (ein Trinkgeld?) dafür bekommen. Die Großmutter hat (vor uns jedenfalls) nie ein böses Wort über sie verloren, eher sogar ein gutes … aber gleichzeitig streng darauf geachtet, dass die Kinder dem Karren der „Jenischen" nicht zu nahe gekommen sind.

In Stechers Schlaflied ist von diesen Erfahrungen der Karrner, von dem Fluch, nirgends so recht dazuzugehören, ausdrücklich die Rede. Nichts wird beschönigt. Aber die einfachen Strophen, die einfachen Reime (abcb; auffallend: der konsequent „männliche" Versausgang), der doch heimelig wirkende Dialekt mit seinem ungeheuren Klangreichtum, der Rhythmus – alle diese Stilelemente tragen dazu bei, dass das Gedicht neben den Einblicken in die kalt gewordene Welt jene Wärme ausstrahlt, die zum Genre des Abendlieds untrennbar gehört. – So betrachtet, ist dieses Gedicht ein Gegenstück zu Artmanns Gedicht über den Gärtner; und doch ist es diesem nahverwandt. Denn auch Stecher ist, wie Artmann, ein „Dichter der Leichtigkeit und des Abgründigen, verspielt und todtraurig"[20], eine unverwechselbare Stimme der Literaturlandschaft Mitteleuropas.

*

P. S. Die ungeheure Sogwirkung der Gedichte Artmanns ist längst nicht abgeschlossen, wie die Sammlung *in an schwoazzn kittl gwicklt* (2017) von Michael Stavarič bezeugt: Dieses schmale Buch verdient jedoch Reklame eigentlich nicht, noch weniger, dass es womöglich gar im Fahrwasser von H. C. Artmann betrachtet wird. Dieser hat nämlich noch *med ana schwoazzn dintn* geschrieben und nicht mit gotländischer Tinte. Abgesehen davon, dass der Praterstrizzi, der in diesen Gedichten von Stavarič sich als notorischer Schwarzseher ausgibt und über Gott und die Welt schimpft und überhaupt gern mault und jammert, aus einem ganz anderen Holz geschnitzt ist als z. B. Artmanns böser Gärtner; er träumt doch noch immer am liebsten vom Kasperltheater, vom „kaschparl und sain grogodüü", unschuldig wie er ist. Nur mit der Rechtschreibung und mit der Grammatik steht er eindeutig auf Kriegsfuß, er hat, wie's scheint, nicht einmal mitbekommen, dass der Dialekt kein Präteritum, sondern einzig und allein das Perfekt als Tempus des Erzählens kennt: Artmann bleibt als Bezugsgröße unerreicht.

Literaturverzeichnis

Artmann, H. C.: „es gibt guade und bese geatna". In: ders.: *med ana schwoazzn dintn. gedichta r aus bradnsee.* Salzburg: Otto Müller Verlag 1958, S. 21.
Baur, Gerhard W. / Fluck, Hans-Rüdiger (Hg.): *Warum in Dialekt? Interviews mit zeitgenössischen Autoren.* München: Francke 1976.
Braun, Volker: *Wir und nicht sie.* Frankfurt am Main: Suhrkamp 1970.
Cejpek, Lucas: *Umkreisung.* Wien: Sonderzahl 2020.
Doderer, Heimito von: „Drei Dichter entdecken den Dialekt". In: ders.: *Die Wiederkehr der Drachen.* Aufsätze / Traktate / Reden. Hg. von Wendelin Schmidt-Dengler. München: Biederstein 1970, S. 237–238.
Fluch, Karl: „Von Fleckerlteppichen und Zechenkas". In: *Der Standard* v. 10./11.10.2020, S. 37.
Haid, Hans: *i schmeck in langes. Ausgewählte Gedichte.* Hg. und mit einem Nachwort von Christine Riccabona und Anton Unterkircher. Innsbruck: Haymon 2018.
Holzner, Johann: „Luis Stefan Stechers ‚Korrnr-Schlaflied'". In: Mairbäurl, Gunda / Blumesberger, Susanne / Ewers, Hans-Heino / Rohrwasser, Michael (Hg.): *Kindheit – Kindheitsliteratur – Kinderliteratur. Studien zur Geschichte der österreichischen Literatur.* Festschrift für Ernst Seibert. Wien: Praesens 2010, S. 203–205.
Kaser, N. C.: „stegener markt". In: *Das Kaser-Lesebuch. Eine Auswahl aus Lyrik, Prosa und Briefen von Norbert C. Kaser.* Hg. von Hans Haider. Innsbruck: Haymon 1993, S. 79.
Klopstock, Friedrich Gottlieb: „Wir und sie". In: ders.: *Oden.* Bd. 1. Leipzig 1798, S. 248–251.
Köck, Samir H.: „Reden über den Austropop". In: *Die Presse* v. 21.10.2020, S. 18.
Kofler, Gerhard: „des bescheidene". In: ders.: *Südtiroler Extravaganzen.* Wien: Frischfleisch & Löwenmaul 1981, S. 29.
Kofler, Gerhard: „In Brixen leben (zum Beispiel)". In: ders.: *Die Rückseite der Geographie.* Wien, Bozen: Frischfleisch & Löwenmaul; Südtiroler Autorenvereinigung 1988, S. 58f.
Lexikon Literatur in Tirol: https://literaturtirol.at/lexikon (Zugriff am 12.03.2021).
Meckel, Christoph: *Suchbild. Über meinen Vater.* Mit einer Grafik des Autors. Düsseldorf: Claassen 1980.
Reichert, Klaus: „Schwebende Wirklichkeiten". In: Artmann, H. C.: *Das poetische Werk.* Unter Mitwirkung des Autors hg. von Klaus Reichert. Bd. X. Berlin: Rainer Verlag; München, Salzburg: Verlag Klaus G. Renner 1994, S. 29–40.
Reichert, Klaus: „Laudatio auf H. C. Artmann". In: Artmann, H. C.: *Das poetische Werk.* Unter Mitwirkung des Autors hg. von Klaus Reichert, Bd. X. Berlin: Rainer Verlag; München, Salzburg: Verlag Klaus G. Renner 1994, S. 43–49.
Schwarz, Egon: „Nua ka schmoez ned …" In: Fuchs, Gerhard / Wischenbart, Rüdiger (Hg.) *H. C. Artmann.* Graz, Wien: Droschl 1992 (=Dossier, Bd. 3), S. 41–45.

Stavarič, Michael: *in an schwoazzn kittl gwicklt.* Gedichte. Wien: Czernin Verlag 2017.
Stecher, Luis Stefan: „Schloof inn, kluanr Korrnr". In: ders.: *Korrnrliadr. Gedichte in Vintschger Mundart* [1978]. Wien, Bozen: Folio Verlag 2009. S. 91.
Steinwendtner, Brita: „Mein Herz ist das lächelnde Kleid eines nie erratenen Gedankens". In: Fuchs, Gerhard / Wischenbart, Rüdiger (Hg.): *H. C. Artmann.* Graz, Wien: Droschl 1992 (=Dossier, Bd. 3), S. 155–166.

Anmerkungen

1 Meckel: Suchbild, S. 15.
2 Die Geschichte der ersten „Internationalen Dialekttage" ist kurz zusammengefasst zu finden unter der Adresse: http://www.idi-dialekt.at/index.php/about/geschichte (Zugriff am 26.09.2020).
3 Hier zit. nach dem *Lexikon Literatur in Tirol*: Stichwort: Hans Haid.
4 Zit. nach: Steinwendtner: Mein Herz ist das lächelnde Kleid, S. 164.
5 Vgl. Haid: i schmeck in langes.
6 Reichert: Schwebende Wirklichkeiten, S. 30.
7 Vgl. Baur / Fluck: Warum in Dialekt?
8 Vgl. Fluch: Von Fleckerlteppichen und Zechenkas, S. 37.
9 Artmann: es gibt guade und bese geatna.
10 Schwarz: Nua ka schmoez ned, S. 44.
11 Vgl. Doderer: Drei Dichter entdecken den Dialekt, S. 237.
12 Vgl. https://www.youtube.com/watch?v=RpWtM6hqpGg (Zugriff am 03.11.2020).
13 Vgl. Cejpek: Umkreisung, S. 148.
14 Kaser: stegener markt. Weitere Ausgaben bzw. Angaben zu Kasers Leben und Werk sind zuverlässig im *Lexikon Literatur in Tirol* verzeichnet: https://literaturtirol.at/lexikon (Zugriff am 03.11.2020).
15 Kofler: des bescheidene.
16 Kofler: In Brixen leben.
17 Stecher: Schloof inn. Im Folgenden beziehe ich mich auf meinen Aufsatz Holzner: Luis Stefan Stechers „Korrnr-Schlaflied".
18 Stecher sieht sich neuerdings denn auch gezwungen, Übersetzungen mitzuliefern; in der hier zitierten 4. Auflage findet sich zu dem Schlaflied die folgende Übertragung: „Schlaf ein, kleiner Karrner, / schlaf ein, winziger Dreck, / heute sind wir noch da, / morgen sind wir schon weg. // Wir schneiden die Weidenruten, / und sie haben das Brotgestell, / wir bekommen die Brosamen / und sie den Kuchen. // Wir raufen uns um die Krusten, / und sie mögen keinen Schmarren, / sie fahren mit der Kutsche, / und uns bleibt der Karren. // Sie führen eine schöne Rede, / und uns äffen sie nach. / Sie haben geschnitzte Dächer, / und wir nur eine Wagenplane. // Sie haben gekachelte Öfen / und die Schupfen voller Holz, / und du nur die Sonne / und als Karrner deinen Stolz. //"
19 Eine Anspielung, vielleicht, gut möglich jedenfalls, auf Friedrich Gottlieb Klopstocks Ode *Sie und nicht wir* oder auch auf den Gedichtband von Volker Braun *Wir und nicht sie.*
20 Reichert: Laudatio auf H. C. Artmann, S. 49.

Herta Luise Ott

Ich und Du: „Blaubart"-Variationen

Zusammenfassung:
Das „Makabre" galt den Mitgliedern der Wiener Gruppe zu Zeiten, in denen H. C. Artmann eine ihrer zentralen Figuren war, als Synonym für das „Poetische". Sowohl bei der von ihm initiierten „ersten poetischen Demonstration" von 1953 als auch bei den späteren „macabren festen" der Gruppe bildeten schwarze Kleidung, subtil-morbide Requisiten und den Liturgien schwarzer Messen entlehnte Rituale fixe Bestandteile der Inszenierungen. Es scheint, dass Artmann in dem Zusammenhang auch dem Wort „(pompe) funèbre" viel Sympathie entgegenbrachte. Der Rahmen des Gedichtbandes *med ana schwoazzn dintn*, der ihn 1958 schlagartig berühmt machte, fasst diese Affinitäten inszenatorisch: Am Anfang meldet sich ein einheimischer Frauenmörder zu Wort, dem Artmann im Gedicht-Titel einen berühmt-berüchtigten französischen Märchen-Ahnen andichtet (*blauboad 1*), und am Ende spricht gar ein Toter. Dazwischen liegen makabre Rollen-, aber auch einige Liebes- und andere Gedichte. Im zweiten Gedicht des Bandes (*blauboad 2*) stellt sich der Protagonist beispielsweise selber seinem künftigen Opfer als „blauboad fom brodaschdean" vor. Der Beitrag analysiert nach einer allgemeinen Einführung die beiden Eingangsgedichte des Bandes auf intertextueller, lexikalischer und metrischer Ebene, wobei neben der Blaubart-Thematik auch poetologische Aspekte Berücksichtigung finden.

Schlüsselwörter: Blaubart, Märchen, Dialektgedichte, Rollenpoesie, Alterität

> Was mich zum Horror hinzieht, ist das Geheimnis, das Dämmrige, dieser Dämmerzustand zwischen hell und dunkel. Das Unerwartete, das nicht zu Erwartende, das dann eintrifft oder was vielleicht nicht eintrifft, das ist das, was mich am Horror reizt.[1]

Dialektgedichte gehörten im Österreich der 1960er- und 1970er-Jahre zwar nicht unbedingt zum nationalen Literaturkanon, auf regionaler Ebene konnten vor allem Grundschüler/innen zwecks Stärkung des Heimatgefühls aber durchaus dazu angehalten werden, sie zu lesen und auswendig zu lernen. H. C. Artmann gehörte anfänglich bestimmt *nicht* zu den in der Schule rezipierten Autor/

innen. Heute figurieren seine *med ana schwoazzn dintn* geschriebenen Gedichte in Schulbüchern und auf Leselisten und werden (beispielsweise) von Vorarlberger Gymnasiast/innen in den eigenen Dialekt sowie in andere Sprachen übersetzt.[2]
In dem aufgrund seines quadratischen Formats und der naiv-düsteren Einbandgestaltung von außen an ein Kinderbuch erinnernden Gedichtband – es war sein allererster – kommen wiederholt kindliche Ängste und Träume zur Sprache – so das gedankliche Leiden eines Mädchens an der Vorstellung, dass es ein Tier schlachten soll („dea gedaunkn schon alanech / is soo schiach"), ein geschlechtsneutraler Kindertraum („fliang mechad e hoed kena"), die aus intensiven Lektüren erwachsenen Ängste eines Buben („aus jedn mistkiwö / a dode leich!").[3] Sie sind eingebettet in vielfältige Inszenierungen von Stimmungen, Taten, Gefühlen und Gedanken Erwachsener – vorwiegend aus einer männlichen Perspektive –, von denen manche kindlichen Angstträumen scharfe Konturen zu verleihen scheinen wie z. B. der *kindafazara* (19), d. h. der „Kinderverzerrer"[4], oder vielmehr der „Kinderverzahrer", also jemand, „der Kinder verschleppt und [sexuell] missbraucht",[5] während sich andere wie z. B. *waun e jemoes..* (28)[6] als zärtliche Liebesgedichte lesen lassen.
Nach einem zwischen dem Geleitwort und einer Einleitung von fremder Hand eingebetteten poetologischen *nua ka schmoez how e xogt!* bilden den direkten Auftakt zu diesen „gedichta r aus bradnsee" (Breitensee ist ein Bezirksteil von Wien-Penzing) zwei Gedichte, deren Titel explizit die Verbindung zu einer Märchenthematik herstellen: Hinter *blauboad 1* und *blauboad 2* steht als Referenz der von Charles Perrault am Ende des 17. Jahrhunderts in die Literatur eingeführte Ritter Blaubart, ein durch seinen blauen Bart nicht sehr anziehend wirkender, dafür aber reicher Mann, der reihenweise seine Ehefrauen ermordet, bis seinem mörderischen Treiben ein Ende gesetzt wird. Bei Artmann wechselt Blaubart radikal die soziale Schicht: Er ist zuerst ein liebesenttäuschter Ringelspielbesitzer und dann ein wildgewordener Kleinbürger, wobei der eine zu einem nicht näher definierten Publikum spricht, während der andere zu Beginn einen Dialog mit seinem zukünftigen Opfer und zum Schluss die Folgen und den Anlass der Tat imaginiert. Von ehelichen Verbindungen ist nirgends die Rede, und anders als bei Perrault scheinen die Mordpläne für diese beiden Blaubärte keinerlei Konsequenzen zu haben, denn nirgends wird Widerstand gegen sie vermeldet.
In beiden Gedichten kommt also ein *a priori* wenig sympathisches männliches Ich in unterschiedlichen Sprechsituationen zu Wort, wobei dessen Verhältnis zu den Frauen unter einem ganz anderen Zeichen zu stehen scheint als das von Art-

mann in anderen Zusammenhängen für seine hochsprachliche dichterische Rede angedeutete – auch wenn Elfriede Gerstl zu Beginn der 1980er-Jahre polemisch behauptete: „Der Verehrer, Anbeter und, wie er meint, Kenner der Frauen und ihrer Schönheit ist in Wahrheit ihr schlimmster Feind."[7] – Besonders *blauboad 1* wird oft zitiert und gelesen. Welche Bedeutung kann den beiden Gedichten unter diesen Umständen innerhalb des Bandes zugesprochen werden? Und nicht zuletzt: Welche Deutungen lässt der doppelte Verweis auf die Märchenfigur am Anfang des Gedichtbandes zu?

1. Am Anfang war der Klang – oder doch das Wort?

Über Entstehungszeitpunkt und Anlass des allerersten Gedichts von H. C. Artmann zirkulieren mindestens fünf verschiedene Erzählungen. Gemeinsam ist ihnen jeweils die Behauptung, es sei einem Mädchen gewidmet gewesen, dem er vor dem Hintergrund des Krieges begegnet sei. Doch während die laut Marc-Oliver Schuster[8] zeitlich erste Variante eine spielerische Verbindung zu *Nadja*[9], André Bretons „Basisschrift der klassischen Moderne", herzustellen scheint (es sei 1943 in Russland entstanden, einem Mädchen namens *Nadja* gewidmet gewesen und in Russland zurückgeblieben), stellen die an spätere Zeitpunkte gebundenen Versionen die Opposition zwischen Krieg und Liebe in den Vordergrund: Er sei aus dem Krieg zurückgekommen, habe ein Mädchen gesehen und „sofort angefangen mit Liebesgedichten, sehr zarten" – mit Gedichten also, deren Gestus auf der Hinwendung zu einem Du beruht. „Seither bezeichnete ich mich als Dichter."[10] Und: „über den Krieg selbst habe ich nie etwas geschrieben, das ist zu grausig".[11] Die Lyrik (und nicht die Prosa, an der er sich schon als Jugendlicher versucht hatte) habe ihm also zum Ausstieg aus der blutigen Weltgeschichte hinein in die Welt des poetischen Empfindens verholfen. Seine beiden „Blaubärte" scheinen allerdings über die blutrünstige Inszenierung der Liebesthematik Tödliches zugleich ins Privatleben und in die Poesie hereinholen zu wollen.

Anfänglich dürfte es Artmann vor allem um die (Wieder-)Herstellung einer Übereinstimmung von Form und Inhalt gegangen zu sein, genauer gesagt um neue Formen von Dichtung in einer aus den Fugen geratenen Welt, wobei er sich rasch die Traditionen der europäischen Avantgarden des 20. Jahrhunderts aneignete und eine immer stärkere Affinität zu Fragen der Form entwickelte, was ihn konsequenterweise zur experimentellen Poesie hinführte.

Gerhard Rühm, der 1952 mit Artmann Bekanntschaft geschlossen hatte, berichtet im Vorwort zu seiner erstmals 1967 erschienenen, die nachträgliche Anerkennung der „Wiener Gruppe" einleitenden Textanthologie von einer intensiven Rezeption des Expressionismus, des Dadaismus und des Surrealismus und hebt Artmanns Nähe zur Schwarzen Romantik hervor. In enger Zusammenarbeit mit den Freunden, die sich – noch nicht unter dem Label „Wiener Gruppe" – in spektakulären öffentlichen Auftritten manifestierte, interessierte er sich, wie Rühm erläuterte, für diese „aufgefundene, eigentliche tradition, der sich unsere bestrebungen organisch anschlossen".[12] Es ging also auch um die Suche nach Vorbildern für das eigene Schaffen, die Behauptung einer poetischen Existenz im Wien der Nachkriegszeit, wo nach einer kurzen Phase der Öffnung im Anschluss an die Befreiung vom NS-Regime die Währungsreform von 1948 nicht wenigen bemerkenswerten Versuchen zum Aufbau einer neuen, sich der unmittelbaren Vergangenheit stellenden, literarischen Öffentlichkeit ein finanzielles Ende gesetzt hatte.

Das mit Artmann geteilte Interesse für den Wiener Dialekt begründete Rühm nachträglich mit der „surreale[n]' bildlichkeit" des Dialekts und mit der Anziehungskraft des „makabren, ‚abgründigen', das das wienerische grosszügig anbietet".[13] Er habe sich von Artmanns Begeisterung für eine lautliche Erfassung des Dialekts anstecken lassen und zunächst mit ihm gemeinsam „eine möglichst angenäherte phonetische schreibung" angestrebt, „die der einfachheit halber mit den buchstaben unseres alphabets auskommen sollte",[14] ohne dass sie sich allerdings auf eine verbindliche Form hätten einigen können.
Artmann formulierte diesen Prozess rückblickend und auf sich bezogen in einem erst nach seinem Tod erschienen Interview folgendermaßen:

> Nachdem ich lyrische Gedichte geschrieben habe, experimentelle Laut-Gedichte, hab' ich mir gedacht, du mußt in einer ungeschriebenen Sprache schreiben, das ist eben der ortsübliche Dialekt, in diesem Fall der damalige Wiener Dialekt, und in dieser Sprache habe ich dann begonnen zu experimentieren. Zuerst war die Phonetik anders, dann die Orthographie. Ich mußte mir selbst eine Orthographie erstellen. Es hat über ein Jahr gedauert, bis ich auf diese Form gekommen bin.[15]

Auf den Klang von Sprache hat die Orthografie insofern einen Einfluss, als sie um seine Konservierung mittels Visualisierung bemüht ist und ihn daher gewissermaßen analytisch einfriert. Zumindest Buchstabensprachen tun das, und je früher eine verbindliche Schriftnorm eingeführt wurde, desto stärker kann logischerweise die aktuelle gesprochene Sprache von der (hier lateinischen) Schriftnorm abweichen. Im Englischen und im Französischen bereiten die Abweichungen sogar Muttersprachler/innen erhebliche Schwierigkeiten beim Erlernen der Schriftsprache. Das Deutsche blieb in Abwesenheit eines politischen, kulturellen und wirtschaftlichen Zentralmonopols lange Zeit flexibel. Im 17. Jahrhundert begann allerdings auch im deutschen Sprachraum mit Verspätung ein Vereinheitlichungsprozess, im Zuge dessen sich unter dem Einfluss der Poetik von Martin Opitz auf dem Gebiet der Literatur metrische Formen durchsetzten, in denen die klanglichen Besonderheiten des Deutschen Berücksichtigung fanden – zu einer Zeit, als die französische *Pléiade* (ursprünglich ‚la Brigade'!) der von den frühen Humanisten verachteten ‚Volkssprache', von der man annimmt, dass sie aus der Mundart der Île de France, also der Gegend um Paris, entstanden ist, längst zum institutionalisierten Durchbruch verholfen hatte.

H. C. Artmann hat hier gewissermaßen klangpolitisch – und nicht kahlschlagskonform – neu angesetzt, ohne den Boden der Wiener Alltagssprache zu verlassen. Während Günter Eichs berühmte Nachkriegs-„Inventur"[16] das dichterische Sprechen in einem Augenblick radikaler Ernüchterung auf eine sachliche Aussagefunktion reduzierte und ihm zugleich einen poetisch-poetologischen Erneuerungsauftrag erteilte, vollzog Artmann eine Abwendung von der „gemeinsamen" deutschen Hochsprache hin zu einem aus europäischen Quellen gespeisten „lokalen" Schreiben, wobei er die deutsche Sprache nicht zuletzt von der Akustik her neu auslotete und sie so in „Bodennähe" hielt, ohne dem von Heimito von Doderer postulierten österreichischen „Anschluss an die Tiefe der Zeiten" auch nur das geringste Interesse entgegenzubringen. Das Erfordernis eines unablässigen vergleichenden Buchstabierens und Assoziierens bei der Lektüre seiner *med ana schwoazzn dintn* geschriebenen Gedichte schuf gewissermaßen demokratische Rezeptionsbedingungen, denn die zu erkundende Spannung zwischen den klanglichen Assoziationen zum ungewöhnlichen Schriftbild und dem tatsächlichen Dialekt bildete eine Herausforderung sowohl für Wiener/innen als auch für Nicht-Wiener/innen, wobei die Wiener Dialektsprecher/innen allerdings einen gewissen Heimvorteil genossen. Artmann verwies rückblickend auf „Ausländer", die „das" auch lesen konnten. Und auf Leute aus dem Volk, die ihm erklärt hätten: „das ist wie ein Kreuzworträtsel, das muß man auflösen".[17] Die Erstpublikation einzelner Gedichte erfolgte in einer der Dialektdichtung von Rühm und Artmann gewidmeten, 1956 erschienenen Themennummer („wiener lieder") der international ausgerichteten Avantgarde-Literaturzeitschrift *alpha*.[18] Zum überraschenden Erfolg des Bandes trugen – dem besonderen Rezeptionskontext entsprechend – neben positiven Tagespresse-Echos zahlreiche Lesungen und mindestens eine Radiosendung, aber auch Schallplattenaufnahmen, wesentlich bei.[19]

Die verschiedenen Formen des Wiener Dialekts bildeten klanglich zwar einen Gegensatz zum Burgtheaterdeutsch und zur institutionalisierten Literatursprache, er wurde aber lange Zeit in der gesamten Wiener Gesellschaft verwendet und galt aufgrund seiner sprachlich-sozialen Vielfalt durchaus als literaturfähig. Dieser Konsens scheint nach dem Ende der Habsburgermonarchie insofern brüchig geworden zu sein, als manche Autoren den Dialekt aus ihm vorher zugestandenen Domänen der Literatur zu verbannen begannen, wobei die Ursache dafür weniger in sprachpolizeilichen Maßregeln als in der Sorge um soziologische Genauigkeit gelegen haben dürfte.[20] Hugo von Hofmannsthal legte in seinem Lustspiel *Der Schwierige* (1920/21) den Protagonist/innen beispielsweise zwar zahlreiche Wiener Gallizismen und dialektkonforme grammatikalische Strukturen sowie leichte dialektale Färbungen in den Mund, er verzichtete aber auf stärkere Dialekteinschläge, wobei er die Sprache der Dienerfiguren sogar übertrieben dialektfrei hielt.[21] Und Ödön von Horváth, der seine Sprache als „süddeutsch" verstand, verlangte 1932 in einer „Gebrauchsanweisung für Schauspieler", dass in seinen Volksstücken „kein Wort Dialekt gesprochen werden"[22] dürfe, weil der Dialekt durch den Bildungsjargon zersetzt worden sei.

Nach dem Zweiten Weltkrieg konnte sich das Wienerische in seinen zahlreichen Schattierungen wie schon in der Zeit der Ersten Republik einen sicheren Platz im Lied, sowie in Satire und Kabarett verschaffen. Für den Gedichtband reklamierte Artmann einen einzigen Dialekt – nämlich den „seines" Bezirksteils Breitensee in Penzing. Bei Lesungen spielte aber auch er mit lautlichen Färbungen. Gerhard Rühm verweist hinsichtlich der Inspirationsquellen Artmanns für die Arbeit mit dem Dialekt auf „die einbeziehung volkssprachlicher elemente in den gedichten lorcas".[23] Federico García Lorca hatte mit seiner studentischen Wanderbühne *La Barraca*, die als Theaterkollektiv funktionierte, von 1931 bis 1936, also während der Zeit der Zweiten Spanischen Republik, den Spanier/innen auf den Dörfern moderne Interpretationen des klassischen spanischen Theaters nahegebracht.

Der Umstand, dass Artmann den Band mit zwei Variationen über die vom dichterischen Ikonoklasten Charles Perrault aus oralen Traditionen[24] übernommenen Märchenfigur Blaubart eröffnete, darf nicht zuletzt aufgrund der Rezeptionsgeschichte des Märchens im deutschen Sprachraum als Signal gewertet werden. Die Brüder Grimm nahmen es zwar in die erste Auflage ihrer *Kinder- und Hausmärchen* (1812) auf, unterwarfen aber besonders seinen Schluss einer bemerkenswerten Umarbeitung: Die von ihren Brüdern gerettete und auf diese Weise zur reichen Witwe gemachte Ehefrau des bei den Grimms zum König avancierten reichen Schlossbesitzers Blaubart findet bei den Brüdern ein neues Zuhause und bleibt daher (vorläufig?) unverheiratet. Bei Perrault stellt sie das finanzielle Auskommen ihrer gesamten vaterlosen Familie sicher und darf auf eine glücklichere zweite Ehe hoffen. In der zweiten Ausgabe der *Kinder- und Hausmärchen* (1819) sucht man das Blaubart-Märchen vergeblich. Erst Jahrzehnte später wurde es von Ludwig Bechstein in sein *Deutsches Märchenbuch* (1845) aufgenommen. Das ebenfalls radikal umgeschriebene *Le petit chaperon rouge* – Rotkäppchen – blieb den Leser/innen zwar erhalten, es musste aber ebenfalls ohne die Perrault'sche Ironie auskommen. – Mit der heute veralteten Redensart „elle a vu le loup" („sie hat den Wolf gesehen") wurde lange Zeit (möglicherweise unter dem Eindruck der Märchenerzählung) angedeutet, dass ein junges Mädchen bereits erste sexuelle Erfahrungen gesammelt hatte.[25]

Artmann nimmt hier also konkret auf eine „andere" Überlieferung Bezug, nämlich auf eine vordergründig brutale, für das erwachsene mondän-bürgerlich-aristokratische französische Publikum des 17. Jahrhunderts bestimmte „Volksdichtung" mit witzig-ironischen Zügen, in der gelebte Sexualität durchaus ihren Ort hatte. Im bürgerlich-biedermeierlichen Deutschland des 19. Jahrhunderts war für solche Zweideutigkeiten kein Platz – zumindest nicht bei den Brüdern Grimm.

In seiner Einleitung zum Gedichtband sieht Friedrich Polakovics[26] *blauboad* und mit ihm den *besn geatna*, den *kindafazara* und selbst den *hean onkel* als „Verlarvungen" des „*ringlgschbüübsizza* unseres Buchdeckels", des „Komtur aus Pappdeckel", wie er ihn nennt, einer gemalten Kopie des Verursachers von Don Giovannis Höllenfahrt also, der bis in die 1930er-Jahre Vorstadtkinderträume (darunter offensichtlich auch die von H. C. Artmann) heimgesucht habe (8). In dem Szenario tritt der frauenmordlustige Blaubart nicht als thematisch unzweideutiger Geisterbahnbesitzer auf, sondern als Eigner eines Ringelspiels, das traditionell eher mit Freude und eventuell mit Fliegen als mit Angst und Grauen assoziiert wird – außer wir übernehmen Friedrich Polakovics' Bild vom „Komtur aus Pappendeckel" und damit die Vorstellung von einem Kinder in ihren Träumen quälenden Dämon.

Es war wohl nicht nur die Folge eines Missverständnisses, dass der 1958 publizierte erste Gedichtband Artmanns zu einem durchschlagenden Erfolg bei einer Zuhörerschaft wurde, die keinerlei Affinitäten zu experimenteller Poesie besaß, nämlich beim sogenannten volkstümlichen Wiener Publikum, das traditionell eine Vorliebe für Sprachspiele und schwarzen Humor pflegte und immer noch pflegt. Auch oder vielleicht gerade *weil* es ihm um ironische Brechung ging, war es Artmann gelungen, ein dichterisches Idiom zu schaffen und dichterische Inhalte zu vermitteln, die *alle* Volksschichten begeisterten – so wie vor ihm auf der Bühne Johann Nepomuk Nestroy, den Karl Kraus allerdings ausschließlich als deutschen Dichter zur Kenntnis nehmen wollte, wobei er behauptete: „Nestroy, der kein *österreichischer* Dialektdichter, sondern ein *deutscher* Satiriker ist, ins Wienerische übersetzen heißt ihm eine Anzengrube graben".[27] – Kraus unterschlug dabei, dass Nestroy, der im Gegensatz zu Ludwig Anzengruber mit der bäuerlichen Welt tatsächlich nichts am Hut hatte, in seinen Stücken sehr wohl Hochsprache, Umgangssprache *und* Mundart mischte. Der Erfolg von Artmanns Gedichtband blieb, wie bereits angedeutet, nicht auf Wien beschränkt. In einer Sammelrezension der *Wiener Geschichtsblätter* des Vereins für Geschichte der Stadt Wien aus dem Jahr 1959 hieß es zu den Gedichten:

> Wirklich verständlich sind sie eigentlich nur gesprochen, denn die Verwendung einer angeblich lauttreuen Mundartform, zudem durchaus in Kleinschrift (v durch f ersetzt), müssen den Kreis derer sehr einschränken, die sie überhaupt verstehen können, zumal wir auch nicht die gewohnte gemütliche Mundartdichtung, die für das Volk gedacht ist, vor uns haben. Es ist darum merkwürdig, daß bereits eine dritte Auflage herauskam, hoffentlich ist diese Vorliebe nicht, „weil's Mode just".[28]

Für das Verständnis und den Durchbruch des Bandes war also die akustische Rezeption ausschlaggebend, wie auch bei dem von Helmut Qualtinger und Karl Merz verfassten Monolog *Der Herr Karl*, der nach einer Erstausstrahlung im damals noch nicht zum Massenmedium avancierten Fernsehen am 15. November 1961 heftige Kontroversen auslöste.

Am Anfang waren somit Wort *und* Klang – in einem urbanen Umfeld, dessen Akteur/innen das Spiel mit der Sprache, mit doppelbödigen Anspielungen und mit surrealen Bildern vertraut war. Gerhard Rühm schrieb rückblickend, dass der Surrealismus „sich anscheinend gerade mit einer österreichischen tradition, etwa den zauberstücken des wiener volkstheaters, überraschend verbinden liess".[29] Ein Ringelspielbesitzer verkörpert da einen gewissermaßen außerhalb der Gesellschaft stehenden *maître de jeu*, der Frauen (und Kindern!) gefährlich werden könnte.

2. Die Umgebung: das „Makabre"

Den Freunden, die erst nach ihrer Trennung zur „Wiener Gruppe" erklärt wurden, galt das „Makabre" als Synonym für das „Poetische". Schwarze Kleidung, subtil-morbide Requisiten und den Liturgien schwarzer Messen entlehnte Rituale bildeten sowohl bei der „ersten poetischen Demonstration" von 1953 als auch bei den späteren „macabren festen" fixe Bestandteile der Inszenierungen. Artmann soll in dem Zusammenhang auch dem Wort „(pompe) funèbre" viel Sympathie entgegengebracht haben.[30] Der Tod war gewissermaßen omnipräsent. – Diese Affinitäten fasst der poetische Rahmen des Gedichtbandes unter Einbeziehung intermedialer Elemente in den „blauboad"-Figuren inszenatorisch. Das Buchcover zeigt idealisierend vereinfacht gemalte Figuren, die von ihrer Darstellung, insbesondere von der Gesichtsfarbe her auch einer Geisterbahn Ehre machen könnten. Als Teile der Wanddekorationen „jenes nun schon legendären Ringelspiels", das „bis vor einigen Monaten" zwischen Breitensee und Ottakring gestanden sei, hätten sie lange Zeit „ein Stück Wiener Vorstadtprater" gebildet. „Mit ihrer schauerlichen Schönheit und makabren Intensität, mit ihrem naiven Raffinement haben sie die Bilderwelt der Vorstadtkinder bereichert, jahrzehntelang […]", heißt es in der Einführung von Friedrich Polakovics (8). Die Bilder stammen seiner Einschätzung nach aus den 1880er- und 1890er-Jahren. Später, „um die Dreißigerjahre", seien sie „mit Märchenbildern überdeckt w[o]rden, Bildern von der Stange […]". Die Prozedur des Überdeckens ähnelt der des Über- oder vielmehr Umschreibens – nicht zuletzt der Perrault'schen Märchen durch die Brüder Grimm im 19. Jahrhundert. Der Ort der Wiedergeburt sei ein „Schutthaufen" gewesen, aus dem sie Artmann und seine Freunde gerettet hätten.

Der Band ist so gestaltet, dass zwischen dem Geleitwort von Hans Sedlmayr,[31] dem als poetologischer Prolog fungierenden Gedicht *nua ka schmoez how e xogt!*, der inhaltlichen Einführung von Friedrich Polakovics, den eigentlichen Gedichten und den von Artmann und Polakovics verfassten Worterklärungen am Ende keine Hierarchie erkennbar wird. Letztere hätten, wie Friedrich Polakovics in einem 1998 erschienenen Interview erklärte, beiden ein besonders großes Vergnügen bereitet: „Ja, das Vokabularium war eigentlich die größte Hetz."[32] Allerhöchste Legitimierung erhält das Projekt durch ein Goethe-Geleitwort: „Jede Provinz liebt ihren Dialekt: denn / er ist doch eigentlich das Element, / in welchem die Seele ihren Atem schöpft." (9)[33] – Goethe rebellierte hier im Rückblick gegen die Prätentionen der meißnischen Mundart, deren Kanzleivariante Luther als Grundlage für seine Bibelübersetzung gedient hatte. Zu DDR-Zeiten sollte diese Mundart als Variante des Sächsischen wahrgenommen werden, das sich in BRD-Kabaretts hoher Beliebtheit erfreute. Goethes von seinem Frankfurter Idiom gefärbter Endreim im Faust-Vers „Ach neige, / Du Schmerzensreiche" wurde wiederum in der Vergangenheit gern unter der Kategorie „unreiner" Reim geführt. – Nicht einmal der „Olympier" blieb also von sprachpolizeilichen Verfolgungen verschont. Dass auch für das Inhaltsverzeichnis ein Dialektwort verwendet wurde, nämlich INHOEZZFAZEICHNISS, entspricht der Konsequenz des Ansatzes.

Nicht alle Gedichte des Bandes verdienen den Stempel „makaber". Manche Liebes- und Erinnerungsgedichte an eine längst vergangene Zeit sind sogar von besonderer Innigkeit. Es sei hier an das mittlere der *drei gedichta fia d moni* (31)[34] und (trotz der Erwähnung fiktiver Leichen) an *fia n dom schak* (46)[35] erinnert – jeweils für eine Adressatin bzw. einen Adressaten bestimmte Beschwörungen von sinnlicher Nähe bzw. sinnlich geprägten Kindheitserinnerungen. Anders als in den sich betont makaber gebenden Gedichten, in denen die Leser/innen über die Identität des lyrischen Subjekts nicht selten bereits im Gedichttitel informiert werden – wenn auch nicht immer so direkt wie in den *blauboad*-Gedichten –, scheint hier keine Rolle inszeniert, sondern ein Du angesprochen bzw. umworben zu werden. Das letzte Gedicht des Bandes steht insofern in einem deutlichen Gegensatz insbesondere zu den Eingangsgedichten *blauboad 1* und *blauboad 2*, als es den Monolog eines Toten in Szene setzt, der sein winterliches Erstarren und das seiner Umgebung unter Verzicht auf bekannte Rezeptionsschablonen beschreibt. *heit bin e ned munta wuan* („heute bin ich nicht munter geworden") setzt eine makabre Situation in Worte, die eine paradoxe Poesie des Augenblicks erzeugt, in dem der fallende Schnee sich dreht „wia r a fareisz ringlgschbüü" (87) – „wie ein vereistes ringelspiel" also. Das Makabre, auf eine eigentümliche Spitze getrieben in dem Monolog des toten Ich, das unter ein metaphorisches Schnee-Ringelspiel gerät, löst sich somit in einer Bilderwelt auf, in der über den Umweg des Einsatzes historischer Sprach- und Erzählschablonen individualisierte Todes-Imaginationen entstehen, in denen Kälte eine entscheidende Rolle spielt.

3. Wer ist du und wer bin ich?

Im Gegensatz zu Helmut Qualtingers Monolog *Der Herr Karl*, der 1961 die österreichische Öffentlichkeit spalten sollte, war H. C. Artmanns Gedichtband sofort ein außerordentlicher Erfolg beschieden.
Das mag bei Qualtinger damit zu tun gehabt haben, dass sein Text unmittelbar politisch brisant war. *Der Herr Karl* verlieh dem Wiener Mitläufertum der Zeit des Nationalsozialismus dramatische Konturen. Der unter Artmanns Beteiligung in Gemeinschaftsarbeit mit Gerhard Rühm und Friedrich Achleitner 1959 publizierte Gedichtband *hosn rosn baa*, der das Sprachexperiment in den Vordergrund stellt, löste ebenfalls öffentliche Empörung aus. In *med ana schwoazzn dintn* fasste H. C. Artmann dagegen unterschiedliche psychische Verfassungen in Worte, deren sprachliche Darstellung Aufschluss über grauenvolle kollektive Dispositionen geben konnte, wie zum Beispiel im *liad fon an besn geatna*, dessen Protagonist, ein vom zunehmenden Mond melancholisch gestimmter Gärtner, in einem Blumen-Blutrausch den ihm anvertrauten Pflanzen die „kepfaln" („Köpfchen") in einer nächtlichen Aktion abschlägt. Hier ist die Parallele zu den von den Erwachsenen (psychisch) gemordeten Kindern nicht weit. Die beiden *blauboad*-Gedichte berühren eine andere Sphäre, nämlich die der Beziehungen zwischen Mann und Frau.

Den Rahmen dafür bilden zwei poetologische Grenzmarken. In dem schon zitierten *nua ka schmoez how e xogt!* („nur kein schmalz habe ich gesagt") wird in Abgrenzung zu einer als gegenwärtig postulierten Tendenz („heit" – „heute") zur schamlosen Zurschaustellung von Gefühlen die Aufforderung zu einem gewissermaßen herz-losen Schreiben erteilt: „reis s ausse dei heazz dei bluadex" – „reiß es heraus, dein blutiges herz" (7). Damit könne Empfindungslosigkeit erworben werden („gemma koed is ned!", 7 – „auf geht's, es ist nicht kalt!"). Eine solche Haltung empfiehlt das Ich in der letzten Strophe besonders für das Schreiben von „weanereschen" Gedichten. Die Wiener Tradition stand für gefühlvoll-schmalzige Lieder und Gedichte, für „Donauschnulze[n]",[36] die allerdings in Einzelaspekten auch Artmanns Forderungen entsprechen konnten: „Allweil lustig, fesch und munter, / denn der Weaner laßt nix gspürn".[37]
Artmanns Anspruch ist in dem Gedicht durchaus auch ein pathetischer: Erst nach dem „Zuwachsen" der Wunde, also nach dem Abklingen des kreatürlichen Schmerzes möge der Dichter zu schreiben beginnen. Diese Forderung scheint im letzten Gedicht des Bandes ganz unerwartet eingelöst: in *heit bin i ned munta wuan* spricht das Ich von einem eiskalten Ort her, an dem selbst die Vögel als

einzige Boten des Lebens und der Poesie nach und nach erfrieren: Drosseln, Finken, Amseln und zuletzt die Tauben. Als Grund für das Nichtaufwachen wird das Stehenbleiben einer Pendeluhr angegeben – ein Bild vielleicht für ein nur mehr mechanisch funktionierendes Herz.

Doch wie kommen wir dorthin? Und welche Funktion und welche Bedeutung kämen hier den *blauboad*-Gedichten als Eröffnungsgedichten des Bandes zu? – Formal gesehen gehören sie nicht nur aufgrund der quasi identischen Titel zusammen: Im gesamten Gedichtband findet sich eine relative Formenvielfalt, d. h. Gedichte von unterschiedlicher Länge mit unterschiedlichem Bau und unterschiedlichen Strophenformen, von denen sich *blauboad 1* und *blauboad 2* deutlich abheben. Beide Gedichte skizzieren eine einfache Sprechsituation, die in volksliedartig gereimter Rede in Szene gesetzt wird.

blauboad 1 umfasst vier Strophen mit jeweils vier Versen, während *blauboad 2* aus fünf Strophen mit jeweils fünf Versen besteht. *blauboad 1* wird durch Volksliedverse mit dem Reimschema a–b–c–b zusammengehalten, verzichtet auf strikt identische Hebungszahlen und bildet in der ersten und in der vierten Strophe über die Anfangszeilen einen Refrain: „i bin a ringlgschbüübsizza" (17; „Ich bin ein Ringelspielbesitzer"). *blauboad 2* folgt dem Reimschema a–b–c–b–d und erhält nicht durch einen Refrain, sondern durch die Anapher „heit" („heute") seinen inhaltlich-formalen Orientierungspunkt (18).

Hier beginnen allerdings auch schon die Unterschiede.

blauboad 1 distanziert sich im ersten Vers von der durch den Titel suggerierten Märchenbiografie, indem das Ich für sich den Beruf eines Ringelspielbesitzers reklamiert, also eine gesellschaftliche Deklassierung zu signalisieren scheint (Blaubart ist in der Regel wenigstens ein reicher Bürger, wenn nicht Ritter, Sultan oder König) – außer wir bleiben in der Welt der Schausteller, in welcher Ringelspielbesitzer eine durchaus respektable Stellung einnehmen und auch viel Geld verdienen können. Im zweiten Vers wird er der Rollenerwartung wieder vollkommen gerecht, wenn er erklärt, er habe schon „sim weiwa", also sieben Frauen, erschlagen. Bei Perrault und den Brüdern Grimm ist die Zahl der bereits ermordeten Frauen nicht genau angegeben – es sind „mehrere", und sie wurden erstochen. In anderen Versionen werden Zahlen genannt – in der Regel die Sieben oder die Sechs – so z. B. in *Les Sept Femmes de la Barbe-Bleue*, einer 1909 erschienenen Perrault-Parodie von Anatole France,[38] in der Blaubart ein äußerst schüchterner, gutwilliger und zuvorkommender Mann ist, der in erster Ehe eine Bärenbändigerin heiratet und von allen seinen Frauen entweder verlassen oder schlecht behandelt wird (oder beides), wobei einige ohne sein Verschulden zu Tode kommen. Die Letzte ermordet ihn schließlich heimtückisch mit Hilfe ihrer Brüder und Schwester, nachdem er ihren Liebhaber ohne Blutvergießen bezwungen hat.

Artmanns *blauboad 1* hat die Gebeine seiner Opfer allesamt unter dem Schlafzimmerboden vergraben. Darüber, wo sie nach den Morden zwischengelagert wurden – in welchen verborgenen Gemächern also – erfahren die Leser/innen und Zuhörer/innen nichts. Einem Ringelspielbesitzer stehen nicht unbedingt die ausgedehnten Räumlichkeiten eines reichen Bürgers, eines Ritters oder gar Königs zur Verfügung. Wohl deswegen hat er für den Mordplan eine Geräuschkulisse vorgesehen, nämlich um zu verhindern, dass die Nachbarn Schläge und Schreie hören können: „daun schdöl i owa s oaschestrion ei / und bek se me n hakal zaum!" (17)[39] Sehen wir von der verwirrenden Orthografie des Wortes (oasch / estrion) und den sich daraus ergebenden Assoziationsmöglichkeiten ab, lässt der geplante Einsatz des Musikautomaten den Mordschauplatz in unmittelbarer Nähe des Ringelspiels zu vermuten. Offen bleibt, ob dieser „blauboad" in seiner Wohnung agieren will, bzw. wie und in welcher Konsistenz er das Opfer später in die Wohnung schaffen wird, die wohl in der Nähe des Ringelspiels vermutet werden darf.

Buchstäblich mitten in der Erzählung, nämlich im Übergang von der zweiten zur dritten Strophe, fällt der Ringelspielbesitzer allerdings aus der Rolle: Statt im Entwurf „seines" Mordes fortzufahren, liefert er eine Erklärung für die Morde an „allen Mädchen" („ole maln" – nicht an allen „Weibern"!). Zwar wurde er nicht wie der arglose Blaubart von Anatole France ständig hintergangen, doch hat er früh eine schwere Liebesenttäuschung erlitten. Er mordet, „wäu ma d easchte en gschdis hod gem" (17) – weil die erste das Liebesverhältnis mit ihm abgebrochen hat. Der „gschdis" oder Sküs („excuse") ist üblicherweise eine der drei höchsten Karten („bouts") im Tarock, die zwar weder stechen noch gestochen werden kann, aber trotzdem eine wichtige Rolle spielt. In den meisten Tarockvarianten der Habsburgermonarchie übernahm die Karte allerdings die Rolle der 22. und damit der höchsten Trumpfkarte. In der zweiten Hälfte dieser Strophe scheint er die Fassung wiedererlangt zu haben. Er versichert nunmehr entgegen allen Märchenschlussvermutungen, dass man ihm niemals auf die Schliche kommen werde.

Der erste Vers der vierten Strophe könnte als Refrain alleine stehen bleiben. Artmann setzt jedoch die Verse 12 bis 14 in Klammern und signalisiert so optisch einen nachgesetzten Kommentar. Was steht in dieser Klammer? – Der Ringelspielbesitzer berichtet, dass er nachts aus Furcht vor all den toten Frauen nicht schlafen kann. Damit wird der archaischen Märchen-Moral der Geschichte, die Blaubart insgeheim Recht gibt und die von ihm ausgeführten Morde als Bestrafung für Neugierde und Ungehorsam der Ehefrauen gelten lässt, definitiv die Grundlage entzogen. Schon in der Perrault'schen Fassung ist explizit von einer „anderen" Moral die Rede, welche besagt, dass die Zeiten vorbei seien, in denen ein Ehemann von seiner Frau das Unmögliche verlangen durfte.[40] Bei Perrault (und bei den Brüdern Grimm) wird ihm eine leichte, christlich motivierte Nachgiebigkeit zum Verhängnis, denn seine Frau nutzt die Zeit des ihr von Blaubart zugestandenen Sühnegebets für das Herbeirufen der Geschwister – bei Perrault sind es eine Schwester und zwei Brüder, bei den Brüdern Grimm drei Brüder –, die den rabiaten Ehemann unschädlich machen.

Artmanns Blaubart ist also kein archaischer Rächer, sondern – ähnlich wie bei Anatole France – gewissermaßen ein Mann der Moderne, der durch die Liebe und an der Liebe gelitten hat, wobei er im Gegensatz zum friedfertigen und deswegen zum Untergang verurteilten Blaubart von Anatole France diesem Schmerz auf extrem brutale Weise Ausdruck verleiht.

blauboad 2 geht noch einen Schritt weiter als *blauboad 1*, indem das Ich von Anfang an dem Märchenton aus dem Weg geht und (wie man an Artmanns eigenem Vortrag hören kann)[41] stattdessen auf dramatische Überraschungseffekte setzt: „heit kumst ma ned aus" (18; „heute kommst du mir nicht aus"). Das Ich nimmt in intensiven Bildern einen Dialog vorweg, in dessen Verlauf es ein „du" (das Opfer) über 96 Treppenstufen in seine Wohnung locken wird: „wia r a fogal" (18) – wie einen Vogel in den Käfig also. Sein Blut kocht, allerdings nur leicht: „heit brenan ma keazzaln / im bumpadn bluad" (18) – Kerzchen bringen sein Blut zum Wallen. Konnte man bislang nicht ganz ausschließen, dass es sich um eine Fortsetzung der Geschichte des Ringelspielbesitzers handelt, wird nun klar, dass wir es mit einer Art Blaubart-Doppelgänger zu tun haben: Er will die Frau nicht mit einem „Hackerl", sondern wie seine literarischen Vorgänger mit einem Messer ermorden, wobei er vor lauter Aufregung schon zweimal zum Messerschleifen beim Scherenschleifer war. Dieser Blaubart hat auch ein anderes Verhältnis zur Leiblichkeit seines Opfers. Er stellt sich vor, dass er „operieren" und es (möglicherweise zerstückelt) danach zum Donaukanal bringen wird. Als Endstation für den Leichnam stellt sich den Alberner Hafen vor, wo aufgrund bestimmter Strömungsverhältnisse viele Jahre lang verschollene Wasserleichen angeschwemmt und unmittelbar daneben im „Friedhof der Namenlosen" begraben werden. Damit wird die Gegend vom Praterstern, der in unmittelbarer Nähe des Wurstelpraters liegt, bis zum Donaukanal, der die Grenze zum ersten Wiener Gemeindebezirk bildet, zur Szene des Geschehens, wobei dieser Blaubart offensichtlich Wert darauf legt, die Leiche und damit den Leib der Frau loszuwerden.

Im Gegensatz zu „blauboad 1", der ab der dritten Strophe in die Vergangenheit blickt, malt sich „blauboad 2" die unmittelbare Zukunft aus, indem er sich die im Gedicht durch Kursivschrift hervorgehobenen Rundfunkschlagzeilen des nächsten Tages vorstellt: *„schon wida ein madl ferschwuntn in wean!"* (18) Hier wird also ein Mädchen und nicht ein „Weib" als Opfer imaginiert. Der Mörder wird beim Anhören dieser Radionachricht im Kaffeehaus sitzen und einen „gestreckten", also mit Wasser verdünnten und daher nicht besonders starken Kaffee trinken. Klanglich verdichtet wird diese Ankündigung durch zwei Alliterationen, nämlich auf „sch" und auf „w", denen er eine Alliteration auf „b" gegenüberstellt: „blauboad fom brodastean" (18). In der letzten Strophe beschwört dieser Blaubart nicht eine Erinnerung, sondern eine Konstellation, die morbide Romantik suggeriert: „a keazzn a frau und a messa". Überraschend ist hier der letzte Vers, in dem es heißt, er werde in einer solchen Gesellschaft von einem durch Kursivschrift hervorgehobenen *„koischwoazz[n] kefa"* (18; *„kohlschwarzen käfer"*) geritten. Nicht das Kafka'sche Ungeziefer wird hier als Erwecker seiner Mordgelüste genannt, sondern der französische *cafard*, eine Kakerlake – was zwar ebenfalls ein Ungeziefer ist, zugleich aber auch einen Zustand meint: „avoir le cafard" heißt auf Französisch so viel wie „deprimiert, missgestimmt, mutlos, trübsinnig sein". Die Alliteration auf „k" stellt darüber hinaus eine Verbindung zu „kawinet und kuchl" in der ersten Strophe her. Zimmer-Küche-Kabinett-Wohnungen waren in Wien seit der Gründerzeit ein Synonym für ärmliche Unterkünfte mit Wasser und Toilette am Gang – ein relativer Luxus zwar für alleinstehende Lohnarbeiter/innen, aber insgesamt keine attraktive Wohnstätte. Im Gedichtband selber ist an anderer Stelle von einer (erstrebenswerten) Gemeindewohnung (mit Fließwasser und Innentoilette) die Rede. Der solchermaßen beschworene Trübsinn schlägt nach der Andeutung einer latent romantischen Situation („eine Kerze, eine Frau") im letzten Vers in latente Aggression um: „do is ma net z draun" („da ist mir nicht zu trauen").

Der unmittelbare Auslöser der Mordgelüste wäre hier also eine nicht näher bestimmbare, hinter markigen Sprüchen versteckt bleibende Frustration, während sich *blauboad 1* noch ungebremst seiner melancholischen Erinnerung und seiner Angst hingibt.

Aufbau und Inhalt von *blauboad 2* lassen erkennen, dass die formale Erweiterung vom Vierzeiler zum Fünfzeiler der Zeichnung des kleinbürgerlich-proletenhafte Charakters des Praterstern-Blauharts dient. So wie *blauboad 1* auch ohne die letzten drei Verse noch (einen völlig anderen) Sinn ergeben würde, könnten fast alle Strophen von *blauboad 2* auf den fünften Vers verzichten:
Der letzte Vers der ersten Strophe enthüllt eine wenig romantische Wohnsituation: Zimmer-Küche-Kabinett. In der zweiten Strophe werden die Grenzen seines handwerklichen Könnens dargelegt: *blauboad 2* ist nicht einmal in der Lage, sich seine Messer selber „frisch" zu schleifen und braucht dafür einen Scherenschleifer. In Strophe 3, wo eine entscheidende Abweichung vom Märchenmodell angekündigt wird (die Leiche soll entsorgt werden), wird über eine durch die Bibel inspirierte Redewendung („ich wasche meine Hände in Unschuld") erstmals auch die gefühlsmäßige Verfasstheit dieses Westentaschen-Blaubart angedeutet, der allfällige künftige Gewissensbisse ostentativ ausschließt, indem er „finstere Unschuld" für sich reklamiert: „und ii – wosch me en finztara unschuid.." Dieses „und ii" wird in der vierten Strophe anaphorisch wiederholt: „und ii – da blauboad fom brodaschdean / sizz solid in kafee bei an gschdregtn.." (18). Im Gegensatz zum Märchen-Blaubart und zum Ringelspielbesitzer ist er also ein amoralischer Heuchler, dessen Mordlust sich weder durch überholte moralische Gesetze, noch durch unangebrachte enttäuschte Gefühle erklären lässt.
In der vierten Strophe bilden Vers 4 und 5 eine Sinneinheit und geben darin die Identität des Ich preis. Die zusätzlichen Verse geben uns also Aufschluss über die besondere Erbärmlichkeit des „Protagonisten" und, in Strophe 5, über das Motiv seiner Mordlust – nämlich eine Art Depression. In beiden Fällen plant Blaubart also gewissermaßen aus Gram die Tötung von Frauen, die in keinerlei Verbindung zur Ursache dieses Grams stehen.
Gehen wir von der Annahme aus, dass *blauboad 1* mit dem Vorstadtprater, den Artmann in seiner Jugend kannte, und auf diese Weise mit einem (mehr oder weniger fiktiven) Ringelspielbesitzer aus Breitensee assoziiert werden kann, dann vollzöge *blauboad 2* die Einschreibung dieser vorstädtischen Kindheitswelt in ein ex-zentrisches Nachkriegs-Wien (vom Praterstern, einer Kreuzung, die in unmittelbarer Nähe des Wurstelpraters liegt, gehen Straßen sternförmig in alle Himmelsrichtungen), in dem das Erzählen, der Bericht über Gewalt, keine märchenhaften Züge mehr trägt, sondern mit modernen Medien wie dem Radio assoziiert wird. Bezeichnenderweise sind beide Gedichte in einem Heute verankert, von dem aus das erste kurz in die Vergangenheit blickt, während das zweite eher einen Blick in die Zukunft riskiert.

Blaubart 1 und Blaubart 2 sind gewissermaßen Doppelgänger, die einen unterschiedlichen Blick auf die vergangene und vergehende Zeit werfen: Blaubart 1 glaubt zwar, dass man ihn nie „darwischn" wird. Das hindert ihn aber nicht daran, von Angstgefühlen jenen Opfern gegenüber gequält zu werden, deren Überreste er ganz in seiner Nähe vergraben hat. Blaubart 2 will es zu so einer Situation gar nicht erst kommen lassen: Er plant, sich des Leichnams seines Opfers sofort zu entledigen, und malt sich eine unmittelbare Zukunft aus, in der er Befriedigung aus dem Wissen um seine Doppelexistenz als Mörder und unverdächtiger Bürger ziehen wird.

In der Romantik wurde der Doppelgänger mit dem Verlust oder mit der Spaltung der eigenen Identität assoziiert. Dass H. C. Artmann als Anhänger der Schwarzen Romantik neben der Märchenthematik auch dieses Motiv in die ersten beiden Gedichte einfließen lässt, legt die Vermutung nahe, dass auch in anderen Gedichten des Bandes das (fehlende) Bewusstsein und mögliche Ursachen für Gewalt in zwischenmenschlichen Beziehungen – zwischen einem Ich und einem Du – eine wichtige Rolle spielen. Tatsächlich finden sich neben dem „kindafazara", dem „besn geatna", und dem „hean onkel" als Verkörperungen von irrational hereinbrechender Gewalt gegen Schwächere – in vorderster Linie (reale oder metaphorische) Kinder – auch Gedichte, in der die Gewalt noch in einer unheimlichen Schwebe gehalten ist, wie in *wos unguaz* (20), oder gespenstisch herumgeistert, wie in *brodaschbiaglgalarii* (22).

blauboad 1 hat noch einen weiteren Doppelgänger: Das Ich in *a xunz lamentawö* (38) teilt sein Schicksal hinsichtlich des „gschdis": Dieser Mann hat als Reaktion auf das Verlassenwerden seit drei Tagen nicht mehr gearbeitet, nicht mehr gegessen, nicht mehr geschlafen und stellt sich in einem imaginären Dialog mit der Verursacherin seiner Verzweiflung vor, wie er von einem Leichenwagen abgeholt wird, nachdem er aus Kummer verhungert sein wird.

Die Artmann-Kritik Elfriede Gerstls scheint zumindest für den Gedichtband *med ana schwoazzn dintn* trotz einer traditionellen Aufteilung der Geschlechterrollen nicht angebracht zu sein. Es werden zwar am Anfang ausschließlich Frauen (und bald auch Kinder) als Opfer imaginiert, die Blaubärte und sonstigen Gewalttäter werden jedoch abgelöst von anderen, verliebten Ichs, die zeitweise geradezu obsessiv die Objekte ihrer Liebe verfolgen – wenn es sein muss, bis in den Schlaf („hosd as ned kead / mei schdimm en da nocht", 32), insgesamt aber die Frauen nicht in ihre Gewalt zwingen (können) und auch keine fassbaren Frauen-Bilder entwerfen. – Diese keineswegs mörderischen, im Umgang mit Frauen aber eher schwerfälligen und offensichtlich wenig empathischen Ichs schreiben einen letzten Liebesbrief „med ana *schwoazzn* dintn" (34), formulieren enttäuschte Hoffnungen und ihren Liebeskummer (*a xunz lamentawö; en an schbedn heabst (fia d eani)*, 38–39), und kehren dann in eine Kindheit zurück, in der spiegelgleiche Sehnsüchte von Mädchen und Buben zur Sprache kommen („fliang fliang / fliang mechad e hoed kena", 42), bevor sich eine Männerwelt entfaltet, in der Verbrechen angedeutet werden (*i won zimlech weit draust*, 45), Verbrechensaufklärung spielerisch versucht wird (*fia n dom schak*, 46), üble Gerüche, Palmers-Plakate, soziale Benachteiligung, Einsamkeit, sozialer Abstieg Thema sind, Freunde und die unmittelbare Umgebung mit Liebe dargestellt werden (z. B. *libhazzdoe*, 57), die absurde Dichterexistenz (*wos e aum schdaahof darad*, 62), drohender Wirklichkeitsverlust (*wo is den da greissla?* 66–67), Angst vor dem Tod (*waun s d a bech hosd*, 72–73), vor der Begegnung mit ihm (*frog me ned*, 77) und verschiedene Todesvisionen durchgespielt werden: die Endstation Alberner Hafen wie für das weibliche Opfer in *blauboad 2* (*dod en wossa*, 70–71), Gefühle im Grab (*windradal*, 80–81), danach drei imaginär-konkrete Reisen zum Wiener Zentralfriedhof (*liad*, 82–83, *waun e schdeam soit*, 84–84, *zwa schüleng zwanzk*, 86) und schließlich das schneeverwehte Bett im Schlafzimmer (*heit bin e ned munta wuan*, 87).

Die Anknüpfung an die Blaubart-Märchen-Varianten erlaubte nicht nur die Einführung einer „anderen" literarischen Tradition, sondern auch den Einstieg in eine Rollenpoesie, in der bereits literarisch vorgeformte Identitäten den Weg frei machen zum Ausdruck und zur Ausdifferenzierung subjektiver Gefühle. Daraus entsteht ein Gedankenbogen, unter dem eine Liebesenttäuschung, genauer gesagt der Verlust der geliebten Person – der „gschdis" – nicht zu mörderischen Regungen Anlass gibt, sondern mit Hilfe von poetischen Träumen kompensiert oder vielmehr sublimiert wird, in denen paradoxerweise Kompromisse in und mit gedachten Wirklichkeiten geschlossen werden: „waun owa feigaln en winta bliaradn / brokad s sicha d aumschl oo.. / […] / fua hunga // *woarum aa ned?*" (41)[42] Dieses poetische Konditional ebnet den Weg zu einer lustvoll-poetischen Erfahrung und Aneignung der unmittelbaren Umgebung, die zwar wieder in Todes-Phantasien mündet, welche nunmehr aber nicht mehr unter dem Zeichen der (viele Gedichte dominierenden) mörderischen Farbe Schwarz stehen,[43] sondern in sanfte weiße Verzweiflung münden: „und mei schlof is scho soo diaf / das ma glaaweis und launxaum / winzege schdeandaln aus eis / en de aungbram / zun woxn aufaungan…" (87).[44]
Ich und Du existieren in *med ana schwoazzn dintn* getrennt voneinander. Es ist

nie die Rede vom Einswerden, höchstens vom Ineinander-Verstecken (31). Den weiblichen Dus droht zwar anfänglich der (blaubärtige) Tod, und den gnadenlos ihre Liebesobjekte belagernden Ichs winkt der seelische und körperliche Untergang; aber indem die Ichs sich teilweise kaleidoskopartig ineinander spiegeln können, scheint trotz Horrors keine endgültige Katastrophe zu drohen – zumindest solange Poesie möglich ist: „Mein Horror ist der Durchgangshorror, der romantische, das verstehen die Leute aber nicht und sagen ah, sehr makaber. Ich bin überhaupt nicht makaber. Ich wühl' doch da nicht herum."[45]

BLAUBOAD 1

i bin a ringlgschbüübsizza
und hob scho sim weiwa daschlong
und eanare gebeina
untan schlofzimabon fagrom..

heit lod i ma r ei di ochte
zu einen libesdraum –
daun schdöl i owa s oaschestrion ei
und bek s me n hakal zaum!

so fafoa r e med ole maln
wäu ma d easchte en gschdis hod gem –
das s mii amoe darwischn wean
doss wiad kar mendsch darlem!

i bin a ringlgschbüübsizza
(und schlof en da nocht nua bein liacht
wäu i mi waun s so finzta is
fua de dodn weiwa fiacht..)

BLAUBOAD 2

heit kumst ma ned aus
heit muas a de griang
heit lok a de au wia r a fogal
zu mia hinauf iwa sexaneinzk schdiang
in zima kawinet und kuchl..

heit brenan ma keazzaln
in bumpadn bluad
heit woa r e scho zwaamoe
bein scheanschleiffa duat
dea hod ma de messa frisch gschliffm..

heit schboa r e kan aufwaund
heit wiad opariad
und nochhea kumst owe zun donaukanäu
fon wo de des wossa noch oewan entfiad
und ii – wosch me en finztara unschuid..

muang wean s as daun lesn
und duach s radio hean:
schon wida ein madl ferschwuntn in wean!
und ii – da blauboad fom brodaschdean
sizz solid in kafee bei an gschdregtn..

doch heite bleibt heit
und do gibt s kan bardaun:
a keazzn a frau und a messa!
en so ana xööschoft do is ma net z draun
do reit me a *koischwoazza kefa...!*

Literaturverzeichnis

Artmann, H. C.: *med ana schwoazzn dintn. gedichta r aus bradnsee.* Salzburg: Otto Müller Verlag 1958.

Artmann, H. C.: „Bei mir ist ja alles erlogen". Interview. In: *Die Presse* v. 10.01.1998, S. 8.

Artmann, H. C.: *ich bin abenteurer und nicht dichter.* Aus Gesprächen mit Kurt Hoffmann. Wien: Amalthea 2001.

Artmann, H. C.: *Sämtliche Gedichte.* Unter Mitwirkung und in der Anordnung des Autors herausgegeben von Klaus Reichert. Salzburg, Wien: Jung und Jung 2003.

Breton, André: *Nadja. Oeuvres complètes.* Bd. 1. Hg. von Marguerite Bonnet. Paris: Gallimard, Bibliothèque de la Pléiade 1988. Erstausgabe: Paris: Gallimard 1928, völlig überarbeitete Neuausgabe Paris: Gallimard 1963.

Fialik, Maria: *„Strohkoffer"-Gespräche. H. C. Artmann und die Literaten aus dem Keller.* Wien: Zsolnay 1998.

France, Anatole: *Le sept femmes de la Barbe-Bleue et autres contes merveilleux.* Paris: Calmann-Lévy 1909 / *Blaubarts sieben Frauen und andere Märchen.* Übersetzt von Lutz Siebert. Frankfurt am Main: Insel Verlag 1981.

Gerstl, Elfriede: „Frauenlob bei Artmann und im Schlagertext [1981]". In: dies.: *Behüte behütet.* Werke Bd. 2. Hg. v. Christa Gürtler u. Helga Mitterbauer. Graz, Wien: Droschl 2013, S. 341–352.

Goethe, Johann Wolfgang: „Aus meinem Leben. Dichtung und Wahrheit. Zweiter Teil. Sechstes Buch". In: ders.: *Hamburger Ausgabe.* 14 Bände. Hg. von Erich Trunz. Bd. 9. München: dtv 1998, C. H. Beck 1981/1994 (=16. durchgesehene Auflage), S. 217–258.

Hofmannsthal, Hugo von: *Der Schwierige. Lustspiel.* Berlin: S. Fischer Verlag 1921. Erstdruck: *Neue Freie Presse* (Wien) v. 04.04.–17.09.1920.

Horváth, Ödön von: „Gebrauchsanweisung für Schauspieler" (1932). In: ders.: *Gesammelte Werke.* Kommentierte Werkausgabe in Einzelbänden. Bd. 11. Hg. von Traugott Krischke unter Mitarbeit von Susanne Foral-Krischke. Frankfurt am Main: Suhrkamp 1988, S. 215–221.

Kerschbaumer, Gert: „‚med ana schwoazzn dintn' – Dialektgedichte von H. C. Artmann im Unterricht". In: Josef Donnenberg (Hg.): *Pose, Possen und Poesie. Zum Werk Hans Carl Artmanns.* Stuttgart: Akademischer Verlag 1981, S. 79–98.

Kraus, Karl: „Nestroy und das Burgtheater". In: *Fackel* 676/678, Januar 1925, S. 1–40. https://fackel.oeaw.ac.at (Zugriff am 20.04.2023).

Leroux, Philibert-Joseph: *Dictionnaire comique, satirique, critique, burlesque, libre et proverbial.* Nouvelle édition revue, corrigée et considérablement augmentée [1718]. Lyon: Chez les Héritiers de Beringos fratres 1785, S. 191.

Marx, Julius: „Viennensia-Überschau 1958". In: *Wiener Geschichtsblätter,* 2, 1959, S. 25–32.

Pabisch, Peter: *H. C. Artmann: Ein Versuch über die literarische Alogik.* Wien: A. Schendl 1978.

Perrault, Charles: „La barbe bleüe". In: ders.: *Histoires ou contes du temps passé, avec des moralitéz: Contes de ma Mère l'Oye.* Paris: Éditions Barbin 1697, S. 57–82. https://gallica.bnf.fr/ark:/12148/bpt6k10545223/f75.item (Zugriff am 20.04.2023).

Richter, Hans Werner (Hg.): *Deine Söhne, Europa. Gedichte deutscher Kriegsgefangener.* München: Nymphenburger 1947, S. 17.

Rühm, Gerhard (Hg.): *Die Wiener Gruppe. Achleitner – Artmann – Bayer – Rühm – Wiener.*

Texte – Gemeinschaftsarbeiten – Aktionen. Erweiterte Neuausgabe. Reinbek bei Hamburg: Rowohlt 1985.

Schuster, Marc-Oliver: *H. C. Artmann's Structuralist Imagination: A Semiotic Study of His Aesthetic and Postmodernity.* Würzburg: Königshausen & Neumann 2010.

Stieg, Gerald: „Ist Nestroy ein Wiener Dialektdichter?" In: ders. / Valentin, Jean-Marie (Hg.): *Johann Nestroy (1801–1862): Vision du monde et écriture dramatique. Nouvelle édition* [en ligne]. Paris: Presses Sorbonne Nouvelle 1991. http://books.openedition.org/psn/6397 (Zugriff am 22.02.2021).

Weinheber, Josef: „Wienerisch". In: ders.: *Wien ‚wörtlich'* [1935]. Hamburg: Hoffmann und Campe 1972, S. 24–25.

Zohn, Harry: „‚Und 's klingt halt doch so voller Poesie': Versuch über das Wienerlied". In: *Modern Austrian Literature*, 3, 13, 1980, S. 1–23.

Anmerkungen

1 Artmann: ich bin abenteurer, S. 180.
2 So geschehen im Gymnasium Schillerstraße in Feldkirch im Schuljahr 2017/2018. https://www.gys.at/fileadmin/gyshp/bilder/einzelfiles1718/Artmann-Uebersetzungen.pdf (Zugriff am 22.02.2021). – Gert Kerschbaumer hat schon 1981 eine grundlegende Anleitung zur Analyse der Artmann'schen poetisch-rhetorischen Verfahrensweisen im Unterricht mit Schüler/innen verfasst, wobei die Originalität seines Ansatzes darin bestand, die Schüler/innen selber auf sprachliche Entdeckungsreisen zu schicken, sie also selber den Umgang Artmanns mit Metaphern und sprachlichen Assoziationsfeldern einerseits und mit rhetorischen Figuren andererseits herausarbeiten zu lassen. Vgl. Kerschbaumer: med ana schwoazzn dintn.
3 „schon der Gedanke allein ist so schrecklich" (*dea schdrenge hea onkl* […] / „der strenge herr onkel […]", 24) und „fliegen möchte ich halt können" (*liad* / „lied", 43), sowie „aus jedem mistkübel eine tote leiche!" (*fia n dom schak* / „für tom shark", 46). Tom Shark, der König der Detektive, war der Held einer beliebten Heftchenromanserie der Zwischenkriegszeit (1929–1939), die von 1949 bis 1951 wieder aufgelegt bzw. fortgeführt wurde. – Die hier und in der Folge in Klammern angegebenen Seitenzahlen beziehen sich auf: Artmann: med ana schwoazzn dintn.
4 So hat es Artmann in seinem Glossar S. 92 angegeben.
5 Siehe *Österreichisches Wörterbuch* online https://www.oesterreichisch.net/wort/1145/kinderverzahrer (Zugriff am 06.04.2021).
6 „wenn ich jemals…".
7 Gerstl: Frauenlob bei Artmann, S. 341.
8 Vgl. Schuster: H. C. Artmann's Structuralist Imagination, S. 301f. Sein Gewährsmann für die *Nadja*-Version ist Urs Widmer. Peter Pabisch erwähnte in seiner Monografie eine weitere, von Gerhard Bisinger kolportierte Erzählung, laut der Artmann nach einer Kriegsverletzung im Spital von Olmütz 1941 eine von Edgar Allan Poe beeinflusste Erzählung und Gedichte im Stile der „Annabelle Lee" verfasst habe, bevor er 1943 in Russland von Poe und japanischen Haikus inspirierte Gedichte, darunter *An Nadja*, geschrieben habe. Vgl. Pabisch: Artmann: Versuch über die literarische Alogik, S. 17.
9 Die 1928 auf Französisch publizierte Erstfassung von *Nadja* erschien erstmals 1960 auf Deutsch in der Übersetzung von Max Hölzer. Erst 2002, also über 40 Jahre später, wurde dem deutschsprachigen Publikum die 1963 herausgebrachte Überarbeitung in einer Übersetzung von Bernhard Schwibs zugänglich gemacht.
10 Artmann: Bei mir ist ja alles erlogen.

11 Ebd.
12 Rühm: Die Wiener Gruppe, S. 9.
13 Ebd., S. 13.
14 Ebd.
15 Artmann: ich bin abenteurer, S. 102f.
16 Richter: Deine Söhne, Europa, S. 17.
17 Ebd., S. 109.
18 S. https://www.onb.ac.at/oe-literaturzeitschriften/Alpha/Alpha_inhalt.pdf (Zugriff am 30.01.2021).
19 Siehe den Hinweis von Friedrich Polakovics auf „das unerwartet starke Echo" in Buchhandlungen und beim Rundfunk nach einer Radiosendung (10). Gert Kerschbaumer berichtet von der Beigabe einer Single-Schallplatte zu jedem Band in den ersten Auflagen und von der Herausgabe der Langspielplatte *Kinderverzahrer und andere Wiener*, vertont durch Ernst Kölz und besungen von Helmut Qualtinger. S. Gert Kerschbaumer: med ana schwoazzn dintn, S. 84. Die Langspielplatte wurde 1963 aufgenommen und enthielt zwei Gedichte bzw. Lieder, die nicht im Band enthalten waren.
20 Josef Weinheber, ein Anhänger des NS-Regimes, der trotz seiner ideologischen Verblendung einige bemerkenswerte Gedichte verfasst hat und auch im Dialekt schrieb, führte wenige Jahre vor dem „Anschluss" in dem Gedicht *Wienerisch* folgende Klage: „Früher ham Kaiser und Herrn si net gschamt, / z' reden wia d' gwöhndlichen Leut. / Heut gengan d' Dienstmadeln – Seidn und Samt – / aa in der Sprach mit der Zeit." („Früher haben Kaiser und Herren sich nicht geschämt, / zu reden wie die gewöhnlichen Leut. / Heute gehen die Dienstmädchen – Seide und Samt – / auch in der Sprache mit der Zeit."). S. Weinheber: Wien wörtlich, S. 24–25.
21 Vinzenz, der den vulgären Zeitgeist verkörpernde neue Diener, geht in der Expositionsszene sogar so weit, die laut Duden „österreichisch-umgangssprachlichen" „Spompanadeln" zu „Spanponaden" zu verhochdeutschen, woraufhin der angestammte erste Diener verärgert kontert:

„Ich verstehe Ihr Gewäsch nicht." S. Hofmannsthal: Der Schwierige, 1. Akt, 1. Szene (NFP, 4.4.1920, S. 31).
22 Horváth: Gebrauchsanweisung, S. 219f.
23 Rühm: Die Wiener Gruppe, S. 13.
24 Charles Perraults *Histoires ou contes du temps passé, avec des moralités. Contes de ma mère l'Oye* („Geschichten oder Märchen aus vergangener Zeit einschließlich Moral: Märchen meiner Mutter Gans") vollzogen einen radikalen Bruch mit den von den Humanisten geschätzten Traditionen der Antike. Sie boten einem mondänen Publikum Versionen blutrünstiger Volksmärchen, in denen die Spannung zwischen (heute als unbewusst eingestuften) Triebregungen und Wünschen und von außen herangetragenen moralischen Ansprüchen inszeniert wurde. Vgl. Perrault: Histoires. Zehn Jahre zuvor hatte Perrault durch seine Infragestellung der Vorbildfunktion der Antike in einem Gedicht die sieben Jahre dauernde „Querelle des Anciens et des Modernes" ausgelöst, in der es im Wesentlichen um die Frage ging, ob künstlerischer Fortschritt möglich sei oder nicht. Für die „Anciens" (La Fontaine, Boileau, La Bruyère u. a.) konnte die in der Antike erreichte künstlerische Perfektion durch nichts übertroffen werden. Die „Modernes" (neben Perrault u. a. Thomas Corneille, der Bruder des berühmten Dramatikers) sahen dagegen im Jahrhundert Ludwigs XIV. ein neues Kunst-Ideal verwirklicht. Über den Hostilitäten schwebte nicht zuletzt die Frage, ob man sich ohne Hilfe der Antike vom christlichen ideologischen Apparat und damit von der Macht der Kirche und des Königs würde emanzipieren können. Perrault verteidigte zwar Ludwig XIV. und die christliche Religion, aber mit den märchenhaften Erzählungen, die seinen Nachruhm begründen sollten, beschritt er einen „dritten" Weg abseits von Antike und Christentum.
25 Im 17. Jahrhundert wurde die Redewendung „danser le branle du loup" („den Wolfsreigen tanzen") noch als Umschrei-

bung für die Vollführung des Beischlafs benutzt. Siehe Leroux: Dictionnaire, S. 191. Der Ausdruck in seinem gesamten Wortlaut galt spätestens ab dem 18. Jahrhundert als vulgär und musste elliptischen Anspielungen weichen.

26 Friedrich Polakovics, langgedienter Redakteur der erstmals 1945 erschienenen Zeitschrift *neue wege* (ursprünglich *Theater der Jugend*), die in den 1950er-Jahren als eine der ersten Adressen für den literarischen Nachwuchs galt, war Zeichenlehrer am gleichen Gymnasium wie Ernst Jandl. Ihn hatte die Publikation von experimentellen Gedichten Jandls, Rühms und Ernst Keins kurz zuvor, nämlich 1957, den Stuhl in der Redaktion gekostet.

27 Kraus: Nestroy und das Burgtheater, S. 25. Vgl. dazu Gerald Stieg: Ist Nestroy ein Wiener Dialektdichter?

28 Marx: Viennensia, S. 27.

29 Rühm: Die Wiener Gruppe, S. 9.

30 Maria Fialik im Interview mit Ferry Radax: „Bei uns war dann alles makaber, auch das Lustige war makaber. Und das war schon irgendwie makaber. […] Für uns war makaber ein Code-Wort […]. Makaber war so viel wie *funèbre*, das kommt vom pompe funèbre – die Artmannschen *pompfinewara*…". Fialik: „Strohkoffer"-Gespräche, S. 44.

31 Sedlmayr (1896–1984), der in seiner Arbeit einen strukturanalytischen Ansatz im Sinne der „Neuen Wiener Schule" der Kunstgeschichte verfolgte und sich mit dem Buch *Verlust der Mitte* (1948) einen Namen auch außerhalb der Fachkreise gemacht hatte, war aufgrund seines NS-Engagements eine äußerst problematische, nichtsdestoweniger dominante Figur der österreichischdeutschen Kunsthistorie und Kulturkritik vor und nach 1945.

32 Vgl. Fialik: „Strohkoffer"-Gespräche, S. 142.

33 Goethe: Aus meinem Leben, S. 251.

34 Artmann: Sämtliche Gedichte, S. 30–32, hier S. 31.

35 Ebd., S. 46.

36 Zohn: Und 's klingt halt doch so voller Poesie, S. 1.

37 Ebd., S. 12.

38 S. France: Le sept femmes de la Barbe-Bleue.

39 „Dann stelle ich aber das Orchestrion ein / und schlage sie mit dem kleinen Hackebeil zusammen".

40 On voit bien tost que cette histoire / Est un conte du temps passé. / Il n'est plus d'époux si terrible, / Ny qui demande l'impossible, / Fût-il mal-content et jaloux. / Prés de sa femme on le voit filer doux; / Et, de quelque couleur que sa barbe puisse estre, / On a peine à juger qui des deux est le maistre.

41 https://www.lyrikline.org/de/gedichte/blauboad-1-39 (Zugriff am 22.02.2021).

42 „wenn aber veilchen im winter blühten / dann würde die amsel sie sicherlich abpflücken / […] / vor hunger // warum auch nicht?" *liad*, in: Artmann: Sämtliche Gedichte, S. 40–41.

43 Dies gilt auch für *blauboad 1* und *blauboad 2*, wo das Adjektiv „finster" für das andernorts verwendete „Schwarz" steht, wobei es einmal beschreibend und einmal metaphorisch verwendet wird. Der Käfer in *blauboad 2* ist dann nicht nur schwarz, sondern sogar kohlschwarz.

44 „und mein schlaf ist schon so tief / dass mir nach und nach und langsam / winzige sternchen aus eis / in den augenbrauen zu wachsen beginnen." *heit bin e ned munta wuan*, in: Artmann: Sämtliche Gedichte, S. 87.

45 Artmann: ich bin abenteurer, S. 181.

Hermann Schlösser

Bienen der Arktis
Langes Nachdenken über ein kurzes Gedicht

Zusammenfassung:
H. C. Artmanns poetologisches Kurzgedicht „gedicht will als solches / verstanden sein" eröffnet eine Reihe von Verständnismöglichkeiten. Einige davon werden im folgenden Aufsatz dargestellt, wobei der Aspekt der lyrischen Form von besonderer Bedeutung ist.

Schlüsselwörter: Poetik, Gedichtinterpretation, Ästhetik der Kürze, Literatur und Wissenschaft.

> gedicht will als solches
> verstanden sein du magus
> suchst bienen der arktis[1]

Ein Kleinstkunstwerk wie dieses liest man in wenigen Sekunden, lächelt vielleicht über die ungewohnten „bienen der arktis", aber zu ausführlichem Nachdenken fühlt man sich nicht bemüßigt. Oder doch? Ist die Kürze womöglich nur eine Maske, hinter der sich mehr verbirgt? Immerhin wartet die erste Hälfte des dreizeiligen Textes mit einer poetologischen These auf. Und welche Botschaft die zweite Hälfte zu überbringen hat, ist auf Anhieb gar nicht zu entschlüsseln – Grund genug, Artmanns Aperçu so lange anzuschauen, bis es verstanden zurückschaut.

*

Um das Gedicht „als solches" zu verstehen, sollte man sich zu allererst dessen formale Organisation vergegenwärtigen. Denn sie ist es, die das Gebilde aus zwei Sätzen, drei Zeilen und zwölf Wörtern überhaupt zum Gedicht werden lässt. Oberflächlich betrachtet, entspricht es den Konventionen der Moderne, alle Substantive sind klein geschrieben, der Zeilenbruch läuft den Satzgrenzen zuwider, auf Reime wurde verzichtet. Dennoch ist der Text nicht kunstlos. Die

Anfangswörter des ersten Satzes enthalten jeweils ein „i" („gedicht will"), die des zweiten Satzes ein „u" („du magus"), was zur Satzaussage nichts, zum klanglichen Reiz des Ganzen viel beiträgt. Zusammengehalten werden die beiden Zeilen nicht durch eine logische Gedankenfolge, sondern durch Metrisierung. Sie springt nicht sogleich ins Auge, weil sie durch den Zeilenbruch sozusagen synkopisch konterkariert wird. Aber bei lautem Lesen gibt sich der Grundschlag nachhaltig zu erkennen. Um ihn sichtbar zu machen, empfiehlt sich eine kleine Manipulation, indem man das Enjambement auflöst:

gedicht will als solches verstanden sein
du magus suchst bienen der arktis

Dann ähneln die Zeilen plötzlich einem berühmten Schiller-Gedicht, das mit Artmanns Vers nichts gemein hat – außer dem Versmaß:

Wohlauf Kameraden, aufs Pferd, aufs Pferd!
ins Feld, in die Freiheit gezogen![2]

Übersetzt man die Zeilen nun noch in die gebräuchlichen metrischen Zeichen für Hebungen (–) und Senkungen (v),[3] dann erweist sich vollends, dass beide Gedichte auf demselben anapästischen Versfuß einhergehen. Ein Anapäst entsteht, wenn auf zwei Senkungen eine Hebung folgt:

vv – vv – vv – vv

Schiller und Artmann führen dieselbe Variante ein, indem sie am Anfang beider Zeilen und am Schluss der zweiten von der starren Vorschrift abweichen und die verlangten zwei Senkungen durch eine einzige ersetzen, was am Beginn der ersten Zeile eine Auftaktwirkung erzeugt, an den Zeilenenden ein Wechselspiel zwischen einer zweisilbig „weiblichen" und einer einsilbig „männlichen" Kadenz herbeiführt und zur Binnengliederung des Ganzen beiträgt.

v – vv – vv – vv
v – vv – vv – v

Dabei hätte zumindest Artmann in der ersten Zeile mühelos zwei Senkungen unterbringen können. Er hätte nur zu schreiben brauchen: „das gedicht will als solches verstanden sein…" Aber bei ihm steht: „gedicht".

*

Ein abwesender Artikel verweist auf einen hohen Allgemeinheitsgrad. Ein Satz wie „Ich trinke gern Wein" enthält keine Information darüber, ob lieber Rot oder Weiß getrunken wird, er gibt nur Auskunft über das Generelle. Dasselbe gilt für probate Lebensweisheiten wie „Angst ist ein schlechter Ratgeber". Hier geht es nicht um eine bestimmte Furcht (vor der Klimakatastrophe, vor dem Krieg etc.), hier wird die Angst als menschliches Grund- und Urgefühl adressiert. Was für den Wein und die Angst gilt, trifft auch auf Artmanns artikelloses Wort „gedicht" zu: Es bezeichnet nicht diesen oder jenen Einzelvers, sondern bezieht sich auf jedes denkbare Gedicht und damit auf die lyrische Gattung im Ganzen.

So weit, so verständlich. Aber schon das folgende „will" gibt wiederum zu denken. Hat ein Gedicht denn einen Willen? Nein, wahrscheinlich nicht. Aus dem unerschöpflichen Fundus der Rhetorik ist jedoch die Figur der „Personifikation" bekannt, die gerade in der Lyrik häufig anzutreffen ist,[4] und die – philosophisch betrachtet – eine Vermenschlichung oder Anthropomorphisierung eines unbelebten Gegenstandes herbeiführt. Mit ihrer Hilfe lässt sich die Menschenverstands-Aussage „der Dichter Artmann will, dass sein Gedicht verstanden werde" in die elegante, daher überzeugende Zuschreibung „gedicht will" verwandeln. Alles klar so weit? Nein, noch immer nicht. Denn es bleibt noch der Unterschied zwischen dem „Vorgangspassiv" und dem „Zustandspassiv"[5] zu bedenken: Wenn ich sage „die Voraussetzungen sind geschaffen worden", dann hebe ich die Prozesshaftigkeit des „Vorgangs" hervor, sage ich hingegen „die Voraussetzungen sind geschaffen", dann beschreibe ich einen bereits erreichten „Zustand". Genau das ist auch bei Artmanns „gedicht" der Fall: Es will nicht von dieser Leserin oder jenem Leser immer neu „verstanden werden", sondern ein für allemal „verstanden sein". Man könnte fast vermuten, das Verstandensein sei eine seiner Eigenschaften und bedürfe keiner Hinzufügungen derer, die es lesen.

*

Der zweite Teil des Gedichts fordert neue Fragestellungen heraus, denn er unterscheidet sich vom ersten durch einen Wechsel des Subjekts, und durch eine deutlich wahrnehmbare Verdunkelung des Sinnes. Stand zuerst in klaren Worten das „gedicht" im Zentrum, wird nun ohne Übergang ein „du" beschworen, dessen Identität so rätselhaft ist wie sein Tun. Die lateinische Vokabel „magus" vereint in sich die Begriffe „Zauberer", „Magier", „Weiser" und „Priester",[6] und es bleibt offen, welche dieser Bedeutungen hier vorrangig gemeint ist.

Die Identität des „magus" ist so unbestimmt, wie seine Tätigkeit rätselhaft ist. Warum sucht er „bienen der arktis"? Diese Frage wird vom Gedicht nicht beantwortet, also eröffnen sich Spielräume für Interpretationen, die über den Wortlaut des Gedichts hinausgehen. Literaturwissenschaftler und -wissenschaftlerinnen könnten beispielsweise mutmaßen, sie selbst würden hier als Begriffszauberer (Magi und Magae) der Wissenschaft verspottet, die das Unmögliche suchen – ein Lebewesen in der Eiseskälte der Abstraktion – und dabei das Naheliegende verfehlen: die Unmittelbarkeit des Gedichts „als solchem". Diese Deutung könnte sich zum Beispiel auf Heinz Schlaffers literaturtheoretisches Grundbuch *Poesie und Wissen* berufen, in dem es in zitierfähiger Präzision heißt:

> Die Anteilnahme an Poesie und Kunst kann beim Publikum intensive Emotionen auslösen – Lachen, Weinen, Rührung, Erhebung. Wissenschaft dagegen erfordert Distanz, Korrektheit, Vorurteilslosigkeit, also eine weitgehende Zurücknahme aller Emotionen. Wo sich die beiden Bereiche treffen, in den Kunst- und Literaturwissenschaften, stoßen demnach das emotionale Maximum des Gegenstands und das emotionale Minimum der Methode aufeinander.[7]

Im Licht dieses Gedankens lassen sich die „bienen der arktis" womöglich als Allegorie des „emotionalen Minimums" der Wissenschaft verstehen, doch findet diese spekulative Deutung im Text selbst weder Bestätigung noch Widerlegung. Neben der philosophischen Spekulation hält die Wissenschaft die positivistische Methode bereit, um das Unbegreifliche begreiflich zu machen: Anstatt darüber zu spekulieren, warum der Magus Irreales sucht, kann man auch zu klären versuchen, ob in der Arktis Bienen vorkommen oder nicht. Es bedarf keiner langen Recherche, um auf einer finnischen Tourismus-Website zu erfahren, dass durchaus Bienen über die arktischen Breiten fliegen und sogar Honig produzieren. Derselben Quelle ist zu entnehmen, dass Carl von Linné diese nördliche Biene als erster Wissenschaftler beschrieben hat.[8] Und da läutet eine philologische Alarmglocke: Linné? Dessen lappländische Reise hat doch H. C. Artmann ins Deutsche übersetzt![9] Da ließe sich überprüfen, ob in dieser Übersetzung ein Hinweis auf die Bienen der Arktis zu finden ist. Erweist sich die rätselhafte Andeutung also letzten Endes als verstecktes Selbstzitat?

Doch während man sich noch anschickt, diese Vermutung philologisch zu verifizieren, erhebt das Gedicht in Person Einspruch gegen den intertextuellen Aufwand: „Gleich viel, ob du in der Wirklichkeit oder in Büchern nach den Bienen der Arktis suchst", sagt es, „du verfehlst mich dabei. Denn was will ich, wie schon mehrmals gesagt? Als solches verstanden sein, und weiter nichts." In wissenschaftliche Rede übersetzt, heißt das: Ein Gedicht ist als poetisches Artefakt wahrzunehmen und nicht etwa als sachdienliche Auskunft über das Bienenvorkommen in Nordeuropa und auch nicht als Baumaterial für kunsttheoretische Konstruktionen.

*

Es gehört zu den genuinen Schwierigkeiten im Umgang mit Gedichten, dass diese selbst meist kurz und prägnant sind, während sich die interpretierende Sekundärliteratur umständlich ausbreitet. Das ist einerseits unvermeidlich, weil Erklärungen eben Zusammenhänge darstellen müssen, die der lyrische Text verschweigt oder allenfalls andeutet. Andererseits droht die Gefahr der Unverhältnismäßigkeit. Wer rund tausendfünfhundert Wörter benötigt, um ein Gedicht zu beschreiben, das aus zwölf Wörtern besteht, provoziert die kritische Nachfrage: „Muss das sein?" Die beste Antwort darauf heißt wohl: Nein, es muss nicht sein. Aber wenn im Verlauf des Schreibens eine plausible Lesart des Gedichts entsteht, dann ist es erlaubt, erklärende Worte zu verlieren, um am Ende wieder beim dichterischen Wortlaut anzukommen:

gedicht will als solches
verstanden sein du magus
suchst bienen der arktis

Literaturverzeichnis

Artmann, H. C.: „gedichte von der wollust des dichtens in worte gefaßt". In: Artmann, H. C.: *Sämtliche Gedichte*. Unter Mitwirkung und in der Anordnung des Autors herausgegeben von Klaus Reichert. Salzburg, Wien: Jung und Jung 2003, S. 679–734.
Birkel, Christine: „Dunkle Bienen & arktischer Honig. Über die wichtigsten Tiere der Welt [2016]". In: https://finnweh.de/dunkle-bienen-und-arktischer-honig/ (Zugriff am 19.02.2023).
Burdorf, Dieter: *Einführung in die Gedichtanalyse*. Stuttgart: Metzler [2]1997.
Drosdowski, Günter u. a.: *Grammatik der deutschen Gegenwartssprache*. Mannheim, Wien, Zürich: Dudenverlag 1984.
Pons Wörterbuch Latein – Deutsch. Stuttgart: Klett 2003.
Schiller, Friedrich: „Reiterlied". In: ders.: *Sämtliche Werke*. Hg. von Albert Meier. Bd. 1: Gedichte. Dramen. München: dtv 2004, S. 413f.
Schlaffer, Heinz: *Poesie und Wissen*. Die Entstehung des ästhetischen Bewußtseins und der philologischen Erkenntnis. Frankfurt am Main: Suhrkamp 1990.

Von Linné, Carl: *Lappländische Reise*. Mit Zeichnungen des Autors. Aus dem Schwedischen von H. C. Artmann unter Mitwirkung von Helli Clervall. Frankfurt am Main: Insel 1975.

Wagenknecht, Christian: *Deutsche Metrik*. Eine historische Einführung. München: C. H. Beck ⁵2007.

Anmerkungen

1   Artmann: gedichte von der wollust des dichtens in worte gefaßt. In: Artmann: Sämtliche Gedichte, S. 683.
2   Schiller: Reiterlied. In: Schiller: Sämtliche Werke, S. 413–414, hier S. 413.
3   Nach Wagenknecht: Deutsche Metrik.
4   Vgl. Burdorf: Einführung in die Gedichtanalyse, insbesondere S. 150.
5   Vgl. dazu: Das Genus verbi: Aktiv und Passiv. In: Drosdowski: Grammatik der deutschen Gegenwartssprache, S. 176–189.
6   Vgl. den Eintrag „magus" in: Pons Wörterbuch Latein – Deutsch, S. 533.
7   Schlaffer: Poesie und Wissen, S. 212.
8   Vgl. Birkel: Dunkle Bienen & arktischer Honig.
9   Vgl. von Linné: Lappländische Reise.

Sonja Kaar

„Lyrik zum Einsteigen" mit Gedichten von H. C. Artmann aus *allerleirausch*
Zielgruppe: Schülerinnen und Schüler der 5. Klasse Gymnasium

Zusammenfassung:
Nach einer kurzen Einführung zur Entstehung und Publikation des Gedichtbandes *allerleirausch. neue schöne kinderreime* von H. C. Artmann (Berlin 1967) wird der Frage nachgegangen, ob Artmann damit auf H. M. Enzensbergers Gedichtsammlung *Allerleirauh* (1961) reagiert. Eine vergleichende Analyse soll veranschaulichen, was Artmanns Gedichte von Enzensbergers Gedichtsammlung unterscheidet, was er übernimmt, verändert, verfremdet oder parodiert. Beginnend mit Titel und Untertitel wird über die Gattungsfrage Kindergedicht / Volkslied das Verfahren Artmanns untersucht. Schließlich kann man in Artmanns „Kindergedichten" durch die Nennung von Superhelden den Sprung zur Popkultur festmachen. Mit dem Ziel, bei Schülerinnen und Schülern der 9. Schulstufe AHS ein Interesse an Lyrik im Allgemeinen zu erwecken und ein Verständnis für die Besonderheiten von Artmanns Gedichten (Montage, Parodie, Verfremdung, Figuren aus anderen Kontexten) zu schaffen, wird ein Unterrichtsmodell mit Stationenbetrieb und Gruppenarbeit vorgestellt.

Schlüsselwörter: Hans Magnus Enzensberger, Kindergedichte, *Allerleirauh*, Unterrichtsmodell AHS

1. Berliner Zeit: Entstehung und Publikation

Der Gedichtband H. C. Artmann *allerleirausch. neue schöne kinderreime* entstand in Berlin und wurde 1967 im Rainer Verlag Berlin publiziert. In der 1993 im Klaus G. Renner Verlag in München veröffentlichten Ausgabe wurde der Band um sechs Gedichte erweitert. 1997 erschien im Piper Verlag in München ein Nachdruck dieser Ausgabe.
Die Tagung *Artmann & Berlin* im Oktober 2019 zeigte viele Aspekte der Berliner Zeit Artmanns.[1] In Interviews spricht Artmann gerne davon als seiner besten Zeit. Er wohnte von 1965 bis 1968 in der Kleiststraße 35 und hatte hier viele Freund/innen und Förderer, Autor/innen, Künstler/inn und Verleger. An erster

Stelle muss hier der Autor und Herausgeber Peter O. Chotjewitz erwähnt werden. Uwe Bremer und die Rixdorfer Drucker gehörten genauso zu Artmanns wichtigsten Kontakten wie die Verleger Otto Walter und Rainer Pretzel. Artmann erhielt regelmäßig Besuch befreundeter österreichischer Autor/innen, etwa von Gerald Bisinger, Wolfgang Bauer oder Elfriede Gerstl. Diese wohnte vorübergehend in der Wohngemeinschaft Kleiststraße 35 und arbeitete hier an ihrem Roman *Spielräume*. In einem Interview erzählt sie, sie habe dem H. C. immer vorgelesen, und er sei ein guter Zuhörer und Hinweisgeber gewesen.[2] Auch Gerhard Rühm hielt sich in den 1960er-Jahren in Berlin auf und erzählt im Interview von der spannenden Zusammenarbeit mit Artmann für den Freien Sender Berlin.[3] 1968 kam auch Oswald Wiener nach Berlin, wo er mit seiner Frau Ingrid Wiener das Lokal *Matala* und später das legendäre Künstlerlokal *Exil* führte, in dem auch Günter Brus regelmäßig verkehrte.[4] Nicht zuletzt muss, spricht man von der Berliner Zeit Artmanns, auch das *Literarische Colloquium* erwähnt werden, 1967 wurden H. C. Artmann, Elfriede Mayröcker und Ernst Jandl von Walter Höllerer zur Lesung in der Reihe „Ein Gedicht und sein Autor", eingeladen. Die Lesung der drei österreichischen Autor/innen erlebte ein großes Medienecho, alle West-Berliner Tageszeitungen berichteten.

Artmann war gerade in Berlin sehr produktiv. Er schrieb in der Kleiststraße an *dracula dracula*, am 12. Juni 1966, dem 45. Geburtstag Artmanns, wurde *dracula dracula* schließlich im Europa Center Berlin uraufgeführt. Gleichzeitig entstand der Gedichtband *allerleirausch*. Dracula verirrte sich auch in einige Kinderreime Artmanns. Am Ende des Gedichtes *seht die flinke fledermaus* heißt sie „fräulein dracula".[5] Ein weiteres Gedicht spielt mit der Angst der Kinder, es beginnt mit dem Paarreim: „dracula du schlimmer / komm nicht auf mein zimmer".[6] Nicht so furchterregend hingegen ist *dracula* im Gedicht: „auf dem berge ararat / wohnt der schneider draculat":[7] Er näht als Schneider seiner Frau *nosfretete* den linken Vampirzahn wieder an. Sowohl zu *dracula dracula* als auch zu *allerleirausch* stellte Uwe Bremer mit den Rixdorfer Druckern in Berlin Radierungen her.[8]

2. Enzensbergers Kindergedichte

Sowohl Titel als auch Untertitel des Gedichtbandes H. C. Artmanns verweisen auf die Sammlung der Kinderreime H. M. Enzensbergers, der 1960 als Lektor im Suhrkamp Verlag arbeitete und vom Verlag zu dieser Sammlung angeregt

wurde. Sie erschien 1961 im Suhrkamp Verlag in Frankfurt am Main. In Neuauflage wurden die Kindergedichte 2012 im Insel Verlag in Berlin herausgegeben. Diese Ausgabe bietet den vollständigen Text der Erstausgabe und wurde von der Kritik, man könnte sagen, begeistert aufgenommen.
In einem sehr ausführlichen und informativen Nachwort nennt Enzensberger die lange mündliche Tradition der Kinderlieder und die Quellen, auf die er zurückgegriffen hat:

> Die erste gedruckte Sammlung deutscher Kinderreime ist der Anhang zum dritten Band der von Achim von Arnim und Clemens Brentano herausgegeben Liedersammlung „Des Knaben Wunderhorn" (1806/1808), mit dem Titel *Kinderlieder*. Es ist nicht eigentlich ein Buch für Kinder. Dem Jahrhundert der Aufklärung waren die Kinderreime nicht geheuer, sie waren ihm nicht philiströs genug.[9]

Neben der Sammlung *Des Knaben Wunderhorn* nennt Enzensberger als zweite wichtige Quelle *The Oxford Nursery Book* des englischen Sammlers Peter Opie, einer europäischen Autorität auf dem Gebiet der historischen Erforschung des Kinderreims.[10] Opie kommt zum Ergebnis, dass, was wir Kinderreim nennen, ursprünglich gar nicht für Kinder gedacht war.

> Manches, was als Volksgut gilt, ist abgesunkene Erwachsenenliteratur, unkenntlich gewordene Kunstpoesie. Sprichwort und Rätsel, Moritat und Gassenhauer, Soldaten- und Trinklied, Skolaren- und Theatersongs; Flugschriften, Rufe von Straßenverkäufern und Krämern, Balladen und Volkslieder, verschollenes Brauchtum und Ritual.[11]

Zur Auswahl der Kinderreime seien moralische Bedenken kein Gesichtspunkt gewesen, schreibt Enzensberger im Nachwort, noch weniger als die Moral habe bei der Auswahl die Logik mitzureden.[12] Diese Informationen sind auch im Hinblick auf Artmanns Kinderreime aufschlussreich, die sich von Moral und Logik fernhalten.

3. Titel und Untertitel

Nun stellt sich die Frage: Hat H. C. Artmann mit seinem Gedichtband *allerleirausch* 1967 bloß auf die Gedichtsammlung *Allerleirauh* von H. M. Enzensberger aus dem Jahr 1961 reagiert? Wie viele, welche Gedichte lassen eine Parallele erkennen? Was hat Artmann verändert? Welche Gedichte haben keinen Bezug zu Enzensbergers Sammlung?

Artmanns *Neue schöne Kinderreime* orientieren sich im Titel und in der formalen Struktur an der Gedichtsammlung Hans Magnus Enzensbergers. Die Veränderung des Titels von *Allerleirauh* zu *allerleirausch* ist zunächst eine Irritation, während das Adjektiv *rauh*, seit der 1998 in Kraft getretenen Rechtschreibreform, die 2005 verbindlich wurde, ohne h, *rau* geschrieben, im Duden mit „ein raues Wesen, ein rauer Ton, eine raue Luft, ein noch raueres Kima, die rauesten Sitten" erklärt wird, hat die Silbe *rausch* einen ganz anderen Kontext: Man findet im Duden das Mittelwort ein *rauschendes* Fest, das Verb *sich berauschen,* dazu die Mittelwörter *berauschend, berauscht,* als Nomen Zusammensetzungen wie *Rauschbeere, Rauschebart, Rauschgift, Rauschgold, Rauschmittel, Rauschzustand.*[13] Dass man nun aus der Veränderung des Titels zu *allerleirausch* sofort schließen kann, wie das manche Rezensent/innen machen, es handle sich bei Artmanns Kinderliedern um eine Parodie auf Enzensbergers Kinderlieder, möchte ich so vorschnell nicht behaupten, dazu muss man sich die einzelnen Gedichte Artmanns genauer ansehen.

Die Wahl des Untertitels *neue schöne kinderreime* lässt zunächst eine direkte Reaktion auf Enzensbergers Kinderreime zu, wenn Artmann *viele schöne* durch *neue schöne* Kinderreime ersetzt. Doch auch hier hat man Interpretationsspielraum. In der Wahl von Titel und Untertitel gibt Artmann schon in den Theatertexten Rätsel auf, denn was der Untertitel ankündigt, trifft dann, liest man den Text, nicht ein. Treibt Artmann hier ein Spiel mit der literarischen Form? Dazu ist eine Bemerkung Wendelin Schmidt-Denglers zu Artmanns Gedichtband *Aus meiner Botanisiertrommel* (1975) sehr aufschlussreich, der den Untertitel *Balladen und Naturgedichte* trägt. Schmidt-Dengler hält diese Gattungsbezeichnungen für „Decknamen für längst verloren Geglaubtes und für verloren zu Erachtendes". „Mit dem Begriff Ballade ist im herkömmlichen Sinne nichts zu machen. Auch der Begriff ‚Naturgedicht' hilft nicht weiter: Auch dort stößt man auf die ähnlich markante Inkohärenz."[14]
Artmann reproduziere die Grundlagen dieser romantischen Lyrik vor allem im Tonfall.

Wenn ich recht sehe, sind die Lizenzen, Abweichungen, Unregelmäßigkeiten in der romantischen Lyrik vom Typ *Des Knaben Wunderhorn* von der Volksliedstrophe usw. nicht so erregend, daß sie jenseits der Lizenzen und/oder der Gedichte stünden. […] Denn gerade daß er diese Lizenzen und Stereotypen (ich würde eben am liebsten von einem „lyrischen Stereotyp" sprechen) virtuos verwendet und integriert und funktionalisiert, macht die Leistung in diesen Gedichten aus, die formale Leistung.[15]

So wenig wir es also im Gedichtband *Aus meiner Botanisiertrommel* mit Balladen und Naturgedichten zu tun haben, wie der Untertitel ankündigt, so fragwürdig wird der Untertitel *Neue schöne Kinderreime*. Haben wir es hier überhaupt mit Kindergedichten zu tun?

4. Kindergedichte?

Ein Standardwerk zum Thema Kinderliteratur ist Ernst Seiberts Buch *Themen, Stoffe und Motive in der Literatur für Kinder und Jugendliche* (2008). Seibert nimmt Artmann nicht in die Reihe der Kinderbuchautoren auf, er ordnet ihn und andere österreichische Autoren und Autorinnen unter der Bezeichnung „kinderliterarische Zwischenspiele" der allgemeinen Literatur zu. Neben H. C. Artmann nennt er Milo Dor, Barbara Frischmuth, Marianne Gruber, R. P. Gruber, Erich Hackl, Peter Handke, Michael Köhlmeier, Friederike Mayröcker, Felix Mitterer und Helmut Zenker.[16]

Kinder- und Jugendliteratur wird erst seit den 1970er-Jahren als gleichberechtigter Teil der Gesamtliteratur angesehen und auch literaturwissenschaftlich behandelt. Waren in der Nachkriegszeit strenge Ansichten über „kindgerechte Lektüre" verbreitet, denen zufolge Kindheit als „Schonraum" vor Gewalt und Tod verstanden wurde, so macht sich um 1970 ein Paradigmenwechsel bemerkbar, der in Beziehung zur anti-autoritären 68er-Bewegung steht. Dem Kind werden problemhafte Thematiken in komplexitätsreduzierender Aufbereitung zugetraut.[17]

Zu diesem Schluss kommt auch Danae Pifeas in ihrer 2018 am germanistischen Institut der Universität Wien vorgelegten Diplomarbeit, in welcher sie sich ausführlich mit Artmanns „Kinderreimen" befasst, wenn sie schreibt, dass die Gedichte keiner lehrhaften Ausrichtung oder Moralisierung folgten, vielmehr als eine Parodie derartiger zweckorientierter Ansprüche an Kinderreime und Gebrauchsliteratur zu lesen seien.[18]

Schülerinnen und Schüler bewerteten Artmann Gedichte als witzig, makaber, gruselig oder schockierend, keinesfalls seien sie kindlich oder belehrend.

In den folgenden Modellen der Analyse möchte ich zeigen, wie Artmann bekannte Strukturen der historisch tradierten Kinderreime übernimmt und durch neue Inhalte und Figuren verfremdet. Sie fließen auch in das Unterrichtsmodell Stationenbetrieb ein, dessen Verlauf und Feedback ich abschließend noch vorstelle.

5. Modelle der Analyse

Im Gedichtband *allerleirausch* findet man Gedichte, die sich sehr an die Kindergedichte der Sammlung *Allerleirauh* anlehnen, andere haben nur mehr wenig mit den Gedichten Enzensbergers gemeinsam, was in den drei Stationen A – C sukzessive erarbeitet wird. In diesen Stationen werden Gedichte der Sammlung Enzensbergers den Gedichten Artmanns gegenübergestellt. Die Station D enthält Gedichte Artmanns, die gar keinen Bezug mehr zu den Kinderreimen Enzensbergers haben. Die Gedichte Artmanns stehen in der „stricten Kleinschreibung", so heben sie sich von der traditionellen Form ab, was nicht allein eine Frage der Orthografie ist, sondern als Protest gegen den konservativen Literaturbetrieb der Nachkriegszeit gelesen werden muss.

Alle Artmann-Gedichte übernehmen Vers und Reim von den tradierten Gedichten, auch Rhythmus und Sprachmelodie, um mit Schmidt-Dengler zu sprechen, der „Kinderlied-Sound" bleibt.

Es tanzt ein Bi-Ba-Butzemann	ES TANZT EIN MI MA MONSTERCHEN
In unserm Haus herum, widibum,	in unserm haus herum, widibum,
er rüttelt sich, er schüttelt sich,	es tanzt ein monsterchen
er wirft sein Säcklein hinter sich.	in unserm haus herum,
Es tanzt ein Bi-Ba-Butzemann	es rüttelt sich,
in unserm Haus herum.	es schüttelt sich,
	wirft seine schräubchen hinter sich,
	so tanzt das mi ma monsterchen
	in unserm haus herum.

Wir sehen hier das Verfahren der Text-Montage: Ein Textteil wird ausgeschnitten und durch anderes ersetzt. Häufig ist es, wie in diesem Gedicht, die Figur, die Artmann ändert, und da wiederum ersetzt er den lustigen *Bi Ba Butzemann*[19] durch das gruselige *mi ma monsterchen*[20], das durch die Diminutivverwendung

-chen verniedlicht wird, ja lustig erscheint, da es ebenfalls tanzt. Aber statt der Beine wirft es „seine schräubchen" hinter sich, was zwar keinen Schock im Rezipienten, in der Rezipientin auslöst, aber befremdend wirkt. Man könnte sogar, wenn man will, interpretieren, dass der Tanz die Zerstörung des „monsterchens" nach sich zieht, das ja als Roboter ohne Rädchen nicht mehr funktioniert. Das Gedicht Artmanns ist länger, weil sich der erste Paarreim wiederholt und die Zeile „er rüttelt sich, er schüttelt sich" bei Artmann auf zwei Zeilen aufgeteilt ist. Es steht wie alle Gedichte des Bandes in der „stricten Kleinschreibung", sonst enthält es keine Abweichungen.

Seht den alten Hampelmann,	SEHT DEN LIEBEN ROBINSON,
wie er hampeln, strampeln kann.	heimlich stiehlt er sich davon,
	hat schon gnug vom ziegenbraten,
Alle Damen, alle Herrn,	seht ihn nur zum boote waten,
alle hampeln, strampeln gern.	zu der nächsten insel fährt
	robinson, wie sichs gehört,
Und der Leierkastenmann	hört doch, wie die paddel patschen
Legt ne neue Walze an:	und die nassen segel klatschen.
	eh der bleiche mond aufgeht,
Seht den alten Hampelmann,	er am andren ufer steht,
	wo die menschenfresser sind,
	ei, das weiß doch jedes kind.
und so weiter ad infinitum	robinson der hats nun fein,
	handelt frisches fleisch sich ein!

Das Gedicht *Seht den alten Hampelmann*[21] besteht aus drei Paarreimen und einer Schlusszeile, die gleichzeitig die erste Zeile des Gedichts wiederholt. Sprachlich auffallend ist der Binnenreim „hampeln" – „strampeln" in der ersten und zweiten Strophe. Ist es in der ersten Strophe der Hampelmann, sind es in der zweiten Strophe „alle Damen und Herrn", die sich anscheinend im Tanz vergnügen. Mit dem „Leierkastenmann" in der dritten Strophe weiß man nicht nur, dass es sich um einen gesungenen Text, nämlich einen Gassenhauer, handelt, sondern dass das Lied, indem er die Walze anlegt, wieder von vorne beginnt. Der Gassenhauer ist ein volkstümliches Lied, das ursprünglich vom 16. bis 18. Jahrhundert vom Gassenläufer zum Gassenhauer, dem Tanz auf der Gasse, gesungen wurde. Er erfuhr in der Romantik eine Abwertung zum abgedroschenen, kurzlebigen, sentimentalen oder zotig-trivialen Schlager, im Gegensatz zum edlen Volkslied.[22]

Artmann tauscht in seinem Gedicht *seht den lieben robinson*[23] die Figur, den „alten Hampelmann", aus gegen den „lieben robinson", der am Ende des Gedichtes gar nicht so lieb ist. Unschwer erkennt man den Intertext *Robinson Crusoe*; nicht nur die Figur, sondern auch die Insel, das Boot und die Menschenfresser kommen vor. Man könnte sagen, außer dem Impuls der ersten Zeile, dem Paarreim und dem Kinderlied-Sound hat das 14-zeilige Gedicht Artmanns nichts mit dem *Hampelmann*-Lied zu tun. Es ist nicht in Strophen unterteilt, auch ist es länger als der Gassenhauer, es ist auch kein Tanzlied. Es ist eines der vielen Beispiele für Artmanns völlig freien Umgang mit den traditionellen Kinderliedern.

BATMAN UND ROBIN
die liegen im bett,
batman ist garstig
und robin ist nett.

batman tatüü
und robin tataa,
raus aus den federn,
der morgen ist da!

Mit dem Gedicht *batman und robin*[24] möchte ich noch einen kurzen Blick auf Artmanns Umgang mit der Popkultur werfen. Die einfache Form des Gedichts entspricht der Struktur traditioneller Kinderlyrik, die neben Reimen und Metrik auch die Wiederholung der Namen und den appellativen Charakter der Gebrauchslyrik berücksichtigt. Die Namen *batman* und *robin* konnten die Schüler/innen sofort zuordnen, sie sind ihnen aus Comics und Filmen bestens bekannt. Sie durften Namen und Begriffe mit dem Handy recherchieren.
Valentijn Vermeer weist in seinem Aufsatz über Artmanns frühen Umgang mit der Popkultur darauf hin, dass man bei Artmann bereits in den 1950er-Jahren populärkulturelle Versatzstücke findet.[25] So liest man in *med ana schwoazzn dintn* (1958) ein Gedicht mit dem Titel: *fia n dom schak*. Tom Shark, der König der Detektive, ist eine Heftromanserie, die von 1928 bis 1939 in billigen Groschenheftchen vertrieben wurde und als Schundliteratur diffamiert war. Ein weiteres Beispiel für populärkulturelle Versatzstücke sind die Theatertexte Artmanns Anfang der 1960er-Jahre, wenn am Ende des Stückes *attila ante portas* (1963) Donald Duck applaudiert und der Beatles-Song *A Hard Day's Night*

ertönt. Verweise auf Popkultur sind bei Artmann häufig mit einer Semantik des Obszönen, Sexuellen, Tabuhaften, Amoralischen und Skandalösen verbunden.[26] Was in den 1960er-Jahren noch als Tabu galt, wenn *batman und robin* im Bett liegen, findet bei heutigen Jugendlichen Akzeptanz, sie „finden nichts Besonderes dabei", so das Feedback.

ICH BIN DIE LIEBE MUMIE
und aus ägypten kumm i e,
o kindlein treibt es nicht zu arg,
sonst steig ich aus dem sarkopharg,
hol euch ins pyramidenland,
eilf meter unterm wüstensand,
da habe ich mein trautes heim,
es ist mir süß wie honigseim,
dort, unter heißen winden,
wird keiner euch mehr finden.
o lauschet nur, mit trip und trap
husch ich die treppen auf und ab,
und hört ihrs einmal pochen,
so ists mein daumenknochen
an eurer zimmertür –
o kindlein, seht euch für!

ich bin die liebe mumie[27] scheint das Lieblingsgedicht der Rezensent/innen zu sein, gerne hat Artmann das Gedicht bei Lesungen vorgetragen, es wird z. B. in der *Süddeutschen Zeitung* in einem Bericht vom 1. Dezember 1967 über eine Lesung Artmanns vollständig abgedruckt.
Die Form des Gedichtes, das wie alle anderen keinen Titel trägt, ist uns bereits sehr vertraut: 16 Zeilen im Paarreim, keine Stropheneinteilung, Kinderlied-Rhythmus, Endbetonung. Das Gedicht wendet sich, wie schon das *robinson*-Gedicht, am Schluss an die Kinder mit einer Warnung.
„o kindlein, seht euch für", denn auch „die liebe mumie" ist alles andere als „lieb", sie will die Kinder erschrecken, was ganz dem Motto des Bandes *allerleirausch* entspricht, sagt doch Artmann zu Beginn:

„warte, warte noch een weilchen,
bald kommt artmann auch zu dir.

mit dem kleenen hackebeilchen,
und macht schabefleisch aus dir."

6. Unterrichtsmodell Stationenbetrieb

Warum Lyrik zum Einsteigen mit Artmanns Kinderreimen?
Der Lehrplan für die 9. Schulstufe einer Allgemeinbildenden Höheren Schule in Österreich hat die Dichtungsgattungen verankert. Die Auswahl der Literaturen trifft der jeweilige Lehrer, die jeweilige Lehrerin. Man hat sozusagen die freie Wahl, welche Gedichte, Prosatexte oder szenische Texte man mit der Klasse erarbeiten möchte.
Artmanns Kinderreime sind meiner Meinung nach deshalb gut geeignet, weil sie sich auf traditionelle Kinderreime beziehen, die die meisten Schülerinnen und Schüler schon kennen, sie sind sprachlich und formal für Jugendliche verständlich, witzig und bringen Artmanns Verfahren näher.

Warum Stationenbetrieb?
Im Stationenbetrieb arbeiten die Schülerinnen und Schüler selbstständig, sie lernen viele Gedichte Artmanns kennen, sie lösen gemeinsam die Arbeitsaufgaben und bereiten in der Gruppe die Präsentation vor. Da jede Gruppe alle Stationen bearbeitet hat, kann jede Gruppe ihre Ergebnisse mit denen der Gruppe, die gerade eine Station präsentiert, vergleichen und sich nach der jeweiligen Präsentation einbringen.

Warum Präsentation?
Arbeitsergebnisse zu präsentieren, gehört zu den didaktischen Zielen des Deutschunterrichts.
Die Präsentation in der Gruppe fördert vor allem sprachliche und auch soziale Kompetenzen, weil sich die Gruppe darauf einigen muss, wer welche Ergebnisse präsentiert. Überraschend war, dass die Schülerinnen und Schüler die Gedichte Artmanns vorlesen wollten.

6.1. Leitfaden für die Durchführung des Stationenbetriebs in vier Gruppen

a. **Gruppenauslosung** durch Ziehung von Kärtchen mit Artmann-Figuren
   Fledermaus, Hampelmann, Monster, Batman
b. **Arbeitsaufgaben** für Station A, Station B, Station C, Station D
   Ein Blatt mit den Arbeitsaufgaben wird in jeder Station aufgelegt.
c. Die **Gedichte** werden ohne Autorennennung in jeder Station aufgelegt.
   Für Station A, B, C sind das je vier Gedichte aus der Sammlung Enzensbergers und aus Artmanns *Allerleirausch* für die **vergleichende Analyse**.
   Für Station D sind es fünf Gedichte Artmanns mit Figuren aus anderen Kontexten.
d. **Arbeitszeit** in jeder Station: 15 min.
e. **Wechsel der Stationen** im Uhrzeigersinn (alle gleichzeitig)
f. **Arbeitsprotokoll**
   Jede/r in der Gruppe sollte die Fragen schriftlich beantworten.

6.2. Präsentation

10 Minuten Vorbereitung, 5–10 Minuten Präsentation für jede Gruppe.
- Jede Gruppe präsentiert die Station, bei der sie zuletzt angekommen ist.
- Nehmt bitte alle Unterlagen mit: Arbeitsblatt und Gedichte.
- Stellt die Gedichte vor, die in dieser Station auflagen (erste Zeile als Titel).
- Ihr könnt sie auch vorlesen (jede/r ein Beispiel), muss aber nicht sein.
- Teilt die Fragen in der Gruppe auf; jede/r bespricht eine Frage.
- Gebt bitte ein Gruppenfeedback, wie es euch in der Gruppe mit den Stationen ergangen ist.

6.3. Nachbereitung

a. Gestaltung einer PIN-Wand in der Klasse
   • mit den Gedichten Artmanns
   • mit Fotos Artmanns aus dem Internet
   • mit Informationen zum Autor durch den Lehrer, die Lehrerin
   • mit Material einer Internetrecherche durch die Schülerinnen und Schüler.
b. Schriftliche Analyse eines Gedichtes der Gruppenarbeit
c. Persönliches Feedback mit eigenem Protokoll

6.4. Arbeitsaufgaben für Station A[28]

Das ist der Daumen	Enzensberger, S. 18
das ist der daumen	Artmann, S. 24
Morgens früh um sechs	Enzensberger, S. 32
morgens früh um sechs	Artmann, S. 51
Backe, backe Kuchen	Enzensberger, S. 135
backe, backe kuchen	Artmann, S. 28
Macht auf das Tor	Enzensberger, S. 246
macht auf das tor	Artmann, S. 39

A 1 Untersucht, welche Gedichte zusammenpassen.
   Schreibt die erste Zeile jeden Gedichts als Titel auf und notiert, was euch auffällt.
A 2 Überprüft, welche Gedichte alte Kinderreime sind. Überlegt, ob und woher ihr sie kennt.
A 3 Analysiert die Form der Gedichte: Strophe, Reim, Vers, Versmaß, Rhythmus.
A 4 Stellt eine Internetrecherche (Handy) zum Literaturbegriff „Parodie" an.
A 5 Diskutiert, ob diese Gedichte Artmanns für Kinder geschrieben sind. Begründet eure Meinung.

6.5. Arbeitsaufgaben für Station B

Es tanzt ein Bi Ba Butzemann	Enzensberger, S. 176
es tanzt ein mi ma monsterchen	Artmann, S. 33
Spannenlanger Hansl	Enzensberger, S. 159
daumenlanger hänsel	Artmann, S. 27
Habermann, Habermann hat ein buntes Röcklein an	Enzensberger, S. 176
harmann harmann hat feine hosenträger an	Artmann, S. 31
Fünf Engele haben gesungen	Enzensberger, S. 31
fünf püppchen haben gesungen	Artmann, S. 40

B 1 Untersucht, welche Gedichte zusammenpassen und was euch an den Titeln auffällt.
B 2 Überlegt, welche Gedichte von Artmann sein könnten und woran ihr das erkennt.

B 3 Beschreibt die Sprache der Gedichte: Wortwahl, ungewöhnliche Ausdrücke.
B 4 Stellt eine Internetrecherche (Handy) zum Begriff „Montage" an.
B 5 Diskutiert, wie ihr diese Gedichte Artmanns findet. Schreibt 1–3 Adjektive auf.

a witzig	c gruselig	e kindlich	g langweilig
b lehrreich	d ordinäre	f makaber	h schockierend

6.6. Arbeitsaufgaben für Station C

Seht den alten Hampelmann	Enzensberger, S. 276
seht den lieben robinson	Artmann, S. 19
Da kommt die Maus	Enzensberger, S. 12
klingling! wer ist da draust?	Artmann, S. 11
Grüß Gott, grüß Gott, was wollen Sie?	Enzensberger, S. 19
grüß gott, grüß gott, herr frankenstein	Artmann, S. 45
Lieb Sonne, komm gekrochen	Enzensberger, S. 106
liebe ratte, komm zu mir	Artmann, S. 20

C 1 Untersucht, welche Titel zusammenpassen. Überlegt, was euch an den Titeln auffällt.
C 2 Analysiert, welche Gedichte alte Kinderreime sind, welche von Artmann stammen und was Artmann ändert.
C 3 Stellt Internetrecherche (Handy) zum Begriff „Verfremdung" (Definition) an.
C 4 Überlegt, warum die Gedichte Artmanns nach ihrem Erscheinen 1967 von den Kritikern schlecht rezensiert wurden. Denkt an die Elterngeneration dieser Zeit!
C 5 Diskutiert, wie ihr diese Gedichte Artmanns findet. Schreibt 3 Adjektive heraus. Findet ihr andere?

a witzig	c gruselig	e kindlich	g langweilig
b lehrreich	d ordinärf	f makaber	h schockierend

6.7. Arbeitsaufgaben für Station D

ich bin die liebe mumie	Artmann, S. 15
nosferatu, hampelmann	Artmann, S. 17
batman und robin	Artmann, S. 41

seht, die flinke fledermaus   Artmann, S. 13
ein django der muss haben   Artmann, S. 22

D1 Untersuche, aus welchem Kontext die Figuren stammen (Handy-Recherche).
Ihr könnt die Gedichte auch in der Gruppe aufteilen, jede/r nimmt ein Gedicht / eine Figur.
D2 Überlege, ob und woher dir die Figur bekannt ist.
D3 Stelle fest, ob und wie die Figur von deiner Vorstellung abweicht.
D4 Paraphrasiere den Inhalt des von dir gewählten Gedichts (kurze Inhaltsangabe).
D5 Diskutiere, ob diese Gedichte Artmanns für Kinder geschrieben sind. Begründe deine Meinung.

Literaturverzeichnis

Arnim, Achim von / Brentano, Clemens: *Des Knaben Wunderhorn*. Köln: Anaconda 2015.
Artmann, H. C.: *Aus meiner Botanisiertrommel. Balladen und Naturgedichte*. Salzburg: Residenz 1975.
Artmann, H. C.: *Allerleirausch. Neue schöne Kinderreime*. München: Piper 1997.
Enzensberger, Hans Magnus: *Allerleirauh. Viele schöne Kinderreime*. Berlin: Insel 2012.
Bisinger, Gerald: *Über H. C. Artmann*. Frankfurt am Main: edition suhrkamp 1972.
Breitenfellner, Kirstin: „H. M. Enzensberger Allerleirauh". In: *Falter* v. 20.04.2012, S. 36.
Duden: *Die neue Rechtschreibung*. Mannheim: Dudenverlag 2004.
h. j. s.: „Ich bin die schöne Mum-i-e". In: *Süddeutsche Zeitung* v. 01.12.1967.
Kaar, Sonja: „Interview mit Gerhard Rühm (20. September 2019, kunbsthaus muerz)". In: dies. / Schuster, Marc Oliver (Hg.): *Artmann & Berlin*. Würzburg: Königshausen & Neumann 2021, S. 83–89.
Kaar, Sonja: „Erdäpfelgulyas: Interview mit Elfriede Gerstl am 12.08.1998 in Wien". In: dies. / Schuster, Marc Oliver (Hg.): *Artmann & Berlin*. Würzburg: Königshausen & Neumann 2021, S. 186–187.
Kaar, Sonja / Schuster, Marc Oliver (Hg.): *Artmann & Berlin*. Würzburg: Königshausen & Neumann 2021.
N. N.: „H. C. Artmann Allerleirausch". In: *FAZ* v. 28.11.1967.
Pifeas, Danae: „H. C. Artmann und seine Kinderliteratur. Neue schöne Kinderreime?" In: Millner, Alexandra / Schuster, Marc Oliver (Hg.): *Acht-Punkte-Proklamation des poetischen Actes. Weiteres zu H. C. Artmann*. Würzburg: Königshausen & Neumann 2018, S. 153–158.
Schmidt-Dengler, Wendelin: *Bruchlinien*. Salzburg, Wien: Residenz 1995.
Segebrecht, Dietrich: „Paradoxe Parodien". In: *FAZ* v. 10.10.1967.

Seibert, Ernst: *Themen, Stoffe und Motive in der Literatur für Kinder und Jugendliche*. Wien: facultas 2008.

Vermeer, Valentin: „Tom Shark, Li'l Abner und Supermann: H. C. Artmanns früher Umgang mit der Populärkultur". In: Millner, Alexandra / Schuster, Marc Oliver (Hg.): *Acht-Punkte-Proklamation des poetischen Actes. Weiteres zu H. C. Artmann*. Würzburg: Königshausen & Neumann 2018, S. 119–137.

Wilpert, Gero von: *Sachwörterbuch der Literatur*. 8. erweiterte Auflage. Stuttgart: Kröner 2001.

Würfel, Carolin: *Ingrid Wiener und die Kunst der Befreiung. Wien 1968 / Berlin 1972*. Berlin: Hanser 2019.

Anmerkungen

1. Die Vorträge erscheinen zum 100. Geburtstag Artmanns in: Kaar / Schuster: Artmann & Berlin.
2. Vgl. Kaar: Erdäpfelgulyas: Interview mit Elfriede Gerstl.
3. Vgl. Kaar: Interview mit Gerhard Rühm.
4. Vgl. Würfel: Ingrid Wiener, S. 129.
5. Artmann: Allerleirausch, S. 13.
6. Ebd., S. 18.
7. Ebd., S. 42.
8. Eine Neuauflage der Drucke erschien als 44. Druck der Bear Press Wolfram Benda in Bayreuth 2013 unter dem Titel: H. C. Artmann: *allerleirausch, neue schöne kinderreime*. 20 Radierungen von Uwe Bremer.
9. Enzensberger: Allerleirauh, S. 355.
10. Opie, I. und P.: *The Oxford Nursery Rhyme Book*. Oxford 1955. Zit. n. Enzensberger: Allerleirauh, S. 349.
11. Ebd., S. 349.
12. Vgl. ebd., S. 358.
13. Vgl. Duden: Die neue Rechtschreibung.
14. Schmidt-Dengler: Bruchlinien, S. 299.
15. Ebd., S. 297–299.
16. Vgl. Seibert: Literatur für Kinder, S. 52.
17. Vgl. ebd., S. 20.
18. Vgl. Pifeas: H. C. Artmann und seine Kinderliteratur, S. 154.
19. Enzensberger: Allerleirauh, S. 176.
20. Artmann: Allerleirausch, S. 33.
21. Enzensberger: Allerleirauh, S. 276.
22. Vgl. Wilpert: Sachwörterbuch, S. 319.
23. Artmann: Allerleirausch, S. 19.
24. Ebd., S. 41.
25. Vgl. Vermeer: Tom Shark, S. 120.
26. Vgl. ebd., S. 133.
27. Artmann: Allerleirausch, S. 15.
28. Alle Gedichte stammen aus den Bänden Artmann: Allerleirausch, und Enzensberger: Allerleirauh.

Michael Penzold

„krauchen soll's durch blut und bein"
Anmerkungen zu H. C. Artmanns Kindergedichten aus deutschdidaktischer Perspektive

Zusammenfassung:
In diesem Essay wird der Versuch unternommen, die Rahmenbedingungen einer unterrichtlichen Verwendung von Artmanns Gedichtband *allerleirausch* (1967) zu bestimmen. Ausgehend von der literaturgeschichtlichen Beziehung zum Märchen *Allerleirauh* aus den Kinder- und Hausmärchen der Brüder Grimm und vom programmatischen Begriff des „Krauchens", der sich in der *Zueignung* dieses Bandes findet, werden verschiedene poetologische Zugänge zu den Kindergedichten vorgestellt. Ferner wird resümierend darauf verwiesen, dass diese Gedichte Artmanns sich vorzüglich dazu eignen, die Widerständigkeit von Literatur zu erfahren und unterrichtlich zu thematisieren.

Schlüsselwörter: *allerleirausch* von H. C. Artmann, Literaturdidaktik, Kindergedichte, Widerständigkeit von Literatur, Poetologie H. C. Artmanns, Protest und Literatur, Märchen *Allerleirauh*

1.

Die didaktische Praxis der Fächer Deutsch und Deutsch als Zweitsprache ist von einer gespaltenen Vorstellung von Kindheit und Jugend geprägt: Zum einen wird verständlicherweise und aus zwingenden Gründen versucht, angesichts zahlreicher aktueller Missbrauchsskandale, Verwahrlosungstragödien und Tötungsdelikte Kinder als eine schutzbedürftige Personengruppe zu konstruieren. Das Destruktive, das den Übergriffen zu Grunde liegt, hat seine direkte oder indirekte Ursache diesem Denken nach fast ausschließlich in der Welt der Erwachsenen. Strafrechtlich gesehen und moralisch verstanden ist das nicht zu bestreiten. In diesem Gesamtsetting allerdings haben kindliche Destruktionsmuster und Aggressionsverläufe wenig Chancen, in ihrem Eigenwert erkannt zu werden. Dass der Umgang mit der eigenen und in sich selbst erfahrenen Aggression auch zu einer konstruktiven Selbsterfahrung führen kann, scheint jedoch evident. Die unreflektierte Aggressionshemmung durch einen Erziehungsstil der allseitigen

Michael Penzold

Verhaltens- und Sprachkontrolle kann also vor allem dann einen hohen Preis haben, wenn sie keine Ventile und keine experimentellen Freiräume mehr lässt. So etwa könnte man sich diejenige Psychologie zurechtlegen, auf die die Kindergedichte von H. C. Artmann eine Antwort sein könnten. Im folgenden Essay soll versucht werden, diese zuweilen verstörenden Texte Artmanns psychologisch-didaktisch zu verstehen: Sind sie als symbolisiert-ikonoklastische Alptraumphantasien dazu geeignet, das Destruktiv-Kindliche beispielsweise im Rahmen des Deutschunterrichts zu formatieren und gesprächsfähig zu machen? Welche didaktischen Dimensionen könnten durch eine solche Vorgehensweise tangiert werden, welche Grenzen würden dadurch überschritten?

Im Folgenden soll nicht in erster Linie eine unterrichtsfähige Sammlung von Kindergedichten vorgestellt werden, sondern der Versuch gemacht werden, in einem der Kindergedichte Artmanns eine programmatische Spur herauszuarbeiten und von dort ausgehend Ansätze zu einer weiteren didaktischen Nutzung der Kindergedichte zu markieren. Diese Spur ist am besten in einem Gedicht zu erkennen, das unter der Rubrik *Zueignung* die Gedichtsammlung mit dem Titel *allerleirausch. neue schöne kinderreime*[1] einleitet und dadurch gewissermaßen auf den Punkt bringt, was die Leser/innen auf den folgenden Seiten erwartet. Da dieses Gedicht als Ganzes den erzieherischen und moralisierenden Ton beflissener Lehrpersonen ironisch aufnimmt, sei es an dieser Stelle zunächst als Ganzes zitiert. Vom Verfasser dieses Essays fett hervorgehoben sind im Sinne der weiteren Analyse die Imperative, die zumindest dem Klischee schulischer Handlungsaufforderungen entsprechen. Der Imperativ „kauf" wurde noch kursiv gedruckt, weil er zusätzlich noch den Aspekt des Ökonomischen markiert:

ZUEIGNUNG

lerne was,
so hast du was.
kauf dir drum
ein tintenfaß,
füll die feder
dann darin,
nimm papier,
schärf deinen sinn.
schreibe nicht
ein licht gedicht,

weiß schreibt nur
der böse wicht.
krauchen solls
durch blut und bein
bis ins herzens
kämmerlein.

Bei diesem „Zueignungs"-Gedicht der Gedichtsammlung fällt zunächst auf, dass die Aufforderungskaskaden der ersten Verse nicht in einer Ermahnung etwa zur gründlichen Lektüre der dann folgenden Gedichte mündet, sondern in einem Appell an das Schreiben (V. 9): Auch wenn dieser Appell zunächst in der Verneinung steht, so mündet er doch in eine Zielvorgabe der Wirkung einer favorisierten Art und Weise des Schreibens (V. 13–16). Ob die nach der *Zueignung* versammelten Texte dann diesem Schreibideal entsprechen und demnach als Exempel dieses Schreibens gelten könnten, ist nicht gesagt, liegt aber nahe: So gesehen ist der Sammlung von Beginn an eine didaktische Spitze eingeschrieben. Ähnlich wie der Imperativ kann zudem die in V. 13 stehende Formulierung mit dem Modalverb „sollen" auf eine „extrasubjektive Quelle der Modalität"[2] verweisen, die mit derjenigen, auf die sich die Imperative beziehen, identisch ist – zumindest mit der des Imperativs „schreibe". Wer nun im Hinblick auf die folgenden Gedichte weitere Ermahnungen oder Lehrhaftes erwartet, der täuscht sich freilich. Mit Danae Pifeas kann man durchaus von einer „Parodie [...] zweckorientierter Ansprüche an Kinderreime als Gebrauchsliteratur"[3] sprechen. Über das hier gemeinte Parodistische hinaus wäre aber angesichts des Titels der Sammlung noch weiter und genauer zu fragen, ob nicht noch ein subtilerer Versuch der Selbstpositionierung auf dem Feld der Kinderliteratur zu erkennen ist. Denn über den direkten poetologischen Bezug des Titels zu der verbreiteten Sammlung Hans Magnus Enzensbergers von 1961, die den Titel *Allerleirauh*[4] trägt, ist eben mit diesem auf das Grimm'sche Märchen *Allerleirauh* (KHM 65)[5] angespielt. Dieses Märchen handelt, kurz gesagt, von einer Königstochter, die nach dem Tod ihrer Mutter von ihrem Vater begehrt wird. Dessen Avancen entzieht sie sich dadurch, dass sie dessen Geschenke – unter anderem ein rauer, aus verschiedenem Tierfell zusammengenähter Mantel – dazu nutzt, um sich heimlich vom Hof zu stehlen. In einem anderen Schloss findet sie Schutz. Dort bleibt sie zunächst unerkannt, gibt aber nach und nach ihre Tarnung auf und wird schließlich vom Schlossherrn, ebenfalls einem König, geheiratet.
Der Bezug der Artmann'schen Sammlung zu KHM 65 ist in vielfacher Hinsicht

interessant. Das „Rauhwerk", und vielleicht auch *allerleirausch,* wird sozusagen der magische Schutzraum gegenüber einer übergriffigen Umwelt: Die vom Inzest bedrohte Königstochter wünscht sich den „Rauhwerk" genannten Mantel in der Annahme, er sei ein vollkommen fiktiver und damit nicht real zu beschaffender Gegenstand. So fordert sie, als der Vater von ihr verlangt, er möge sie doch heiraten:

> „[E]h ich euren Wunsch erfülle, muß ich erst drei Kleider haben, eins so golden wie die Sonne, eins so silbern wie der Mond, und eins so glänzend als die Sterne; ferner verlang ich einen Mantel von tausenderlei Pelz und Rauhwerk zusammengesetzt, und ein jedes Tier in euerm Reich muß ein Stück von seiner Haut dazu gegeben haben." Sie dachte aber[,] „das anzuschaffen ist ganz unmöglich […]." (KHM 65, S. 311)

Als es dem König dann doch wider Erwarten und auf wundersame Weise gelingt, diese Fiktion eines Mantels, sozusagen den Mantel der Fiktion, zu beschaffen, hilft ausgerechnet dieser Mantel der Königstochter, ihr Versprechen zu brechen und in seinem Schutz dem Übergriff zu entgehen:

> Als nun die Königstochter sah[,] daß keine Hoffnung mehr war[,] ihres Vaters Herz umzuwenden, so stand sie in der Nacht, wie alles schlief, auf, […] zog den Mantel von allerlei Rauhwerk an[] und machte sich Gesicht und Hände mit Ruß schwarz. (KHM 65, S. 311)

Der Mantel geht also, als etwas Unmögliches gemeint, einerseits auf den Wunsch der Tochter zurück, die dem inzestuösen Ansinnen ihres Vaters entgehen möchte. Er verändert dann aber andererseits die Funktion. Weil der Vater sich, wie es das Märchen nahelegt, gegen Gottes Gebot wendet, wendet sich die Tochter gegen das Gebot des Vaters und bricht ihr eigenes Versprechen. Der Mantel aus allerlei „Rauhwerk" dient nun dazu, sich zu verbergen und unerkannt zu fliehen. Zeitweilig ist der Mantel so eindrücklich, dass sie sogar – zu ihrem eigenen Schutz – als „wunderliches Tier" (KHM 65, S. 312) verkannt und auf ein anderes Schloss gebracht wird. Dort entspinnt sich dann die durch die eigentümlichen Gaben des Vaters strukturierte Cinderella-Handlung. Die Enttarnung der Prinzessin erfolgt dann am Ende erneut wieder dadurch, dass diese sich nun nicht mehr vollständig unter dem „Pelzmantel" (KHM 65, S. 315) verbergen kann. Ein „weißer Finger" mit dem vom Prinzen geschenkten Ring und das „Sternenkleid" werden unter dem Mantel erkannt.

Diese Ausführungen sind bei einer kinder- und jugendliterarisch interessierten Betrachtung der Sammlung *allerleirausch* von Artmann nicht nur deswegen so interessant, weil sie sozusagen eine offene, intertextuelle Referenz zu einem Grimm'schen Märchen einer klassischen Sammlung der Kinder- und Jugendliteratur herstellt. Interessanter noch scheint der Bezug zu der Dialektik des Verbergens und Entbergens. Interessant auch die im Märchen präsente Vorstellung des Umwendens, des Zweckentfremdens: Soll der Mantel des Märchens zunächst als Gabe des Vaters den Widerstand der Tochter überwinden, so dient er nun als die optimale Tarnung beim Verlassen des väterlichen Reiches und ermöglicht es der Königstochter, längerfristig, so lange sie will, unerkannt zu bleiben. Zusammen mit den anderen Gaben hilft er gegen allen Anschein und im Verborgenen die gewünschte, nicht-inzestuöse Beziehung zu begründen. Eine Gedichtsammlung, die heißt wie der Mantel, würde aus diesem Märchen so gesehen eine metapoetische Fabel über Kinder- und Jugendliteratur machen – eine Fabel über die Aneignung der Sprache des anderen, deren Zusammensetzung zu einem Neuen, unter dessen Schutz die illegitimen und destruktiven Übergriffe des Erwachsenen vermieden oder auch nur verarbeitet werden können.

Und noch mehr: Die von Artmann vorgenommene Änderung von *Allerleirauh* in *allerleirausch* betont das Lustvolle, das Exzessive und vielleicht auch das Aggressive dieser Literatur. Man muss nun in der Artmann'schen Sammlung nicht weit vorauslesen, um dies zu erahnen. Denn wenn man den Vergleich mit *Allerleirauh* zuspitzt, so dienten die verschiedenen Stücke Literatur, die hier versammelt sind, nicht der Tarnung. Vielmehr ist ihnen eine *allerleirausch*ende Didaktik eingeschrieben, die eben auch überdeutlich zu erkennen gibt, die auch erschreckt und irritiert. Die literaturdidaktische Bedeutung solcher Irritationen in unserer digital geglätteten Welt ist übrigens zuletzt von Jessica Gahn in ihrer 2018 veröffentlichten Studie *Irritierendes Lesen* systematisch erfasst und empirisch geprüft worden. Von ihr konnte unter anderem nachgewiesen werden, dass die Auseinandersetzung mit irritierenden Texten den Schülerinnen und Schüler neue Reflexionsräume eröffnen – denn sie müssen zumeist mit mehreren verschiedenen Deutungsideen umgehen. Dadurch aber entwickeln sie möglicherweise früher die Fähigkeit, mit einer pluralistischen Deutungskultur umzugehen.[6]

Die Irritation, wie sie in *allerleirausch* selbst immer wieder versucht wird, lässt sich in ihrer modalen Spezifikation in der programmatischen *Zueignung* wiederfinden in dem seltenen Verb „krauchen" (*Zueignung*, V. 12). Etymologisch ist dieses Wort, das als „mitteldeutsche Variante des Präsens von ‚kriechen'"[7] gelten kann, eben auch verwandt mit dem englischen Verb „to creep"[8], das in seiner adjektivischen Variante „creepy"[9] ja ganz manifest das Unheimliche impliziert. „Es" – was auch immer damit gemeint ist – soll den Lesenden also „durch Blut und Bein" (V. 13) kriechen, es soll irritieren in dem Sinn, dass nicht nur das Kognitive der Irritation,[10] sondern auch deren emotionale oder existenzielle Seite poetisch erfahren wird. Das langsame, bedrohliche „Krauchen" sogar „bis ins herzens / kämmerlein" (V. 14–15) ereignet sich demnach möglicherweise bei der Lektüre von *allerleirausch* selbst.

2.

Mit der Zueignung ist also bereits der für diese Gedichtsammlung typische Ton getroffen. Doch auch das inhaltliche „Rauhwerk" der folgenden Gedichte, in denen Versatzstücke aus Kultur und Moral zu finden sind, wie sie Kindern bis heute immer wieder ineinander verwoben zugemutet werden, kündigt sich hier an. Die Lesenden werden, so die Art der Irritation in den Gedichten der Sammlung, zunächst unmerklich aufs Glatteis geführt, um dann die naiven Erwartungen am Ende durch eine Wendung ins Brutale oder Absurde zu brüskieren. Freilich steht dieses Vorgehen ganz im Zeichen der späten 1960er- und der 1970er-Jahre.[11] In der performativen Dekonstruktion populärkultureller und erzieherischer Motive ging es hier darum, Kinder aus den Fängen einer sie angeblich bildenden, eigentlich aber bevormundenden Verkindlichungsliteratur zu befreien. Dies geschah mit dem Ziel, sie zu sich selbst bestimmenden, widerständigen Subjekten entwickeln zu lassen. Auch der kapitalismuskritische Tenor der Zeit ist in der *Zueignung* zu finden. Denn schon im Titel klingt die Frage nach dem Eigentum, dem Besitz an. Auch der Kindern in unterschiedlichen Varianten bis heute immer wieder unterbreitete Ratschlag: „lerne was / so hast du was" (V. 1–2) trägt diese Signatur. Von dem, was man lernt, kann man sich etwas kaufen, sonst wäre das Lernen für die Wirtschaftsbürger/innen sinnlos. Der Sinn dieses Lernens erfüllt sich aber nun, so will es die *Zueignung*, ausschließlich im Schreiben – genauer: der Bereitstellung der materiellen Grundlagen des Schreibens und dem Verbrauch der Tinte aus dem „tintenfaß" (V. 4). Abgelehnt wird zudem, in einem neuen Anlauf des Empfehlens, das Verfassen eines „licht[en]" (V. 9) Gedichts. Mit dieser Wendung aus dem Ökonomischen heraus wird auf das dunkle „Krauchen" hingearbeitet, das gegen den falschen Glanz ankriecht.

Neben dieser literaturgeschichtlichen Konnotation ist also die spezifische Wendung der *Zueignung* hinsichtlich des Schreibens bemerkenswert. Zumindest auf der diskursiven Ebene des Gedichts abgelehnt wird das „weiß[e]" (V. 10) Schreiben, bei dem nur „licht[e] Gedicht[e]" herauskommen. „Weiß" schreibt übrigens im Kontext des „lerne was, so bist du was" der Lehrer mit der weißen Kreide in der Schule – ist er der „böse Wicht" (V. 11)? Gegen dieses Schreiben steht das nicht-weiße Schreiben – möglicherweise mit schwarzer Tinte: *med ana schwoazzn dintn*[12]. Zugleich aber scheinen in der Sammlung *allerleirausch* auch andere Formen des weißen Schreibens denkbar zu sein. Wer weiß auf Weiß schreibt, schreibt unsichtbar, oder: schreibt den Hintergrund, auf dem Schreiben dann überhaupt erst Sinn machen kann. Der Bösewicht schreibt sozusagen zwischen den Zeilen und unter den Zeilen, die schwarze Tinte erst lässt die Artikulation zu, die das dominante Weiß in den Hintergrund rückt. Das Weiße ist das bereits Geschriebene, das Selbstverständliche, wenn man so will, der kulturelle Hintergrund, in den dann die Tinte hinein-„krauchen" kann. Die Identifikation des Weiß und der poetische Wille zur Artikulation gehen hier Hand in Hand.

Der vierte und letzte Satz dieser Zueignung bringt dann genau die noch ausstehende Wendung ins Unheimliche. Hier ist aber auch die Überführung des Schreibens in eine existenzielle Erfahrung angesprochen. Das Schreiben mit der Feder ist demnach etwas, das nicht nur das Papier tränkt, sondern etwas, das die papierne Oberfläche durchbricht und „bis ins herzens / kämmerlein" (V. 14–15) vordringt. Von der Formulierung her gedacht erinnert diese poetologische Konstellation an die von Artmann in der *Acht-Punkte-Proklamation des poetischen Actes* formulierte Behauptung, dass der „poetische Act" ein „Act des Herzens und der heidnischen Bescheidenheit"[13] sei. Als Schreibanleitung – als eine solche kann das Gedicht durchaus verstanden werden – wendet sich das Gedicht mit einem fast schon normativen Anspruch an die Lesenden, die zu Schreibenden werden sollen, „krauchen soll's" (Z. 13), als ob es gar nichts Wünschenswerteres gäbe. Zugleich auffällig ist hier auch die Wendung von außen nach innen, von der Welt des Kaufens in die innere Welt des Herzens. Die ist aber nun nicht Ort der Behaglichkeit und der höchsten Authentizität, sie ist sozusagen erst bei sich, wenn sie kontaminiert wird von dem Begehren, dass etwas hinein-„krauchen" soll.

Versteht man diese Zueignung als eine Lesehilfe für das, was folgt, dann kann man verschiedene Arten erkennen, wie dieses Krauchen verfasst ist. Die nun folgenden Versuche dienen dazu, ein didaktisches Ordnungsschema aufzurichten, das der Wahrnehmung der Gedichtsammlung als Ganze und deren Intertextualität mit der *Zueignung* manifest werden lässt. Was ist nun in den einzelnen Gedichten mit dem Krauchen gemeint?

3.1. Sozial-edukatives Krauchen

Eine Gruppe von Gedichten, die die Verunheimlichung gesellschaftlich gesetzter Sollensstrukturen und Selbstverortungen thematisiert, scheint das „Krauchen" als etwas zu verstehen, das Erziehung selbst – vor allem die normativen Sprachformen des Pädagogischen – zu ironisieren versucht. Als Beispiel soll hier das Gedicht *hänschen soll ein goethe werden* zitiert werden, das mit der folgenden Strophe beginnt. Die Hervorhebungen sollen im Kontext des vorliegenden Aufsatzes zum einen auf die normativen Ansprüche (fett), zum anderen auf die subjektiven und an das Subjekt gerichteten Indikative und Imperative (unterstrichen) verweisen:

> hänschen **soll** ein goethe werden
> haßts röslein auf der haiden
> hänschen **soll** giftmischer werden
> mag arsen nicht leiden
> hänschen hänschen denke dran
> was aus dir noch werden kann[14]

So unverbindlich auf die Zukunft gerichtet die beiden letzten Verse sind, so beliebig scheinen die Inhalte der so unbarmherzig daherkommenden Sollensbestimmungen zu sein. Was soll dieses Hänschen denken, dem Identitätsangebote zum einen als „goethe", zum anderen als „giftmischer" mehr oder weniger im gleichen Atemzug zugemutet werden? Die Ansprüche stehen sich hier aber nicht nur im Weg, sie führen auch zu einer fast schon hypertrophen Subjektivität, die sich weder auf das „röslein" noch auf das „arsen" einlassen will. Geht man mit diesem Gedicht noch eine Strophe weiter, so wird deutlich, dass der Verfasser keineswegs gewillt ist, bei der Vorführung der reinen Hohlheit und Beliebigkeit der inhaltlichen Füllung des Schemas stehen zu bleiben. Das anscheinend vollständig überforderte „hänschen" wird nun, ähnlich schon wie beim „giftmischer" sogar noch „hure" werden. In Aufgipfelung dieser Struktur soll er nun „gestapo" werden. Im Gedicht ist das dann so zu lesen:

> hänschen **soll** ne hure werden
> grault sich vor den luden
> hänschen **soll** gestapo werden
> dauern ihn die juden
> hänschen hänschen denke dran
> was aus dir noch werden kann[15]

Dem Sollen wird hier je eine emotionale Befindlichkeit entgegengesetzt. Die Sollensansprüche scheinen so überzogen, dass man es der Instanz, die das Sollen ausspricht, auch gar nicht recht machen kann. Provokativ ist hier natürlich auch die lapidare Einspielung eines Versatzstücks aus der deutschen Geschichte, durch das das Verbrechen des 20. Jahrhunderts schlechthin, der Holocaust, erinnert wird. Dieses Einflechten ist in der Tat auch deswegen „creepy", weil es kommentarlos in die vollkommen beliebig erscheinende Reihe normativer Ansprüche gestellt wird. Das etwas banale, spießbürgerliche Erziehungsgedicht wird damit zum Einfallstor des Verbrechens, indem es den Unterschied zwischen „goethe", „giftmischer", „hure" und „gestapo" poetisch nicht macht.

3.2. Medial-dekonstruktives Krauchen

Mehr auf die Massenkultur und ihre Vermarktungstechniken bezieht sich eine Gruppe von Gedichten, in denen die Superhelden des Unterhaltungsmarktes ins Alltägliche verzerrt werden. Dadurch entstehen Parodien, die stark an kindliche Verfahren erinnern, die im „Quatsch" enden. In der Verquatschung der Helden kann ein poetischer Freiheitsakt gesehen werden, durch den die unbesiegbaren und dadurch auch unhinterfragbaren Helden der Comic- und Filmwelt bloßgestellt werden:

> HERR SUPERMANN, ZIEH HOSEN AN,
> man könnt dich sonst erkennen,
> die lois kommt mit der lara an,
> sie möchten mit dir pennen.
> poing poing – crash crash,
> crash crash – poing poing,
> sie wolln dich gar umgarnen,
> und ich, der heilge kryptonus,
> bin da, um dich zu warnen.[16]

Anders als in der ersten Gruppe (3.1) sind hier inhaltliche Versatzstücke aus der eigentlich nicht primär in lyrischer Form zu denkenden Welt der Texte über Superhelden in einfache Verse gebracht, die an Kinderreime erinnern. Ähnlich wie diese transportieren sie Tabuthemen des Kindlichen in eher pädagogisch unerwünschter Terminologie, etwa wenn zwei Frauen mit Superman „pennen" (V. 4) wollen. Die Soundwords des Comics werden nun auf diesen Fall hin zwei Zeilen lang ohne direkte Erläuterung auf eine wie auch immer als Liebesakt zu denkende Begegnung hin zitiert. Die Lesenden können sich nun ihre mehr oder weniger „unanständigen" Gedanken machen. Die Notlage Supermans scheint hier so bedrohlich, dass sogar der „heilige kryptonus" (V. 8), der dem Gedicht auch noch als lyrisches Ich dient, eine Warnung ausspricht: Die Bedrohung Supermans scheint hier in den unaussprechlich intensiven Annäherungen der beiden weiblichen Figuren zu bestehen. Der „pure Eskapismus"[17] der Superman-Geschichten wird hier also durch das unausgesprochene, bestenfalls in den Soundwords präsente sexuelle Begehren unterlaufen. Wem dieses Begehren in die hermetische Welt der Superhelden hineinkraucht, dem ist eine rein pathetische und eine rein auf Weltflucht ausgehende Lektüre populärer Comics zumindest zeitweise ausgetrieben.

3.3. Horrifizierendes Krauchen

Neben diesem Verfahren der Vermengung des sogenannten Unanständigen in Heldengeschichten kommt durch die Kindergedichte Artmanns noch ein anderes Thema in vielen der Gedichte in *allerleirausch* zur Sprache: die exzessive, tabuisierte Gewalt und die lustvolle Darstellung von Gewalttätigkeit. Auch hier ist ein traditionelles Tabu der Erziehung im Blick. Auffällig ist, dass hier das lyrische Ich und mithin das Ich des Lesenden als Subjekt und Objekt der Gewalttätigkeit gedacht werden. Die Kindergedichte sind nun natürlich alles andere als vertrauenswürdig: So harmlos und niedlich das Gedicht anfangen mag, so schockhaft ist dann die Wendung gegen die Integrität der Körper. Gewalt und Brutalität zu thematisieren, bedeutet zwar einerseits, bezüglich von Ängsten und Bedrohungen sprachfähig zu werden, ist andererseits aber gerade in einer Zeit, in der Kinder immer wieder Opfer von Gewalt und sexuellen Übergriffen werden, nur mit Einschränkungen noch als lustig zu bezeichnen. Gerade aber das macht die Gedichte so wertvoll, denn sie rufen die bittere Anwesenheit von Gewalt auch in Kindheiten vor Augen. Der Verdacht des Gewalttätigen und Destruktiven kraucht sozusagen in die „inneren" Kinderzimmer des Lesenden, in deren Vorstellungen von Kindheit. Als Beispiel sei hier der Anfang von *eine maus, eine maus* zitiert:

EINE MAUS, EINE MAUS
trägt mich vor das mäusehaus,
knabbert mir die äuglein aus,
nimmer finde ich nachhaus […][18]

3.4. Metapoetisches Krauchen

Eine andere Art, die Lektüre von Kindergedichten etwas „creepy" zu machen, sind Wendungen, die so aussehen, als seien sie metapoetisch. Die einsinnige, erziehungsselige Lektüre wird unterbrochen und wider Erwarten wird dem Lesenden der Sprung in eine reflexive Ebene zugemutet, der ein neues Licht auf die zu lesenden Verse wirft. Diese Art, mit Gedichten umzugehen, leitet bereits die *Zueignung* ein, wobei hier die metapoetische Aussage, die beispielsweise in der Forderung nach dem „Krauchen" zu finden ist, eben nicht eine beruhigend rationale oder poetologisch sinnstiftende Aussage ist. Die Reflexion des Gedichts im Gedicht ist zudem selbst wieder unheimlich, weil sie sich beispielsweise gegen das wohlwollende Einvernehmen zwischen Dichter/in und Leser/in richtet. Deutlich wird das auch im Abschlussgedicht von *allerleirausch,* das wie folgt lautet:

DIES BÜCHLEIN IST AUS,
dort läuft ne maus –
wer sie fängt,
darf sich einen
haltbaren schulterhalfter
draus machen![19]

Das harmlose Reimglück der ersten beiden Verse erinnert an frühkindliche Freuden der Gedichtlektüre. Was sich reimt, passt zusammen. Und wenn etwas als zusammenpassend erkannt ist, ist der / die Lesende froh. Die Maus ist als Motiv auch hier wieder gesetzt und ist diesmal zwar keine monströse Erscheinung wie im Gedicht *eine maus, eine maus*. Doch in der Aufforderung, dieses Symbol des Niedlichen zu jagen und einer materiellen Verwertung zuzuführen, ist auch mehr verborgen als eine Provokation bezüglich der Verwendung kindlicher Motivwelten. Das Gedicht verstößt in dem prosaischen Bedingungsgefüge der letzten vier Verse auch gegen die Formsprache, die sich in *allerleirausch* etabliert hat – wenn auch natürlich ironisch gebrochen. Aus dem angefangenen Gedicht von der Maus am Ende des Büchleins wird nun performativ ein Text über die Begrenztheit einer bestimmten Art Kindergedichte. Und: Es erfolgt eine Aufforderung zum „Machen", die sehr stark an die Aufforderung zum „Schreiben" des ersten Gedichts erinnert. Spätestens jetzt also, nach der Beendigung der Lektüre dieser Gedichte, soll das Machen und mithin das Schreiben beginnen, das ohne das Lesen dieser Gedichte nicht möglich wäre. Das implizite Dementi des Gedichthaften in *das büchlein ist aus* ist also nicht eine verächtliche Herabsetzung des einfachen Lyrischen selbst, sondern soll dieses als Leerstelle – als Behältnis im Sinne des „schulterhalfters" – erfahrbar machen. So gesehen kraucht beim Lesen der metapoetisch kodierbaren Gedichte die hartnäckige Aufforderung, ja die Nötigung zum Schreiben in die Leser/innen hinein.

4.

Didaktisch gesehen ist es vorstellbar, dass auf der Grundlage der hier gemachten Unterscheidung der verschiedenen Formen des „Krauchens" ein Blick auf Literatur – und auch auf die Literatur der Kindheit – möglich ist, der sich auch unterrichtlich lohnt. Wenn sich die Gedichte in *allerleirausch* einfach zu lesen scheinen, so kann dadurch gerade auch bei ungeübten Lyrik-Leser/innen eine differenzierte Diskussion über Lyrik und ihre Poetologie entfacht werden. Denn diese Gedichte wollen etwas von ihren Leser/innen. Das Lernziel, eine Gedichtsammlung einmal auf ihre eigenen poetologischen Ansprüche hin zu untersuchen und diese dann auch noch als eine Nötigung zum eigenen Schreiben zu verstehen, mag allerdings dann wieder unter den kurrikularen Verhältnissen problematisch erscheinen. In Artmanns *allerleirausch* sind Gedichte als widerständige, nicht im gängigen Sinn „gelingende" (weil bereits als gelungen Geltendes störende) Literatur zu lesen. Dem Klischee von Gedichten als unnahbaren Erzeugnissen kultureller Höhenflüge wird dadurch etwas Alltagstaugliches entgegengesetzt. Für die Fachdidaktik Deutsch, die sich heute als „schwer irritierbare Professionalisierungsmaschine"[20] beschreiben lassen muss, rufen diese Gedichte gerade im Sinne des Motivs des Krauchens die „Widerständigkeit des Mediums Literatur"[21] in Erinnerung – gerade auch im Bereich der Kinder- und Jugendliteratur. So kann *allerleirausch* drastisch in Erinnerung rufen, dass „die lehrbar gemachte Literatur [...] heute wie schon zu anderen Zeiten ein problematisches Mittel der Erziehung"[22] ist. Anderseits mag es so manche Schülerin, so manchen Schüler geben, die/der sich gerade von *allerleirausch* gerne zum unheimlich krauchenden Schreiben erziehen lassen würde. Mit dieser Aufforderung ist zugleich eine Anerkennung des Kindlich-Destruktiven, aber auch eine Aufforderung zu dessen Gestaltung und vitale Sublimierung gerade auf dem Feld der Lyrik verbunden.

Literaturverzeichnis

Artmann, H. C.: *Sämtliche Gedichte*. Unter Mitwirkung und in der Anordnung des Autors herausgegeben von Klaus Reichert. Salzburg, Wien: Jung und Jung ^{5}2003.

Baum, Michael: *Der Widerstand gegen Literatur. Dekonstruktive Lektüren zur Literaturdidaktik*. Bielefeld: transcript 2019.

dict.cc: *Deutsch-Englisch Wörterbuch*. In: https://www.dict.cc/?s=creepy (Zugriff am 02.01.2021).

Digitales Wörterbuch der deutschen Sprache. In: https://www.dwds.de/wb/krauchen (Zugriff am 02.01.2021).

Enzensberger, Hans Magnus: *Allerleirauh. Viele schöne Kinderreime*. Versammelt von Hans Magnus Enzensberger, mit 391 Holzschnitten [1966]. Frankfurt am Main: Insel 2012.

Gahn, Jessica: *Irritierendes lesen. Eine empirische Studie zum literarischen Verstehen Jugendlicher*. Weinheim, Basel: Beltz Juventa 2018.

Kinder und Hausmärchen gesammelt durch die Brüder Grimm, vollständige Ausgabe auf der Grundlage der dritten Auflage (1837). Hg. von Heinz Rölleke. Frankfurt am Main: Deutscher Klassiker Verlag 2007.

Kluge, Friedrich: *Etymologisches Wörterbuch der deutschen Sprache*. Unter Mithilfe von Max Bürgisser und Bernd Gregor völlig neu bearbeitet von Elmar Seebold. Berlin, New York: De Gruyter ^{22}1989.

Millner, Alexandra: „Kontextualisierende Präambel. Zur *Acht-Punkte-Proklamation des poetischen Actes* von H. C. Artmann". In: dies. / Schuster, Marc Oliver (Hg.): *Acht-Punkte-Proklamation des poetischen Actes. Weiteres zu H. C. Artmann*. Würzburg: Königshausen & Neumann 2018, S. 15–25.

Pifeas, Danae: „H. C. Artmann und seine Kinderliteratur. Neue schöne Kinderreime?" In: Millner, Alexandra / Schuster, Marc Oliver (Hg.): *Acht-Punkte-Proklamation des poetischen Actes. Weiteres zu H. C. Artmann*. Würzburg: Königshausen & Neumann 2018, S. 153–158.

Schikowski, Klaus: *Der Comic. Geschichte, Stile, Künstler*. Mit 55 Abbildungen. Stuttgart: Reclam 2014.

Wöllstein, Angelika (Hg.): *Duden. Bd. 4: Die Grammatik. Unentbehrlich für richtiges Deutsch*. Berlin: Dudenverlag ^{9}2016.

Anmerkungen

1 Artmann,: Sämtliche Gedichte, S. 514.
2 Wöllstein: Grammatik, S. 573.
3 Pifeas: H. C. Artmann und seine Kinderliteratur, S. 153.
4 Enzensberger: Allerleirauh.
5 Grimm: Kinder und Hausmärchen, S. 310–315; im Folgenden zitiert als KHM 65 (= Kinder- und Hausmärchen Nr. 65).
6 Vgl. Gahn: Irritierendes lesen, S. 193f.
7 Kluge: Etymologisches Wörterbuch, S. 410.
8 Digitales Wörterbuch der deutschen Sprache: krauchen, „[…] kriechen Vb. ‚sich dicht am Boden fortbewegen', übertragen ‚sich sehr langsam fortbewegen', ahd. *kriohhan* (8./9. Jh.), mhd. *kriechen* führt mit ablautendem krauchen und verwandtem Krücke (s. d.) auf ie. *greug-, *grüg-, eine Erweiterung der verbreiteten Wurzel ie. *ger- ‚drehen, winden' (wozu auch Kringel, Krippe, Kraft, Krume, krumm, s. d.). Einer zur gleichen Wurzel gebildeten, aber auf Labial ausgehenden Erweiterung ie. *greub-, *grüb- folgen die (im Nhd. nicht vertretenen) erben mhd. (md.) *krüfen*, mnd. *krüpen*, mnl. *crüpen*, nl. *kruipen* sowie aengl. *crēopan*, engl. *to creep*, anord. *krjūpa* ‚kriechen' (wozu auch Kropf und Krüppel, s. d.)" (Zugriff am 02.01.2021).
9 dict.cc: Deutsch-Englisch Wörterbuch. In: https://www.dict.cc/?s=creepy (Zugriff am 02.01.2021).
10 Gahn: Irritierendes Lesen, S. 8.
11 So die These von Pifeas: H. C. Artmann und seine Kinderreime, S. 154.
12 Artmann: Sämtliche Gedichte, S. 155.
13 Zit. n. Millner: Acht-Punkte-Proklamation des poetischen Actes, S. 17.
14 Artmann, Sämtliche Gedichte, S. 531.
15 Ebd.
16 Ebd., S. 519.
17 Schikowski: Der Comic, S. 81.
18 Artmann: Sämtliche Gedichte, S. 518.
19 Ebd., S. 533.
20 Baum, Michael: Widerstand gegen Literatur, S. 27.
21 Ebd., S. 33.
22 Ebd.

Neva Šlibar

H. C. Artmanns *noch ana sindflud*
Didaktisierungsmöglichkeiten für das Sekundar- und Hochschulniveau

Zusammenfassung:
Vom apokalyptischen Zeitgefühl ausgehend widmet sich der Beitrag H. C. Artmanns Gedicht *noch ana sindflud*, wobei zunächst die einzelnen Motive analysiert werden. Dabei bieten sich die Unterwasserwelten als ein Bindeglied für den schulischen Zugang an. Diskutiert wird zunächst, welche Gedichte Artmanns sich für den Unterricht besonders gut eignen und welche Herausforderungen Dialektdichtung im schulischen Umfeld darstellt. Der besondere Vorteil liegt in der ausgestellten Fremdheit, die die Lernenden wie auch die Lehrenden herausfordert und das Macht- und Wissensgefälle einebnet. Die Didaktisierungen erfolgen auf zwei Niveaus, jenem der Sekundarstufe DaF und jenem des Hochschulunterrichts. Die Unterrichtsvorschläge sind kompetenzorientiert und bemühen sich um kreative Zugänge zu einem Œuvre, das aus der Vielfalt, dem Spiel mit literarischen Mustern und Artmanns ironischem Umgestalten lebt. Die Lust am Text soll an einem Gedicht illustriert werden, dessen elegischer Ton von der menschlichen Imaginationskraft aufgehoben wird.

Schlüsselwörter: H. C. Artmann, Lyrik, DaF-Literaturdidaktik, literarische Kompetenzen, Dialektdichtung in der Schule

1. Apokalypse

In den von der Pandemie gerüttelten Jahren[1] nehmen Endzeitszenarien Konturen im Realen an. So manches taucht verstärkt wieder auf, was man längst der Geschichte anheimgegeben glaubte, etwa Verschwörungstheorien, rassistische und frauenfeindliche Einstellungen, antidemokratisches Verhalten, diktatorisches, volksverachtendes Gehabe leitender Politiker/innen in nahen Ländern, aber auch katastrophale Auswirkungen des Klimawandels und so einiges mehr. Das imaginäre Apokalyptische liegt als Angstvision und Lebensgefühl nahe, es breitet sich aus in seinen vielfältigen Funktionen von der Bebilderung realer Kriseneinschätzungen bis zum bildmächtigen Abwehrzauber. Die Vorstellung seines realen Eintretens erfordert, so Slavoj Žižek (Überlegungen Jean-Pierre Dupuys aufnehmend) eine ganz andere Zeitlogik:

> Die Apokalypse kennzeichnet ein spezifischer Zeitmodus, der offensichtlich beiden dominanten Modi, der traditionellen zyklischen Zeit [...] und der modernen linearen Zeit allmählichen Fortschritts [...] entgegengestellt ist: die apokalyptische Zeit ist „die Zeit am Ende der Zeit", die Zeit der Gefahren, der „außerordentlichen Zustände".[2]

Wir müssten paradoxerweise, die Katastrophe gleichsam antizipierend, in einem Futur exakt „leben":

> angenommen werden muss, dass unsere Zukunft auf der Ebene der Möglichkeiten verloren ist, zur Katastrophe wird es kommen, das ist unser Schicksal – dann muss man auf dem Hintergrund dieses Angenommenen für die Ausführung einer Handlung mobilisieren, die das Schicksal selbst ändert und derart in die Vergangenheit eine neue Möglichkeit einschleust.[3]

Merkwürdig voraussehend und endzeitlich zurückgenommen zeichnet sich vor diesem Denkhintergrund H. C. Artmanns vor mehr als 60 Jahren, in den Nachwehen des Zweiten Weltkriegs und zur Zeit des Kalten Krieges, verfasstes Dialektgedicht *noch ana sindflud* ab. Zu finden ist es in seiner wohl berühmtesten Gedichtsammlung *med ana schwoazzn dintn* von 1958. Die westlichen apokalyptischen Vorstellungen bedienen sich in der Regel einer lauten, krassen, mit Trompeten und Fanfaren auffahrenden Bilder- und Symbolwelt: die apokalyptischen Reiter, die vier letzten Dinge, das Jüngste Gericht. Obwohl Hyperbolik und das Apokalyptische durchaus der Bilderwelt Artmanns nahestehen, greift er in diesem Gedicht zu einer anderen endzeitlichen Tradition, der Sintflut. Das Gedicht entfaltet sich nicht im dramatischen Moment des Untergangs und der Katastrophe, sondern schildert das Danach in einem fast elegischen Ton, den freilich der Dialekt konterkariert. Die menschliche Vorliebe für apokalyptische Szenarien, die eine Vielzahl von Bildern und Narrativen hervorgebracht hat, eingesetzt in den Medien, besonders in Filmen und Videospielen, weicht in diesem Gedicht leisen, aber genauen Bildern von banalen Veränderungen – den verfaulten Fenstern, den toten Käfern und den auf den Hut fallenden Tropfen – und komischen Inszenierungen – den Walen und Haifischen als Kinopublikum. In der Wiederholung nimmt das Gedicht dann zurück, was es ausgesponnen hat: Vor- und drastisch zu Ende geführt – mit dem grell betonten Schlusswort „dasoffm…" – wird die Unfähigkeit der Menschen aufgezeigt, die Welt ohne Menschen, das eigene Nicht-Sein zu imaginieren. Dieses trachtet der Mensch mit verschiedenen Phantasien zu füllen, wobei die *Vor*stellung – im buchstäblichen Sinne – des eigenen Todes und Begräbnisses besonders beliebt ist, etwa im Gedicht Artmanns *dod en wossa*.[4] Hier der Gedichttext:

NOCH ANA SINDFLUD

noch ana sindflud
san olawäu
de fenztabreln fafäud –
ka fogl singd mea en de bam
und de kefa schwiman en d lokn
med n bauch in da hee..

waun s d an bam beilsd
foen da dropfm aum huad
und en de kino drin
riacht s noch hei- und woefisch
de wos en ole rein xessn san..

noch ana sindflud
san olawäu
de fenztabreln fafäud –
owa mia san ole dasoffm
und kenan s goa nima seng
wia de gaunzn kefa so fakead daheaschwiman
mia kenan s a nima gschbian
wia r uns de owebeildn dropfm
fon de bam aum huad drepfön
uns ged a des gschraa fon de fegl nima r oo
und unsa nosn riacht nedamoe an schbenala mea
geschweige den an hei- oda woefisch..

noch ana sindflud
sama r ole medaranaund
saumt de hextn beag
d a s o f f m ...[5]

2. Unterwasserwelten

Die Dekonstruktion apokalyptischer Vorstellungen und die Paradoxie menschlichen Verhaltens gegenüber dem eigenen Tod, bzw. der Nicht-Existenz, wie sie H. C. Artmann in seinem Gedicht vorführt, eignen sich vor allem für einen höheren Grad sprachlicher, literarischer und reflexiver Kompetenzen. Dies wäre eher auf Hochschulniveau zu erörtern. Einen weniger ambitionierten Zugang ermöglicht die Verschränkung des Endzeitlichen mit der Sintflut, mit einer Wassermotivik, die Unterwasserwelten entwirft und im letzten Jahrzehnt in der Filmproduktion, besonders für Kinder, stark präsent war und ist. Freilich bedienen sich die populären Medien in erster Linie in ihren Fabulierungen bei Mythen und Märchen; die Unterwasserwelt wird in der Regel auf einen austauschbaren, exotischen Schauplatz reduziert, oft süßlich-kitschig inszeniert, ganz im Gegensatz zu anspruchsvollen literarischen Erzählungen, die wohl den Studierenden und Schüler/innen kaum präsent sein dürften. Auch aus diesem Grund macht es Sinn, auf diese Motivik und deren symbolische, oft im Unbewussten verortete Bedeutungen einzugehen.

Unterwasserszenerien wirken kulissenartig fremd und schön: Bei Aichinger heißt es im Gedicht *Teil der Frage:* „Hoch auf dem Platze steht das Wasser, / die Luft steigt noch in Blasen, / doch was sie singen, / dringt nicht mehr zu mir. / Die Fische kreisen um die Kirchentüren, / wer gibt mir Antwort".[6] Das ambivalente, eindrucksvolle Bild des versunkenen Ortes mitsamt der Kirche, wo der Chorgesang verhallt, wird durch die Fortsetzung eingetrübt, wenn es zum Schluss heißt: „Wie schwarz mein Land wird, / nur tief unten krümmt sich / grün die Zeit."[7] Viele Assoziationen, auch literarische, stellen sich ein, vom Atlantis- und Vinetamythos bei Wilhelm Müller, Uhland, Heine und Eichendorff, bis zu Hürlimanns *Heimkehr*, in dem das Familiengeheimnis in einem durch einen Staudamm versunkenen Dorf verortet wird.[8]

Die Vorstellung von einer Wunsch- und Phantasiewelt, in der die Gesetze, jene der Natur, aber vor allem auch jene der Menschen mit ihrer geistigen Enge, überwunden werden, präsentiert uns der Vorspann und das Ende des Films *The Shape of Water* (*Das Flüstern des Wassers*, 2017) von Guillermo del Toro. Wir sehen, wie in der gefluteten Wohnung der Heldin die Möbel und Einrichtungsgegenstände, in grünes Licht getaucht, schweben. Wie die beiden Protagonist/innen sind sie befreit von der Erdenschwere, sie führen ihre Existenz gleichsam weiter und sind dabei in eine andere, eine „humanere", aber zugleich märchenhafte, Dimension getaucht. Diesen leisen Schwebe-Zustand spürt man in Artmanns Gedicht durch die Bilder und den Ton, aber auch durch den existenziellen Zwischenzustand eines imaginierenden Bewusstseins nach dem Tode. Der Effekt des Schwebens zwischen konträren Zuständen, Dimensionen, Zeiten und Lebensformen wird als Dominante nicht nur dem Werk, sondern auch der Lebensweise H. C. Artmanns nachgesagt. In seinem Nachwort zur Gedichtedition verbindet Klaus Reichert das Schwebende bei H. C. Artmann mit dem Begriff der Pose, den er in seinem urspünglichen Sinn, im malerischen Akt, verortet:[9] „Die Pose – und Pause als ein Heraustreten aus gegebenen Wirklichkeitsmanifestationen – die Pose und Pause des Schwebens in ihrer ‚edelsten form', das Wort stammt von Artmann, […] diese Pose ist die der Möglichkeitsformen des Dichters."[10]

3. H. C. Artmann im (DaF-)Unterricht

3. 1. Herausforderungen

Im Gegensatz zu Texten der Konkreten Dichtung, wovon einzelne mit Vorliebe im DaF-, DaZ- oder erstsprachlichen Literaturunterricht eingesetzt werden, tut man sich mit Artmann für die Schule nicht ganz so leicht. Die erste Frage, die sich im Unterrichtskontext stellt, ist freilich die nach den Gründen für die Einfügung H. C. Artmanns in Lehrveranstaltungen. Auf Hochschulniveau fällt zunächst die Antwort konventionell aus, da ja der Autor gerade durch seine avantgardistische Haltung und Schreibweise zu den österreichischen „Klassikern" gehört, die aus dem literarischen Lehrplan nicht wegzudenken sind. Doch wird man ihm auch dort, so meine Erfahrung, kaum gerecht, da die Dialektgedichte – wie er selbst es festgestellt hat – seine übrige, umfassende und vielfältige Produktion überschatten und die meisten Deutschlehrenden mit einem sehr begrenzten Einblick in sein literarisches Schaffen in die Lehrpraxis gehen. Überwältigend und verwirrend wirkt nicht nur die Menge und Fragmenthaftigkeit seines Œuvres, sondern die Vielzahl der Schreibweisen, Sprachen und Quellen, derer er sich bedient und die den meisten Lesenden, sogar wenn sie vom Fach sind, kaum bekannt sein dürften. Er schlüpft in unterschiedliche Rollen, verwischt die Grenze zwischen dem Wirklichen und dem Phantastischen, zwischen seinen erfundenen Welten und sich selbst als Kunstfigur. In dieser Verwandlungskunst, in diesem ständigen Hang, Fixierungen zu entgehen, sieht Heide Kunzelmann, eine ästhetische und biografische Konstante H. C. Artmanns:[11]

Diese Unangreifbarkeit spielt, wie noch zu sehen sein wird, in Hans Carl Artmanns Lebenswerk eine zentrale Rolle; mit ihr verbunden ist das Bedürfnis weder als reale Person noch als Autor verortet werden zu können. [...] Im Kontext der letzten Jahre des Zweiten Weltkriegs, die für ihn mitunter von brutaler Verzweiflung durchwachsen gewesen sein müssen, wird der Wunsch, unangreifbar zu sein, zu der existenziellen Notwendigkeit, nicht zu fassen oder festzusetzen zu sein.[12]

Den jugendlichen Lesenden mag Artmanns „proteische Autorpersönlichkeit" sowie „das übergeordnete Strukturprinzip des steten Wandels [...], dem sein Werk folgt" sowie „ein erzählerisches beziehungsweise dichterisches Subjekt [...], das Rollen und Masken um ein instabiles Selbstbewusstsein herum aufbaut",[13] naheliegen. Dem System Schule und Lehre, das auf klare Vermittelbarkeit, auf Logik und eindeutige Erkenntnis setzt, hingegen widersprechen Artmanns systematisch gesuchte Unbestimmbarkeiten. Freilich erfordert die Vermittlung von Literatur, von Kunst, deren Funktion es ist, Ordnungen zu sprengen, ohnehin einen speziellen Zugang. Eine solche Herausforderung stellt sich besonders dann, wenn H. C. Artmann als komplexe Dichterpersönlichkeit und sein Œuvre umfassender präsentiert werden sollen.

Die Vorliebe für Trivialmythen, die H. C. Artmann in seine Texte einbindet, ließe sich auch motivierend einsetzen. Seine Herkunft als „surrealer Romantiker oder abstrakter Romantiker" verortet er bekanntlich folgendermaßen:

> bei den Surrealisten und Dadaisten, bei Villon und dem Wiener Vorstadtdialekt, Lorca, Goméz de la Serna, in der Artusepik, in barocker Schäferpoesie, in Irland, im England des Sherlock Holmes, in den finsteren Wäldern von Transsylvanien, den lieblichen Gefilden von Sussex, in orientalischer Liebeslyrik, in den Detektivheftchen der 20er Jahre, den Comic strips von damals bis heute usw.[14]

Die größere Zugänglichkeit – etwa in den Versen der „Kindergedichte" – [15] ist jedoch nicht immer gegeben; vor allem in jenen Texten, die palimpsestartig über- und ineinander geschichtet sind, fordert die Lektüre auch geübte Leser/innen heraus.

Neben der Hürde der häufig „makabren" Thematik und Motivik, des oft prekären Wortschatzes sowie der aus verschiedenen Sprachen abgeleiteten, oft nur mit großem Einsatz durchschaubaren Schreibweise Artmanns verwehrt der Dialekt, falls man sich für ein Dialektgedicht wie in unserem Fall entscheidet, noch zusätzlich den unmittelbaren Zugang zum Text. Eine Diskussion über die

Vor- und Nachteile der Einbindung verschiedener Varietäten des Deutschen in den Deutschunterricht, erstsprachlich, DaZ oder DaF, kann hier nicht erfolgen; Artmanns Dialektgedichte allein als Beispiel dafür einzusetzen, erscheint mir wie ein Missbrauch der Literatur im Unterricht.[16] Da H. C. Artmanns Dialektgedichte bekanntlich in einer lokalen Varietät verfasst sind, erscheint es sinnvoll, die Abweichungen innerhalb literaturwissenschaftlicher Überlegungen als zusätzliches Fremdheitssignal (und Verfremdungsverfahren) zu deuten. In der Rezeption von Dialektgedichten im fremdsprachlichen Kontext vervielfältigen sich die Fremdheiten: Neben der anderen Sprache und den literarischen Merkmalen verstärken zusätzlich die dialektalen Abweichungen von der Standardsprache und die „phonetische" verfremdende Verschriftlichung der Texte den fremden Eindruck, wobei die Kleinschreibung den slowenischen Rezipierenden wohl am wenigsten zu schaffen machen dürfte. Während diese potenzierte Fremdheit eher gegen Dialektgedichte spricht, staunte H. C. Artmann selbst immer wieder über die Beliebtheit seiner Texte, zugleich ärgerte er sich aber auch darüber, weil deswegen der Großteil seines Œuvres nicht die gebührende Beachtung fand. Er erklärte sich deren Wirkung folgendermaßen:

> Die „schwoazze dintn" hat natürlich Klein- und Bildungsbürger zutiefst verunsichert, weil plötzlich das gängige Bild von Literatur auf den Kopf gestellt wurde, und der immer so unwürdig und minderwertig geltende Dialekt poetische Energien freisetzte, die so ganz und gar nicht in diese so harmoniesüchtigen fünfziger Jahre paßten. Die meisten Leute aber waren begeistert und haben's gelesen und auswendig gelernt. Und Ausländer, die durch das deutsche Schriftbild nicht verwirrt waren, konnten das auch lesen, für mich war das eine große Genugtuung, daß das so ging mit dieser phonetisch so schwierigen Sprache. Das ist so stark ins Volk gegangen, volksliedmäßig schon. Leute, die keine andere Dichtung gelesen haben, nichts, Gedichte schon gar nicht, aber die „schwoazze dintn" haben sie gelesen, weil sie sie entziffern mußten. Die haben gesagt, das ist wie ein Kreuzworträtsel, das muß man auflösen. [...]
> Man hat Fan-Klubs gegründet [...].[17]

Noch eine positive Herausforderung kann die Einbindung von Dialektgedichten sogar bereits auf der Sekundarstufe mitbringen, falls sich die Lehrenden darauf einlassen: Da beide Parteien, die Lehrenden wie die Schüler/innen, in der Regel keine Erstsprachler/innen sind und diesen Wiener Vorstadtdialekt nicht können, lässt sich mit Artmanns Hilfe eine demokratischere, gleichausgerichtete Macht- und Wissensverteilung für eine Unterrichtsstunde ausprobieren, was beiden Seiten Spaß machen könnte. Gruppen von Schüler/innen fahnden im Internet nach Dialektgedichten von H. C. Artmann (eventuell auch anderen Autor/innen) und geben sie einander und den Lehrenden zur Enträtselung auf.

3.2. Einige Gedichtempfehlungen

Im Gegensatz zu den Bedenken und Schwierigkeiten, die gegenüber einer Einbindung von Artmann-Texten, besonders in den DaF-Unterricht auf Sekundarniveau, zum Ausdruck gebracht werden könnten, beweist eine Durchsicht der von Klaus Reichert herausgegebenen Gesamtausgabe der Gedichte, dass es darunter zahlreiche gibt, die durchaus unanfechtbar und ohne großen Aufwand integriert werden könnten. Hier soll lediglich beispielhaft auf ein paar Gedichte aufmerksam gemacht werden, die sich entgegen den oben angeführten Herausforderungen hervorragend eignen, in den DaF-Unterricht auf höherer Stufe eingegliedert zu werden, wobei die Aneignung unterschiedlicher literarischer (Teil-) Kompetenzen der Unterrichtssituation und den Fähigkeiten der Akteure angepasst werden kann. Übermäßig fündig wird man in den „Kindergedichten", in der Sammlung *allerleirausch*.[18] Da diese kurzen „schönen Kinderreime"[19] nicht nur Trivialmythen – vor allem gruselige Monster wie Vampire (Fledermaus, Drakula, Nosferatu), Superman, Frankenstein – zitieren, sondern auch im Rhythmus, Ton und Versform bekannte Kinderlieder und Kindergebete nachahmen, die alle zum engsten Versschatz deutschsprachiger Kinder gehören, wird den DaF-Lernenden auch Kulturwissen vermittelt. Die Haikus aus *Zimt & Zauber* lassen sich gewiss ohne vertieftes didaktisches Geschick in unterschiedliche Themenkomplexe einbinden. Von den frühen Gedichten kann *ein engel geht*[20] und *eine laus*[21] in einen kriegskritischen Kontext integriert werden, *wenn man*[22] hingegen sollte mit einem geschlechtskritischen Blick gelesen werden, während *ich baue mir*[23] witzig-selbstironisch die menschlichen Bemühungen auf den Kopf stellt, sich Klischees zu entziehen. Natur und Sprache verbinden auf originelle Weise die Verse des Gedichts *das atelier*.[24] Das letzte der *lieder zu einem gutgestimmten hackbrett* muss hier wegen seines slowenischen (?) Titels „preklet hudič" (verfluchter Teufel)[25] erwähnt werden, wobei nicht zu klären war, wo ihn Artmann gefunden und welche Bedeutung er in diesem Gedicht hat, das vor allem im zweiten Teil sexuelle Akte in einer Weltgeografie schildert. Von den Dialektgedichten würde man wohl auf Hochschulniveau zu den besonders bekannten *blauboad 1*, *blauboad 2* und *kindafazara*[26] greifen, unbedingt in dem auf *YouTube* vorhandenen Vortrag des Dichters selbst. Passend für die Sekundarstufe sind die Liebeslieder *drei gedichta fia d Moni*,[27] aber auch das vieldeutige, eindringliche Gedicht über die Sonntagsleere *wo is den da greissla?*, das auch zu dem hier behandelten Text passt. Innerhalb von Artmanns Dialektœuvre gibt es drei „rosn"-Gedichte aus dem Achleitner/Artmann/Rühm-Band *hosn rosn baa* (1959), die sich für den slowenischen DaF-Kontext förmlich anbieten, da sie in einer böhmisch-wienerischen, mit entsprechender slawischer Schreibweise (š-ž, c-z, f-v etc.), und einer Breitenseer[28] Variante verfasst sind: „orbajtn ich zajt fircen tag"[29], „fešak vi z ich pin"[30], „šteln s inen for"[31]. „Das sind Gedichte, deren Tonart nachahmt," schreibt Peter Pabisch, „wie tschechische Einwanderer aus Böhmen den Wiener Dialekt aussprachen. Artmann übersetzte diese Gedichte selbst – aber nicht in die deutsche Hochsprache, sondern in den Wiener Dialekt der Arbeiterklasse."[32]

Fündig wird man auch unter den zahlreichen Gedichten mit Pointen aus verschiedenen Werkperioden (z. B. *wenn man*).[33] Es lohnt sich, die zahlreichen Gedichte zu untersuchen, in denen auf den ersten Blick Landschaften und Orte geschildert werden, deren Funktionen jedoch von den gewohnten abweichen. Ein Beispiel, nämlich *den horizont überschreiten*,[34] wird hier zu erwähnen sein, worin die Natur gleichsam inszeniert wird. Doch gilt dieses als Prosatext, es ist in den dritten Band der gesammelten Prosa *Grammatik der Rosen* aufgenommen. Deshalb soll abschließend auf die reichen Auswahlmöglichkeiten bei den Prosatexten hingewiesen werden, die hier wegen dem Schwerpunkt auf Lyrik nicht berücksichtigt wurden, die jedoch in den Unterrichtskontext aufgenommen werden könnten. Für sie spricht, dass es sich oft um kurze Texte handelt und ihre Verfahren – zumindest die offensichtlichen wie etwa Wortlisten, assoziatives interpunktionsloses Erzählen, surreale Traumsprache – durchschaubar sind. Häufig bleiben ihre Bedeutungen offen, sodass die Lektüre von H. C. Artmanns Texten eine Einübung in Ambivalenztoleranz darstellt.

3.3. Didaktisierung für die Sekundarstufe

H. C. Artmanns Kunst bietet sich bekanntlich zuallererst als Paradigma für das Sprachspielerische schlechthin an, wobei die Bandbreite groß ist und von Dialektgedichten, über Neuschöpfungen, den Einsatz der vielen Sprachen bis hin zu Lautgedichten reicht. Diese Begeisterung, diese Neugier gegenüber Sprachen, die Artmann seit seiner Jugend geprägt hat, bietet sich als Motivation und als Ziel für den Unterricht an, sowohl auf Sekundar- wie auch auf Tertiärniveau. Seine Selbstaussagen sprechen zwar eine deftige Sprache, aber sie spiegln die große Lust und Freude am Sprachschöpferischen wider. Dass für ihn, den großen Liebhaber, „Schreiben […] ein erotischer Vorgang"[35] ist, überrascht ebenso wenig wie seine Verachtung gegenüber Wiederholungen. So behauptet er von sich:

> Wenn ich etwas geschrieben habe, egal in welcher Form, in welcher Sprache, mit welchen Mitteln immer, und das Experiment ist da, das Buch ist da, dann möchte ich mich nicht wiederholen. […] Ich bin der Kuppler, der Zuhälter der Wörter, die es miteinander treiben, aber es muß immer ein anderer Puff sein. Die Wörter treiben Unzucht miteinander, die über mich hinweggeht, und ich fühle, wie das Szenarium ausgehen muß.[36]

Das sprachspielerische Moment ist indes in dem gewählten Gedicht *noch ana sindflud* zurückgenommen. Ausgewählt habe ich es aus aktuellen Gründen, auf die bereits eingegangen wurde, sowie wegen dem auf www.lyrikline.org zugänglichen Text samt Lesung des Autors und einer, wie ich meine, gelungenen Übersetzung in die Ljubljanaer Mundart von Urška P. Černe.[37] Dort finden sich noch drei weitere übersetzte Dialekttexte, nämlich *heit bin e ned munta wuan* (*dons se kr nism zbrihtu*), *blauboad 1* (*sinjebradc 1*), *blauboad 2* (*sinjebradc 2*). Die vier weiteren Texte auf www.lyrikline.org sind hochsprachlich, darunter auch *den horizont überschreiten*.

Als zentrales Lernziel drängt sich allgemein bei H. C. Artmanns Texten der (literarisch) kreative Umgang mit Sprache auf, und zwar auf Gymnasialniveau eher als Lust an der Lautlichkeit und an den Verfremdungsmöglichkeiten, auf Universitätsniveau gepaart mit einer stärkeren Betonung auf dem Literaturhistorischen, dem Literaturwissenschaftlichen, wie der Analyse seiner zahlreichen Verfahren und deren Effekte, aber auch seiner existenziell begründeten Wandelbarkeit etc. Weitere Lernziele, die freilich mit größerem Zeitaufwand verbunden sind, können thematisch das bereits eingangs erwähnte imaginierte Überleben, motivisch Unterwasserexistenz(en) und poetologisch Artmanns Tendenz zur Inszenierung, zum Rollenspiel, zur – im Sinne Klaus Reicherts verstandenen – „Pose"[38] akzentuieren.

Da *med ana schwozzn dintn* in den Worten Marc-Oliver Schusters „eine […] Dialektwelle [eröffnete], die […] über sozialkritische Dramen und musikalische

Formen wie den ‚Austropop' bis heute fortwirkt",[39] und weil H. C. Artmann ein Medienkünstler war, bieten sich zum Einstieg verschiedene kurze Videos an, entweder mit Musikstücken (womöglich auch aus verschiedenen Regionen) oder kurzen Szenen. Die Motivationsphase kann insofern nur kurz ausfallen, da Artmanns Gedicht bereits derart viele Fremdheitssignale versendet, dass die Neugier der Lernenden vorausgesetzt werden kann. Die beiden wichtigsten didaktischen Phasen[40] sind der Einstieg und die allmählich verstehende Annäherung an den Text einerseits und die Erkundung der poetischen Struktur andererseits.

Das zu didaktisierende Gedicht ist ein paradigmatisches Beispiel für die Funktion von Kunst, Klischees und Stereotype aufzubrechen und dadurch unsere Wahrnehmungsgewohnheiten zu verändern. Um dies vorzuführen, also eine Funktion von Literatur bewusst zu machen, können zwei *Mind maps* (individuell oder kollektiv) zu den Begriffen „Sintflut" und „nach der Sintflut" erstellt werden. Obwohl ich *Mind maps* eher ablehne, da sie oft als Lückenbüßer für Einfallslosigkeit bei Vermittlungsmethoden herhalten, erscheinen sie mir in diesem Kontext deswegen als sinnvoll, weil man abschließend anschaulich die Abweichungen vom Eingebürgerten, in Wort- und Bildwahl, darstellen kann, was typisch für anspruchsvolle literarische Texte ist.

Um die ganze Fremdheit einwirken zu lassen, setzt man die Lernenden zunächst dem ungewohnten Schriftbild aus: Vorzugsweise in Gruppen, die miteinander konkurrieren, sollen sie kreuzworträtselartig möglichst viele Wörter erkennen, wobei man empfehlen kann, dass sie sich diese laut vorsprechen. Danach tauschen die Gruppen ihre Resultate aus und ergänzen ihr fragmentarisches Verstehen mit der Lautgestalt des Gedichts im Vortrag Artmanns. Es ist anzunehmen, dass besondere Schwierigkeiten bei den Wörtern „olawäu", „fafäud", „beilsd", „owebeildn", „schbenala", „medaranaund" entstehen. Diese können entweder in ihrer Standardform nachgeliefert werden, oder aber die Wortbedeutungen werden über die slowenische Übersetzung erschlossen. Als Ergebnissicherung werden von den Gruppen standarddeutsche Fassungen geschrieben. Wenn die beiden Versionen dann vorgetragen werden, kann über den Unterschied, den „Dialekt-Sound", oder, wie Doderer es im Vorwort zu *hosn rosn baa* nennt, „die klanglichen Valeurs"[41] und die viel „härtere", steifere Hochdeutschdiktion diskutiert werden.

Verbinden ließe sich ein solcher Vergleich mit der Ermittlung der poetischen Verfahren. H. C. Artmann weicht, wie bereits mehrfach erwähnt wurde, in seinen Bildern gänzlich vom Erwarteten ab. Da ist im behandelten Gedicht keine Arche Noah, und auch die Zerstörungen durch die Wassermassen werden an kleinen Details, an Geringfügigem illustriert: die verfaulten Fensterbretter, die auf dem Bauch schwimmenden toten Käfer, die nicht mehr singenden Vögel, die Baumtropfen, die auf den Hut fallen. Im Kontrast dazu fungiert das witzige und ungeheuerliche Bild der im Kino sitzenden Hai- und Walfische. (Es ist übrigens auch das einzige Bild, das Unterwasserwelten herbeizitiert.) Der Dichter bedient sich nicht der gängigen Unterwassermotivik, der Nixen, Wassermänner, Wasserungeheuer, was insofern überrascht, da er ansonsten verfremdetes Märchenartiges durchaus gern einbezieht. Sein Stück *die fahrt zur insel nantucket* enthält etwa die Rolle einer „meerfrau" beziehungsweise eine „fischfrau". Diesbezüglich stellt Beate Otto fest: „Die erste Strophe der Meerfrau partizipiert an den vielen Märchen und Sagen über Nixen und Brunnenfrauen, die in den unergründlichen Tiefen von Meeren und Quellen wohnen."[42]

Dieses Verfahren Artmanns, der „Verwandlung des Alltäglichen ins Unheimliche", entdeckt auch Wieland Schmied gerade anhand unseres Gedichts. Er führt aus:

> Artmann muß nicht den Kosmos und das Milchstraßensystem bemühen, er kommt mit den Requisiten des täglichen Lebens aus, so zum Beispiel, wenn er die Stimmung „noch ana sindflud" schildert: verfaulte Fensterbretter, ein paar ertrunkene Käfer, und der Geruch im Kino, in dem in allen Reihen Wal- und Haifische gesessen sind.[43]

(Zumindest zwei didaktische Aufgaben drängen sich hier – in erster Linie für den Tertiärbereich – auf: Zum einen lässt man die Studierenden in kleineren Gruppen nach dem gleichen oder ähnlichen Verfahren in einem größeren Textkorpus – auch Prosa – suchen. Das bringt zwei Vorteile und einen Nachteil mit sich: Die Studierenden lesen mehr Texte des Autors und werden mit seiner Wandlungsfähigkeit konfrontiert. Ihr Blick auf Schreibweisen wird geschärft, wobei freilich die Texte selbst lediglich auf einen Aspekt hin rezipiert und dadurch reduziert werden. Zum anderen werden sie aufgefordert, selbst kreativ zu werden und sich Beispiele für das Verfahren auszudenken. In der Regel funktioniert das Verunheimlichen des Alltäglichen, Harmlosen und Banalen durch den Rahmenwechsel, d. h. ein Frame wird durch einen konträren ausgetauscht. Durch diese Art von Verfremdung entsteht Spannung und Rätselhaftigkeit.)

In der Mitte des Gedichts, nach der Wiederholung der ersten drei Zeilen, tritt dann schockartig die Einsicht ein, dass all diese Beobachtungen rein imaginär sind, eine Folge jener projektiven Haltung, die Blumenberg dem Menschen als einem projektiven, „auf Prävention eingestellten" Wesen zuspricht: „es sucht zu bewältigen, was noch gar nicht unmittelbar bevorsteht."[44] Prävention sei keine „augenblickliche Notwendigkeit, denn vielmehr ein Konzept, ein Entwurf", wobei der „Ausbau präventiven Verhaltens zwangsläufig zur Bildung von Gesellschaften"[45] führe. Daraufhin wird in die leicht variierte Anfangsaufzählung dieses Negativ der Unmöglichkeit des Wahrnehmens interpoliert „owa mia san ole dasoffm / und kenan s goa nima seng". Es existieren folglich auch die Sinne nicht mehr: „seng", „gschbian", „gschraa" und „riacht". Retten kann man sich vor dem Wasser nicht, denn sogar „de hextn beag" sind geflutet. Das in manchen Ausgaben hervorgehobene Schlusswort „dasoffm", von Artmann in seiner Lesart lustvoll betont, zitiert den wienerischen Hang zum Apokalyptischen und zum schwarzen Humor. Eine solche Kontextualisierung könnte auf Hochschulniveau eingebunden werden.

Die Diskussionen in den beiden Phasen der Textbearbeitung können natürlich durch Arbeitsblätter unterstützt und gelenkt werden. Die letzte Phase sollte das kreative Potenzial der Lernenden am stärksten fordern, um die Lust an Inszenierung, die wir beim Dichter finden, in Handlung umzusetzen: Denkbar sind verschiedene Formen der Vorführung des Gedichts etwa in Gruppen mit medialer Unterstützung, in Form von Comics, Pantomimen, Videos u. Ä. Es können weitere Übersetzungen in Umgangssprachen, Jargons und andere Mundarten versucht, es können nach dem Modell ähnliche Gedichte – in verfremdeter Form – produziert werden. Wesentlich ist hier, dem Selbstverständlichen, der Freude am Spiel mit Sprache in Form von Lyrik auch eine existenziellere, kritische und aktuellere (vielleicht ökokritische) Note zu verleihen und diese hinter H. C. Artmanns Lyrik auch erkennen zu lassen.

3.4. Didaktisierung auf Hochschulniveau

In Germanistikprogrammen zur Ausbildung von DaF-Lehrenden würde es Sinn machen, H. C. Artmann und die Wiener Gruppe in Seminaren vorzustellen, da diese die notwendige aktive Mitarbeit der Studierenden ermöglichen. Diese müsste schon als Vorarbeit eingeplant werden, die von Zweiergruppen zu Hause absolviert wird, wobei folgende Lernziele zu erreichen wären: Kurzvorstellungen des vielfältigen Œuvres mit Einzelbeispielen, literaturhistorische und biografische Kontextualisierung. Aber im Unterschied zu anderen Autor/innen wäre es hier unabdingbar, dass auch eine beispielhafte didaktische Komponente eingebunden wird. Meiner Meinung nach sollten im universitären Literaturunterricht, gerade auch in den Lehrveranstaltungen, die sich nicht mit Literaturdidaktik befassen, didaktische Vorgangsweisen einfließen, deren abgewandelte Übernahme im sekundaren DaF-Unterricht eingesetzt werden kann. Wie kompliziert das ist, da man sich in der Regel darüber mit Kolleg/innen absprechen muss, die oft wenig Verständnis für diese Komponente aufbringen, ist mir sehr wohl bewusst. Aber es ist eine Tatsache, dass man dann auch in der Berufspraxis unbewusst nach Vermittlungsmitteln greift, die einem vertraut sind. Außerdem setzt sich hoffentlich die metafachliche Reflexion über die Ziele einer bestimmten Lerneinheit und deren Erreichen oder Scheitern in einem kompetenzbewussten Lernumfeld immer stärker durch. Gerade dieses eine Dialektgedicht könnte man nach dem oben Skizzierten ausführen, wobei in allen Didaktisierungsphasen Phantasie walten sollte.

Wenn sich die Möglichkeit ergibt, sich H. C. Artmann innerhalb eines größeren Stundendeputats zu widmen, sollten auch ausgewählte Forschungsarbeiten, zumindest in Teilen, gemeinsam mit den Studierenden integriert werden. Pabisch analysiert etwa die Interpunktion Artmanns, er richtet sein Augenmerk auf die Setzung mehrerer Punkte und weist darauf hin, dass Artmann auch in *noch ana sindflud* zwischen zwei und drei Punkten differenziert. Während die zwei Punkte (drei Mal gesetzt) gleichsam an die Vorstellungskraft der Lesenden appellieren, die Bilder mental vor sich zu sehen, fungieren die abschließenden drei Punkte ähnlich wie es Pabisch für einen anderen Text feststellt: „Die Punkte weisen in eine unbegrenzte Zeittiefe, die nicht mit Worten absteckbar ist und logisch nicht unbedingt in den etwas banalen Inhalt des Erzählten hereingehört, wohl aber dahinter lauert."[46]

Kunzelmanns These vom proteischen Charakter sowohl des Autors wie auch seines Œuvres erscheint mir literaturtheoretisch und hochschuldidaktisch in jenen Teilen besonders erörternswert, wo sie der schwierigen und sehr aktuellen Frage nachgeht, wie die Verflechtung von Autor, Text-Ich und Kunstfigur zu denken ist.[47] Diese Problematik lässt sich besser als in dem Mundartgedicht anhand des Textes *den horizont überschreiten* berücksichtigen, auf den hier ganz kurz noch abschließend eingegangen werden soll. Während zahlreiche Gedichte H. C. Artmanns Konventionen sprengen, Provokationen enthalten, die aufrütteln, die die philiströse Selbstzufriedenheit zum Bersten bringen wollen, zeigt er sich in anderen, wie in dieser lyrischen Prosa, in der Rolle des zeitgenössischen Romantikers. Dieser Wald-Text signalisiert bereits in den ersten drei Zeilen eine „Denaturierung", eine kulissenhafte Anordnung, die immer wieder ins Szenische überzugehen scheint, wobei der Natur(t)raum Wald in einen Kunstraum und wieder zurückverwandelt wird. Wie sich die Bestimmung des Waldes durch das Fragwürdige des Erzählens über ihn, durch sein Schweigen und durch den Diebstahl der Worte entzieht, so bleiben auch die intensiven, einer interpretativen Logik jedoch kaum zugänglichen Bilder in einem semantischen und imaginären Schwebe-Raum. Gerade hier kann eine hochschuldidaktische Analyse einsetzen; die Suche nach Zusammenhängen, Querverweisen, etwa dem „teich […], sehr dunkelhäutig" und viel später dem Wald, der die Pfeile auffängt und „ein paradiesisches irrsal dem flüchtenden" wird,[48] stimuliert das imaginative Vermögen der Studierenden und des/der Lehrenden. Aufgehoben wird die Textarbeit, das Spiel mit Bildern, Deutungsansätzen, Verbindungsmöglichkeiten nicht in einer abschließenden kohärenten Lektüre, sondern in der Schönheit der Bilder, die es zu finden gilt, aber auch in deren Anschlussfähigkeit für eigene Beobachtungen und Verdichtungen. H. C. Artmann war bekanntlich nicht risikoscheu, so nahm er in Kauf, dass manche seiner Bilder, trotz ihrer Schönheit und Eindringlichkeit, ins Sentimental-Rührselige kippen könnten, wie hier die letzten Zeilen, für die wir ihm aber auch dankbar sind: „Deine hand wird nicht müd, über laubiges zu streichen, über den saftigen farn, über moos und die tauigen bärte der coniferen – eine goldene leiter baut dir die sonne an die brust, ein geschwister des regenbogens ..."[49]

Literaturverzeichnis

Aichinger, Ilse: *Verschenkter Rat*. Gedichte. Frankfurt am Main: Fischer 1978.
Artmann, H. C.: *Gesammelte Prosa I–IV*. Hg. v. Klaus Reichert. Salzburg, Wien: Residenz 1997.
Artmann, H. C.: *Sämtliche Gedichte*. Hg. v. Klaus Reichert. Salzburg, Wien: Jung und Jung 2003.
Blumenberg, Hans: *Theorie der Unbegrifflichkeit*. Frankfurt am Main: Suhrkamp 2007.
Hofmann, Kurt: *H. C. Artmann. ich bin abenteurer und nicht dichter. Aus Gesprächen mit Kurt Hofmann*. Wien: Amalthea 2001.
Horowitz, Michael: *H. C. Artmann. Eine Annäherung an den Schriftsteller & Sprachspieler*. Wien: Ueberreuter 2001.
Kunzelmann, Heide: *„Ich bin ja der Proteus". H. C. Artmanns Poetik der Wandelbarkeit*. Wien: Sonderzahl 2013.
Otto, Beate: *Unterwasserliteratur. Von Wasserfrauen und Wassermännern*. Würzburg: Königshausen & Neumann 2001.
Pabisch, Peter: *H. C. Artmann. Ein Versuch über die literarische Alogik*. Wien: A. Schendl 1978.
Reichert, Klaus: „Zu H. C. Artmann. Schwebende Wirklichkeiten – Zur Lyrik H. C. Artmanns." In: Artmann, H. C.: *Sämtliche Gedichte*. Hg. v. Klaus Reichert. Salzburg, Wien: Jung und Jung 2003.

Schmied, Wieland: *H. C. Artmann 1921–2000. Erinnerungen und Essays*. Aachen: Rimbaud 2001.

Schuster, Marc Oliver: "H(ans) C(arl) Artmann. 1921–2000. *med ana schwoazzn dintn. gedichta r aus bradnsee*. 1958." In: Bönnighausen, Marion / Vogt, Jochen (Hg.): *Literatur für die Schule. Ein Werklexikon zum Deutschunterricht*. Paderborn: Wilhelm Fink 2014, S. 16–17.

Schuster, Marc Oliver (Hg.): *Aufbau wozu. Neues zu H. C. Artmann*. Würzburg: Königshausen & Neumann 2010.

Schmitz-Emans, Monika: "'kein zauber ist mir fremd geblieben': H. C. Artmanns Wortgeburten." In: Schuster, Marc Oliver (Hg.): *Aufbau wozu. Neues zu H. C. Artmann*. Würzburg: Königshausen & Neumann 2010, S. 19–42.

Šlibar, Neva: *Wie didaktisiere ich literarische Texte? Neue Maturatexte und viele andere im DaF-Unterricht*. Ljubljana: Znanstvena založba Filozofske fakultete 2011.

Studer, Thomas: "Dialekte im DaF-Unterricht? Ja, aber…Konturen eines Konzepts für den Aufbau einer rezeptiven Varietätenkompetenz." In: *Linguistik online* 1, 10/2002, S. 113–131.

Žižek, Slavoj: *Čas konca časa. Slovenia Expo 2010 Shanghai*. Ljubljana: Javna agencija RS za podjetništvo in tuje investicije 2010.

Mundart vs. Standardsprache. Sprachliche Varietäten in verschiedenen Medien analysieren. In: Lehrer/innen web, https://lehrerweb.wien/praxis/praxis-ideen/?tx_wibsideas_idea%5Buid%5D=57&tx_wibsideas_idea%5Baction%5D=show&cHash=2e24911a5b1feb2816abbea4b5c07a0d (Zugriff am 03.10.2020).

Gedichte aus: H. C. Artmann – *med ana schwoazzn dintn*: https://www.gys.at/fileadmin/gyshp/bilder/einzelfiles1718/Artmann-Uebersetzungen.pdf (Zugriff am 03.10.2020).

Lyrikline: https://www.lyrikline.org/fr/poemes/noch-ana-sindflud-31 (Zugriff am 27.09.2020).

Anmerkungen

1 Vgl. den Titel von Slavoj Žižeks Veröffentlichung: *Pandemic! Covid-19 Shakes the World*.
2 Žižek: *Čas*, S. 51f., übersetzt v. N. Š.
3 Ebd., S. 54.
4 Vgl. Artmann: Gedichte, S. 198.
5 Ebd., S. 197f.
6 Aichinger: Verschenkter Rat, S. 22.
7 Ebd.
8 Der Reichtum der mythischen Unterwasserwelten wurde etwa von Beate Otto in *Unterwasserwelten* oder von Ann-Kristin Haude in *Aquatische Erkenntnisräume im poetischen Realismus. Zur Kultur- und Motivgeschichte des Wassers* im weiteren Wasserkontext ausführlich untersucht.
9 Vgl. Reichert: Schwebende Wirklichkeiten, S. 751.
10 Ebd., S. 755.
11 Diese ist, wie Kunzelmann ausführt, auf traumatische Erfahrungen und das „Überleben" mit verschiedenen trickreichen Mitteln während des Krieges zurückzuführen. Vgl. Kunzelmann: Proteus, S. 19–26.
12 Ebd., S. 22.
13 Ebd., S. 28.
14 Hofmann: Artmann, S. 17.
15 Vgl. Artmann: Gedichte, S. 515–537.
16 Vgl. Zur Diskussion um die Einbindung von Dialekten im Deutschunterricht etwa: Empfehlungen für den Deutschunterricht: Mundart vs. Standardsprache. Sprachliche

Varietäten in verschiedenen Medien analysieren. In: Lehrer/innen web. Die Berner Online Zeitschrift *Linguistik online* widmete dem Thema mehrere Beiträge schon vor zwanzig Jahren, z.B. Studer, S. 113–131. Ich stimme mit dem Autor überein, dass man sich maximal „auf die Vermittlung rezeptiver Dialektkompetenzen" (S. 129) beschränken sollte. Im Falle von Artmanns Gedicht kann die Auflösung der grafischen und phonetischen Fremdheiten zu Erfolgserlebnissen führen, was eine gute Voraussetzung für tentatives Dialektverstehen bilden kann.

17 Hofmann: Artmann, S. 108f.
18 H. M. Enzensbergers Sammlung von Kinderreimen *Allerleirauh* erschien 1961, die bereits im Titel darauf Bezug nehmenden Texte Artmanns wurden 1965 bis 1967 verfasst.
19 Artmann: Gedichte, S. 513.
20 Ebd., S. 47.
21 Ebd., S. 56.
22 Ebd., S. 59.
23 Ebd., S. 76.
24 Ebd., S. 95f. Vgl. dazu Schmitz-Emans: Aufbau, S. 25f.
25 Ebd., S. 110f.
26 Ebd., S. 157–159.
27 Ebd., S. 168–170.
28 Vgl. Schmied: Erinnerungen, S. 22: „Als ihn seine Gedichte in der Mundart ‚Bradnsees' berühmt machten, […] brauchte er einen neuen Geburtsort, um sich nicht als Mundart- oder Heimatdichter abstempeln lassen zu müssen. Damals fiel ihm das legendäre ‚St. Achatz am Walde' ein, in dem er seither zu Hause war."
29 Artmann: Gedichte, S. 244.
30 Ebd., S. 246.
31 Ebd., S. 248.
32 Pabisch: Alogik, S. 14.
33 Artmann: Gedichte, S. 59.
34 Artmann: Grammatik III, S. 143f.
35 Hofmann: Artmann, S. 23.
36 Ebd., S. 29.
37 https://www.lyrikline.org/fr/poemes/noch-ana-sindflud-31 (Zugriff vom 03.10.2020).
38 Vgl. Artmann: Gedichte, S. 750f.
39 Schuster: H(ans) C(arl) Artmann. 1921–2000, S. 17.
40 Vgl. Šlibar: Wie, S. 75–82.
41 Diesen Hinweis verdanke ich Johann Holzner. Vgl. Horowitz: Artmann, S. 148: Horowitz erwähnt diesbezüglich sowohl Gerhard Rühm: „selbst ein einziges Wort kann in verschiedenen Tönungen auftreten, also individualisiert sein'" wie auch Doderer: „eine Fülle klanglicher Valeurs, welche das Hochdeutsche garnicht bietet; auch von der außerordentlichen Konkretheit der Mundart wurden sie bezaubert'" (S. 149).
42 Otto: Unterwasserwelten, S. 84.
43 Schmied: S. 64; noch ein weiteres Beispiel wird anschließend zitiert: „In einem anderen Gedicht entsteht aus der gutbürgerlichen Sonntagsruhe, durch Aufzählung geschlossener Lebensmittelgeschäfte, deren Rollbalken wie ‚Partezettel' herabgelassen sind, durch das Fehlen von Maggiwürfeln, Salzgurken und Niveaschachteln eine geradezu existentielle Leere."
44 Blumenberg: Theorie, S. 12.
45 Ebd., S. 13.
46 Pabisch: Artmann, S. 87.
47 Vgl. Kunzelmann: Proteus, Kapitel 3, S. 44–116 und S. 157–159.
48 Artmann: Grammatik III, S. 143f.
49 Ebd., S. 144.

Johann Georg Lughofer

Dialekt im DaF- und DaZ-Unterricht –
med ana schwoazzn dintn

Zusammenfassung:
Die Sammlung *med ana schwoazzn dintn* ist wohl Artmanns bekanntestes und beliebtestes Werk. Einige Gedichte daraus sind schon lange zentrale Werke des österreichischen Schulkanons. Im DaF (=Deutsch als Fremdsprache) / DaZ (=Deutsch als Zweitsprache)-Unterricht wird aber auf die Auseinandersetzung damit verzichtet, da Dialekte tendenziell vermieden werden. Diese und selbst die Plurizentrik der deutschen Sprache werden in der Lehre DaF und DaZ kaum realisiert; ja die Frage nach deren Platzierung bringt noch immer nachweislich eine große Verunsicherung mit sich. Die Sinnhaftigkeit einer diesbezüglichen Sensibilisierung und einer Förderung der rezeptiven Varietätenkompetenz im DaF-Unterricht werden im folgenden Beitrag behandelt. Die beliebten Gedichte H. C. Artmanns sind dafür bestens geeignet, was anhand einiger didaktischer Ideen dargelegt werden soll.

Schlüsselwörter: Plurizentrik, Varietätenakzeptanz, Standard-Dialekt-Kontinuum, Literatur im DaF/DaZ-Unterricht

1. Einleitung

Meine ersten sprachlichen Eindrücke hatten einen Nachgeschmack. Sie bedeuteten Schock, Unverständnis, das Aufhören von Kommunikation. Obwohl ich während eines Jahres Deutschstunden genommen hatte, war die Ankunft in der Schweiz wie eine kalte Dusche; ich konnte nicht einmal die Begrüssungsformel verstehen. Was war mit meinen hart erarbeiteten Sprachkenntnissen geschehen? Wo waren meine Fortschritte geblieben? Der Dialekt hatte sie zunichte gemacht! Ich überspielte meine Betroffenheit mit einem Dauerlächeln, die Familienangehörigen meines Mannes taten es mit Blumen. Sie waren ausserordentlich nett, und sie sprachen auch Deutsch, aber nicht gerne, nach den ersten Sätzen wechselten sie auf Dialekt. Es war nicht absichtlich, sondern aus Gewohnheit. […] Deutsch lernen war gut, Dialekt verstehen war lebensnotwendig, und so pendelte ich hin und her gerissen [!] zwischen den zwei Unbekannten.[1]

Stellvertretend für die Aussagen vieler Migrant/innen, für die mit der Ankunft in einem deutschsprachigen Land Deutsch von der Fremd- zur Zweit- und Umgebungssprache geworden ist, kann dieses Zitat einer jungen Südamerikanerin stehen. Sie realisiert, dass ihr Standarddeutsch bei ihren Bemühungen, sich zu integrieren, nur bedingt helfen kann. Auch in Österreich und Deutschland werden Migrant/innen fast im gesamten mündlichen Kommunikationsbereich mit Dialekten konfrontiert, was Ärger und Frustration auslösen sowie Vorurteile und Ablehnungen provozieren kann.[2] Dieser Umstand legt nahe, dass beim Erlernen von DaF bereits der dialektale Sprachgebrauch thematisiert und Dialekt auch in praktischen Übungen behandelt werden sollte.

Im DaZ-Unterricht, der in deutschsprachiger Umgebung stattfindet und von häufigen ungelenkten Sprachkontakten begleitet wird, sollte die Bedeutung des Dialekts dieser Umgebung sowieso anerkannt sein. Doch die Praxis sieht oft anders aus. Beispielsweise haben Baßler und Spiekermann eine Untersuchung mit Freiburger DaZ-Lernenden durchgeführt – mit der Fragestellung, ob regionale Varietäten im DaZ-Unterricht integriert werden sollen. Die Ergebnisse der Studie zeigen, dass die DaZ-Lernenden ein hohes Bewusstsein darüber haben, dass Dialektkompetenzen in unterschiedlichen Alltagssituationen für den Aufbau und die Erhaltung befriedigender kommunikativer Beziehungen relevant sind. Daher ist es nicht verwunderlich, dass der Wunsch nach Berücksichtigung von Dialekten im Unterricht sehr hoch ist. Trotzdem zeigte sich eine Verunsicherung der Lehrpersonen, die einerseits den Dialekt als wichtiges Ausdrucksmittel im Alltag anerkennen und ihm positive Eigenschaften im sozialen und zwischenmenschlichen Bereich zuschreiben, doch andererseits Dialekte hinsichtlich der im DaZ-Unterricht zu vermittelnden Kompetenzen als unbedeutend ansehen.[3] Simon zeigt in ihrer Studie, dass Lernende sogar Deutschkurse abgebrochen hatten, da sie in den Kursen nicht jenes Deutsch hatten erlernen können, das sie im Alltag und in ihrem persönlichen Umfeld benötigten.[4]

Nicht nur im Zuge der Globalisierung ist die Sinnhaftigkeit einer scharfen Trennung zwischen DaF und DaZ fragwürdig.[5] Die neuen Medien ermöglichen direkte Kommunikation sowie direkten Medienkonsum aus den deutschsprachigen Ländern; die Mobilität der Menschen kann schnell DaF zu DaZ werden lassen. Da ein Wissen über Dialekte für eine umfassende Sicht auf die deutsche Sprache in allen Fällen wesentlich ist, erscheint auch im DaF-Unterricht eine Behandlung von Dialekten – wenn auch mit einem weniger spezifischen Zugang als im DaZ-Unterricht – sinnvoll.

2. Bedeutung des Dialekts im deutschsprachigen Raum[6]

Verschiedene Umfrageresultate zeigen die große Relevanz der deutschen Dialekte. In Deutschland geben an die 60% der Befragten an, im Alltag Dialekt zu sprechen[7] – in Österreich 78%[8] und in der Schweiz 87%.[9] Der bairisch-österreichische Dialekt, die meist gesprochene Varietät, wird immerhin von ca. 12 Millionen gesprochen.[10]

Mit den sozialen Medien, die eine neue Verschriftlichungswelle des Dialekts mit sich brachten, kann man von einer erneuten Renaissance des Dialekts sprechen; sogar von einer „linguistischen Revolution"[11] ist diesbezüglich die Rede. Der Gebrauch von Neuen Medien – SMS, E-Mails, Facebook-Kommentaren, Chats, Instagram- und WhatsApp-Direktnachrichten – verschiebt einen Teil alltäglicher Kommunikation vom mündlichen in den schriftlichen Bereich und lässt Unterhaltungen im Dialekt zu. Dabei beschränkt sich diese Verwendung von sozialen Medien längst nicht mehr auf Jugendliche.

3. Dialekt und Plurizentrik im Bereich Deutsch als Fremdsprache

Allgemein führen Dialekt und Plurizentrik trotzdem ein Schattensein im Bereich des Unterrichts DaF. Die Plurizentrik des Deutschen, also die Anerkennung mehrerer Standards, findet selbst in Lehrbüchern für Muttersprachler/innen der nicht-dominanten Zentren keine Berücksichtigung. Deutsche Schüler/innen sind sich dessen gar nicht bewusst, dass es Standardvarietäten überhaupt gibt.[12]

Die Annahme, dass nur eine einzige, richtige, homogene (Schrift-)Sprache des Deutschen existiert, ist auch an den universitären Auslandsgermanistiken verbreitet, während z. B. die Normvariationen des britischen, amerikanischen und australischen Englisch weithin anerkannt sind. Jutta Ransmayr betont, dass das Konzept der Plurizentik der deutschen Sprache in der auslandsgermanistischen Lehre kaum realisiert wird. Sie zeigt mit Befragungen von mehr als 900 Universitätslehrenden und Studierenden an nicht-deutschsprachigen Universitäten, dass das österreichische Deutsch als eine dem Bundesdeutschen klar untergeordnete und nicht gleichwertige Varietät behandelt wird. Es wird von Institutsseite entsprechend oft korrigiert[13] und österreichische Muttersprachler/innen werden sogar angehalten, sich einen bundesdeutschen Sprachgebrauch anzueignen.[14]

Plurizentrik und Dialekt werden in der Lehre nur punktuell im Bereich der Landeskunde – und nicht im allgemeinen Bereich der Sprachfertigkeiten – miteinbezogen, dabei beschränkt sich die Auseinandersetzung zumeist auf die Lexik: Es werden einzelne Austriazismen und Helvetismen präsentiert; Besonderheiten in Grammatik, Pragmatik und Aussprache bleiben unerwähnt.

Im Fremdsprachenunterricht wenig mitgedacht wird darüber hinaus das Dialekt-Standard-Kontinuum: Die Standard- und Dialektverwendungen stehen sich nicht als zwei völlig unterschiedliche Sprachvarietäten gegenüber, sondern deren Verwendung geht fließend ineinander über, was übrigens für die Schweiz zumeist nicht gilt. Dialekte und nationale Standards teilen sich sonst die meisten Wörter, bzw. ist deren Verwendung durchlässig.

Insgesamt haben wir also eine Situation im deutschen Fremdsprachenunterricht, welche auf eine Vermittlung eines Bewusstseins von Dialekten und deren soziokulturellen und linguistischen Kontexten nahezu völlig verzichtet. Natürlich kann die Relevanz des Einbezugs des Dialekts im Unterricht situativ variieren: Mitzubedenken sind dabei die Bedeutsamkeit *für die Lernenden,* der Lernort und eventuell damit verbundene linguistische Ähnlichkeiten zwischen Erstsprache und dem Dialekt der Fremdsprache.

4. Ziele der Auseinandersetzung mit dem Dialekt

Grundsätzlich gilt, dass die Lernenden für die verschiedenen Sprachvarietäten sensibilisiert werden und keinesfalls, dass sie in mehrerlei Formen des Deutschen produktive Sprachfertigkeit erlangen sollen. Die zentralen Anliegen der Auseinandersetzung mit Dialekten sind ein allgemeines Varietätenbewusstsein, ein Erkennen der wichtigsten Formen, eine Akzeptanz und damit einhergehend eine erweiterte Fertigkeit des Hörverstehens. Die Vertrautheit mit Varietäten der deutschen Sprache vergrößert nämlich das rezeptive Verständnis; die Aneignung einer Varietätenkompetenz ermöglicht eine „maximale kommunikative Reichweite".[15] Neuere didaktische Konzepte wie „tolerance of difference"[16] oder „Wahrnehmungstoleranz"[17] sehen Varietäten grundsätzlich nicht als Problem, sondern als Sprungbrett zu einem flexiblen Hörverständnis sowie zur (inter)kulturellen Offenheit. Die Lernenden sollen mehrere Sprachformen kennen und begreifen, unter welchen Bedingungen welche Sprachform verwendet werden kann, um eine bestimmte Wirkung zu erzielen,[18] also insgesamt eine signifikante Erweiterung ihrer soziolinguistischen Kompetenz erfahren.[19]

Zum angestrebten Bewusstsein gehören eine allgemeine Orientierung in der Vielfalt der Sprachvarietäten und eine Vermeidung der Sprachdiskriminierung.

Gerade eine ablehnende Haltung gegenüber dem Dialekt führt einerseits zu einer schlechten Verstehensleistung, andererseits zur negativen Haltung gegenüber Dialektsprechenden. Elspaß und Maitz unterstreichen, dass die Auseinandersetzung mit Sprachvarietäten und Normabweichungen sprachlicher Diskriminierung entgegenwirken kann.[20] Außerdem führt die Mitberücksichtigung von Dialekten zu einer „Orientierung in der Vielfalt der Sprachvarianten"[21] und nimmt einfach Angst vor Dialektkontakten. Die Angst vor dem Nichtverstehen sollte dabei ebenso abgebaut werden. Diesbezüglich ist auf den didaktischen Ansatz Hunfelds zu verweisen, der sich gegen eine Weltsicht wendet, die nur das Eigene als Wahres anerkennt, und sich für eine Bewahrung der Andersartigkeit des Fremden und der bewussten Akzeptanz der Grenzen des Verständnisses ausspricht.[22] Im Fremdsprachenunterricht wird nämlich oft Unvertrautes und potenziell Missverständliches bewusst ausgeschlossen, was eine angemessene Berücksichtigung des Fremden verunmöglicht. In Hunfelds weit gefasstem Fremdheitsbegriff finden ebenso Dialekte Platz: Wie Hunfeld für die Normalität des Fremden eintritt, sollte auch für die Normalität des fremden Dialekts plädiert werden. Die geforderte Toleranz des teilweisen Nichtverstehens kann mit diesem unterstützt werden.

Weiters kann eine sprachbewusstheitsfördernde Reflexion dazu beitragen, dass Lernende eine „produktive Distanz zum eigenen Sprachgebrauch aufbauen".[23] Sprache und Normen werden vermehrt als Konstrukte erkannt. Ein tolerantes und flexibles Normverständnis erleichtert denn in mancher Hinsicht das Sprachhandeln.

Die deutsche Sprache als monoareal und monozentristisch aufzufassen und diese Sichtweise im Unterricht zu vermitteln, vereitelt außerdem die Chance einer tiefgehenden und kulturreflexiven Auseinandersetzung mit der deutschen Sprache und ihren Kulturen.

5. H. C. Artmanns *med ana schwoazzn dintn* im DaZ/DaF-Unterricht

5.1. Argumente für die Gedichte

Zur Auseinandersetzung mit dem Dialekt im Unterricht bietet sich H. C. Artmanns erster großer Erfolg *med ana schwoazzn dintn. gedichta r aus bradnsee* von 1958 aus mehreren Gründen an. Die Lehre zum Dialekt sollte von motivierenden authentischen Materialien ausgehen; oftmals sind die Gedichte bei den Lehrenden und Lernenden beliebt; ihre Textlänge ermöglicht es, als Ganzschriften herangezogen zu werden; manche sind für Themenbesprechungen brauchbar; ingesamt sind sie besondere Zugänge für eine offene Kulturvermittlung. Weiters sind sie zentrale Texte der österreichischen Literaturgeschichte. Dass es sich bei H. C. Artmann um einen bekannten Künstler der Avantgarde handelt, wird den Lernenden nicht bewusst sein, kann ihnen aber mit Videos und Berichten lebendig vermittelt werden.

Dialekttexte sollen im DaF-Unterricht nicht nur gelesen, sondern ebenso gehört werden. Dies kann bei den meisten Gedichten medial angeboten werden. Viele sind vom Dichter selbst eingesprochen oder im Sprechgesang von dem großartigen Schauspieler Helmut Qualtinger zu hören. Die ungebrochene Popularität bezeugen auch immer wieder neue Vertonungen. So singt Willi Resetarits, der mit der politischen Folkband „Die Schmetterlinge" und als Kunstfigur „Ostbahn-Kurti" große Bekannt- und Beliebtheit erlangt hat, das Lied *alanech fia dii*.[24] Die Wienerlied-Musiker Paul Skrepek und W. V. Wizlsperger haben etwa eine Sammlung neu eingespielter Dialektgedichte von Artmann auf der LP *aus da dintn* (2021) veröffentlicht. Vieles davon ist online auf den einschlägigen Videoplattformen zu finden.

Die Gedichte selber leben auf mehreren Ebenen von ihrer Mündlichkeit, alleine der Dialekt bürgt dafür, dazu Redepartikel und Einschübe wie „(schmeeone!)" (51).[25] Auch der Erfolg der Sammlung wurde akustisch, nicht schriftlich ermöglicht:

> Von vereinzelten Drucken in Zeitungen und Zeitschriften abgesehen, bekam die Masse der Zuhörer Artmanns Dialektgedichte noch nicht zu Gesicht. Der Kontakt vom Dichter zum Publikum schloß sich übers Gehör. Diese gesündere, viel ältere Beziehung erhält durch den vorliegenden Band einen Stoß, der auch gutwillige, aufgeschlossene Leser schockieren kann, wenn sie nicht das einzig Richtige tun: auch beim visuellen Aufnehmen ganz bewußt über das Gehör zu lesen. Das entspricht dem Zuhören noch am ehesten.[26]

5.2. Der Dialekt in *med ana schwoazzn dintn*

Ohne Zweifel ist der Dialekt ein intregraler Bestandteil der Gedichte. Einig sind sich alle Leser/innen darüber, dass die Texte nicht auf Standarddeutsch funktionieren – so Polakovics in der Einleitung zur Erstausgabe prägnant: „Trocken verdolmetschen läßt sich freilich alles, aber der Zauber ist dann verflogen, und was bleibt, erzeugt höchstens Gähn- oder Lachkrämpfe."[27] Der Kunsthistoriker Sedlmayr feiert das Werk im Vorwort:

> Sicherlich kommen diese Gedichte ganz aus dem Wort, dem Wiener Wort – ins Hochdeutsche könnte man sie schwerlich übersetzen. Und doch sind sie weit mehr als Dialektgedichte. Sie sind in der Empfindung oft so einfach wie die ältesten Volkslieder, in der Form oft so kunstvoll wie der modernste *vers libre*, in der Entsprechung von Sinn und Klang oft vollkommen wie klassische, in der Fülle überraschendster kühner Bilder so reich wie barocke Dichtung. Im Grunde aber lassen sie sich mit gar nichts vergleichen, sind ganz und gar aus unserer Welt und Zeit. […]
> Die Breitenseer Gedichte sind die Entdeckung eines neuen Wiener Kontinents und neuer Möglichkeiten der Dichtung. Man kann sich jetzt Wien ohne sie nicht mehr denken.[28]

Aus „unserer Welt" – dementsprechend konzentriert sich die Bekanntheit der Gedichte auf den süddeutschen Sprachraum, wo sie von einer breiteren Öffentlichkeit als bedeutendes Kulturgut wahrgenommen werden. In Österreich finden sich manche Texte im gebräuchlichen Schulkanon. In nur einer Wikipediafassung hat die Sammlung einen eigenen Eintrag, nicht in der deutschen, sondern in der „boarischen Wikipedia"[29].

Die Schwierigkeit, die Gedichte erfolgreich in einen deutschen Standard zu übertagen, entspricht durchaus einem sinnvollen Ansatz im DaZ- und DaF-Unterricht. Hinsichtlich der Bewusstwerdung des Dialekts als identitätsstiftende Sprachvarietät, die nicht als minderwertig und defizitär präsentiert werden sollte, sind nämlich auch klassisch verwendete Übersetzungsvarianten, -übungen und -fragen zu vermeiden, die dann in der Wahrnehmung der Lernenden doch stets die Logik der Dichotomie falsch – richtig in sich tragen.

5.3. Die Schrift der Gedichte

Die Verschriftlichung konnte – wie im früheren Zitat ersichtlich – „schockieren"; auch heute ist sie bei der ersten Lektüre nicht flüssig zu dekodieren, obwohl nunmehr eine breite schriftliche Kommunikation im Dialekt passiert. Gerade deswegen ist die Lektüre des Dialekts durchaus sinnvoll, wenn sie auch eine

Herausforderung darstellt. Artmanns Verschriftlichung der Phoneme ist nicht konsequent – manchmal wird die im Deutschen bedeutungsunterscheidende Vokallänge mit Doppelbuchstaben kenntlich gemacht, oftmals nicht – wie bei „hüde" (für Hilde) oder „öfi" (für Elfi/Elfriede). Für keinen österreichischen Dialektsprecher ist es leicht, bei der erstmaligen Lektüre „blaln babia" (Blätter Papier), „malfuanauman" (Mädchenvornamen), „iwrechbliwanas" (Übriggebliebenes), „kaschpalqaund" (Kasperlgewand), „an gschdolan schdeklschuach" (einen gestohlenen Stöckelschuh) oder „a dopözz bech hosd" (ein doppeltes Pech hast du) zu entziffern. Selbst Dialektsprecher/innen müssen beim Lesen mancher Worte mit der Betonung und Vokallänge spielen, bis man diese versteht, was den DaF-Lernenden klar gemacht werden muss.

Deren Auseinandersetzung mit den schriftlichen Versionen kann spielerisch erfolgen. Die Schriftbilder ermöglichen eine eigene Poesie, die auch im Unterricht fruchtbar gemacht werden kann, indem man erste Assoziationen sammelt. Sie lassen eventuell an arabische Zauberformeln, an verschiedene Sprachen oder exotische Speisen denken. Diese Assoziationen können für kreatives Schreiben sowie als Redeanlass verwendet werden, wobei die Lernenden gemeinsam spielerisch – genau wie die muttersprachlichen Lesenden – Aussprachemöglichkeiten und damit mögliche Bedeutungen erkunden.

Auf alle Fälle wird das Schriftbild in seiner Künstlichkeit bewusst, auch dies ein Aspekt eines umfassend sprachreflexiven Lernens. Weiters zeigt die Verschriftlichung sprachliche Unterschiede zwischen bairisch-österreichischem Dialekt und Standard – wie die verschiedenen Diphthonge – deutlich auf.

5.4. Das Glossar

Ideal wäre es natürlich, das Interesse der Deutschlernenden so weit zu wecken, dass sie selbstständig den ganzen Gedichtband in die Hand nehmen. Die Worterklärungen am Ende des Bandes können dabei den Zugang erleichtern. Interessanterweise sind sie „vornehmlich jenen Wienern gewidmet, die, durch ein widriges Geschick ihrer Muttersprache entfremdet, anders des nötigen Verständnisses entbehren müßten." (88) Einiges an Landeskunde und Geschichte schwingt dabei mit, wenn der Fluss „biawe"/„Piave" kontextualisiert (88) oder „leboide" (Leopoldi/tag, der Tag des Heiligen Leopold) (92) erklärt wird. Die Monarchiegeschichte wird nicht nur anhand der Redewendung „aum saund sei", die auf die Zeit der spanischen Habsburger zurückgeführt wird, angesprochen

(94). Die Häufung der Dialektausdrücke „a bangl reissn", „umeschdee" (95) oder „de bodschn schdrekn" (89) reflektiert die Bedeutung des Todes in der Wiener Kultur. Noch weitere Begriffe werden im Glossar mit Synonymen im Dialekt erklärt, womit die Einzigartigkeit des Dialekts unterstrichen wird, so auch wenn manche Begriffe wie „gräulawadschad – krallawatschert" gleich als „unübersetzbar" bezeichnet werden oder „hausdedschn – Haus-Tätschen – Backpfeifen nach Hausmannsart" (91) augenzwinkernd wortwörtlich übersetzt wird.

5.5. Globales und detailliertes Textverstehen

Prinzipiell gilt, dass nicht jeder Text im DaF- und DaZ-Unterricht detailliert verstanden werden muss bzw. soll. Für die Lernenden ist es wichtig, dass sie verschiedene Lesestrategien kennenlernen und dass sie auch bewusst ein globales Hören und Lesen trainieren, wobei sie Texte im Großen und Ganzen verstehen sollen. Bei manchen Dialektgedichten ist so ein globales Verstehen naheliegend, weil sonst eine allzu umfangreiche lexikalische und grammatische Erklärungsarbeit geliefert und die Aufmerksamkeit auf weniger relevante Phänomene gelenkt werden müsste. Auch für Bedeutungsgespräche genügt oftmals ein globales Verstehen: Es ist für die Lernenden wichtig zu erkennen, dass sie auch ohne detailliertes Verständnis literarische Werke verstehen und genießen können. „If you don't understand the poem – feel it!",[30] heißt es so schön in der Poetry Slam-Szene; dies kann besonders schön mit gesungenen Versionen wie *alanech fia dii* (29) umgesetzt werden.

Manche Texte sind aber durchaus leichter zugänglich und können schrittweise bis hin ins Detail verstanden werden, so wie *liad*.

a bak
on bam
one gros
one wossa

a bak
one fegl
one luft
one saund

a bak
one bam
one gros

nua r a mond fola schwamaln
nua r a blaus deamometa
zwaa meta fon heazz
zwaa meta fua d aung
zwaa meta fon mia..

a r oez deamometa!
a mond fola schwamaln!
a bak one bam..

i wia *nii* en mein lem
en s baradis kuma..! (44)

Die kurzen Verse – zumeist nur ein Nomen mit Artikel oder Präposition – sind für Fremdsprachenlernende durchaus zu verstehen, doch braucht es eine behutsame und schrittweise Annäherung. Dies kann mit einem authentischen Hören/Lesen nach Buttaroni und Knapp passieren, bei dem oft wiederholte kurze Textkontakte immer wieder mit einem Austausch zwischen den Lernenden zum gemeinsamen entdeckenden Verstehen führen.[31] Das Verständnis kann ebenso mit lexikalischen Vorgaben – z. B. mit einem Bingo-Spiel – erleichtert werden, bei dem die Lernenden jeweils eine Liste von 5 oder 6 Wörtern bekommen – z. B. eine Auswahl der Wörter Park, Bäume, Gras, Wasser, Park, Vögel, Luft, Sand, Mond, Thermometer, Meter, Herz, Augen, Leben, Paradies. Wenn man alle Wörter seiner Liste gehört hat, gewinnt man wie im bekannten Zahlenspiel mit einem ausgerufenen „Bingo". Die Lernenden können sich dann über die jeweils verstandenen Wörter austauschen. Einem gemeinsam erarbeiteten Gesamtverständnis und einem Interpretationsgespräch steht danach nichts mehr im Weg. Ähnlich unkompliziert sind das erste der *drei gedichta fia d moni* (30), *aum eaxtn is ma r one dia* (33), *med an briaf fon mia zu dia* (34f) oder *astronomii* (63). *kawarebeag fotografian* (65) könnte man erstmals mit einer lexikalischen Konzentration auf Richtungs- und Ortsangaben erarbeiten, indem in mitunter grafischen Aufgaben die genannten Wörter – unten, oben, rauf, runter, um, über, raus, rein, schief, gerade, links, rechts, durch und hoch – zugeordnet oder umgesetzt werden. Weitere kreative Arbeiten mit diesen Orts- und Richtungsangaben führen dann schnell zu interpretativen Ansätzen.

Hüten sollte man sich dabei vor mehrfachen Überforderungen. Wenn man sich mit dem Dialekt auseinandersetzt, sollten die Fragestellungen mit einem kleinschrittigen Vorgehen gut nachvollziehbar sein und daneben keine weiteren verwirrenden Hürden in Lexik und erfordertem Wissen auftauchen.

5.6. Themenerarbeitung

Die im Dialekt gehaltenen Gedichte sollten nicht nur bei einer spezifischen Lehrstunde zu Sprachvarietäten herangezogen werden, sondern können sehr gut als Ausgangspunkt oder Zwischenstation *für eine* Bearbeitung ganz anderer Themen dienen. Dialekt wird dabei als normaler Teil des authentischen Sprachgebrauchs im DaF- und DaZ-Unterricht eingestreut, auch literarische Texte sollen Teil eines normalen Sprachunterrichts sein.

So kann beispielsweise *des neicha blagat* (49) als literarisierter männlicher Blick in einer Diskussion um sexistische Werbung und *body positivity* integriert werden, die innerhalb des theoretischen Rahmens der diskursiven Landeskunde[32] gestellt werden kann. Als Fotomaterial bietet sich dazu die im Gedicht direkt genannte und bekannte Werbung der Palmers-Strümpfe und -Unterwäsche an. Das ikonische Foto des Wiener Fotografen Mark Glassner von 1997 landete immerhin im Bildarchiv der ÖNB und auf einer offiziellen österreichischen Briefmarke. 20 Jahre später wollte das Unternehmen das Sujet nachstellen, landete damit einen regelrechten Skandal, da die Ästhetik u. a. die österreichische Starjournalistin Corinna Milborn an Frauenhandel erinnerte. 2019 versuchte Palmers eine Neupositionierung mit Slogans wie „Eine Welt, in der Frauen Ecken und Kurven haben" oder „Eine Welt, in der jede Figur eine Bikinifigur ist". Im Blog der Zeitung *Der Standard* wird dazu kommentiert: „Dummerweise verweist Palmers mit diesen neuen Sujets auf die eigene konsequente Produktion von vergifteten Körperbildern, die es erst möglich macht, diese Fotos von immer noch normschönen Frauen als Alternative zu verkaufen."[33] Man sieht in diesem kurzen Abriss: An Gesprächsstoff sowie authentischen Text-, Video- und Bildmaterialien zum Thema fehlt es nicht.

Der starke Wien-Bezug mancher Gedichte bietet sich für eine erlebte Landeskunde an – wie *schembrun*.

SCHEMBRUN

waun e noch schembrun gee
ge r e bein haubtdoa r eine
und omad bein maxingdial
ge r e wida r ausse..

schembrun:
    bein haubtdoa r eine
schembrun:
    bein maxingdial wida r ausse
schembrun..

en früjoa scheint d sun
und da mond
und de schdean

waun e in s boemanhaus kum
schdüü i da r a boa bluman!

schembrun..

en suma rengd s olawäu nua
waun s ned soi –
en diagoatn schaun d ölefauntn
med eanare aung en d woikn..

schembrun..

en heabst is da himö blau
und de blaln schleiffm umadum

waun e endlech duat drom
bein maxingdial wida r aussekum
daun muas e *linx* ume iwa d *maua!*

schembrun..

> bein eigaung unt
> schrein en naboleaun seine goidan odla
> bein ausgangl om owa
> is nua mea da fridhof
> met de fün liachtaln.. (78f)

Vor, während oder nach einer Wien-Exkursion bzw. eines Besuchs in Schönbrunn können die im Gedicht erwähnten Örtlichkeiten – Haupttor, Maxingtor, Palmenhaus, Tiergarten, Napoleons goldene Adler und Friedhof – in einem Parkplan zugeordnet werden. Genug touristisch-landeskundliche weiterführende Themen gibt es auch dazu – sei es der Zoo, der mit Eisbärengeburten oder Ähnlichem immer wieder Schlagzeilen macht, oder der Friedhof, wo immerhin Prominente wie Franz Grillparzer, Otto Wagner oder Gustav Klimt begraben sind. Automatisch finden die Lernenden bei einer Besprechung der Orte – von den Machtzeugen Napoleons hin zur Totenstätte – auch bezüglich der Parallelführung mit den Jahreszeiten interpretative Ansätze des auf den ersten Blick schwer verständlichen Gedichts.

6. Dialekt mit literarischem, ästhetischem Lernen

Ein Heranziehen solcher ästhetischen Kunstwerke ist besonders sinnvoll. Ein ganzheitliches ästhetisches Lernen weist nämlich manche Parallelen zur angestrebten Varietätenkompetenz und Hörflexibilität auf. Sein Ziel ist es,

> dazu zu verhelfen, aktiv handelnd, fühlend und reflektierend, in der Auseinandersetzung mit gestalteter Wirklichkeit und Kunst (als Teil dieser Wirklichkeit) ein bewussteres, offeneres Welt- und Selbstkonzept auf der Grundlage vermehrter Wahrnehmungsfähigkeit, kommunikativer, interaktiver und gestalterischer Kompetenz zu gewinnen.[34]

Ästhetisches Lernen zielt auf Kreativität, Einfühlungsvermögen, Vorstellungskraft und Emotion, dazu auf Interpretations- und Deutungskompetenzen – alles Elemente, welche genauso Resultate einer erfolgreichen Arbeit mit dem Dialekt sind. Die Vielschichtigkeit der Sprache kann insbesondere mit Literatur nähergebracht werden. Dobstadt und Riedner fordern eine Konzentration auf die Literarizität der Literatur, in dessen Mittelpunkt ein kulturbezogenes Lernen, das auf das Einüben eines flexiblen, offenen Umgangs mit Fremdheit ausgerichtet ist, ohne dass von vornherein feststeht, was fremd und was vertraut ist. Voraussetzung für ein solches Lernen durch und mit Literatur ist jedoch, dass die Besonderheit der literarischen Sprachverwendung nicht übersprungen, sondern im Gegenteil ins Zentrum der Aufmerksamkeit gerückt wird.[35]

All dies kann mit Artmanns Texten beeindruckend umgesetzt werden. Die Vielfalt, Mehrdeutigkeit, Offenheit und Authentizität der Gedichte entsprechen ihrer Dialektverwendung. Dabei muss man diese Offenheit auch der Herangehensweise und dem Verständnis der Lernenden zugestehen. Die Auseinandersetzung mit Literatur im DaZ- und DaF-Unterricht basiert auf einem undogmatischen Literaturverständnis, das Hans Magnus Enzensberger passend beschreibt:

Der Leser hat [...] immer recht, und es kann ihm niemand die Freiheit nehmen, von einem Text den Gebrauch zu machen, der ihm paßt. Zu dieser Freiheit gehört es, hin- und herzublättern, ganze Passagen zu überspringen, Sätze gegen den Strich zu lesen, sie mißzuverstehen, sie umzumodeln, sie fortzuspinnen und auszuschmücken mit allen möglichen Assoziationen, Schlüsse aus dem Text zu ziehen, von denen der Text nichts weiß, sich über ihn zu ärgern, sich über ihn zu freuen, ihn zu vergessen, ihn zu plagiieren und das Buch, worin er steht, zu einem beliebigen Zeitpunkt in die Ecke zu werfen. Die Lektüre ist ein anarchischer Akt. Die Interpretation, besonders die einzig richtige, ist dazu da, diesen Akt zu vereiteln.[36]

Mit einem solchen offenen Zugang werden Lernende und Lehrende mit *med ana schwoazzn dintn* Freude und Erfolg haben.

7. Fazit

Der Beitrag plädiert für einen Einbezug des Dialekts und der Dialektgedichte von H. C. Artmann im DaZ- und DaF-Unterricht. Lernziel dabei ist sicher kein Sprechen im Dialekt, sondern ein diesbezügliches Bewusstsein und eine Akzeptanz, die auch mit einer größeren Hörverstehensflexibilität und einer geringeren Angst vor einem Nichtverstehen einhergehen sollen. Gerade mit solchen Texten dargeboten, kann der Dialekt ein bedeutender Teil einer umfangreichen Sprach- und Kulturreflexion sein.
Die Gedichte H. C. Artmanns, in denen der Dialekt zentrales Sprachmittel ist,

sind als attraktives authentisches Material besonders geeignet – nicht zuletzt da sie genauso gesprochen und intoniert gehört werden können. Doch auch das exotische Schriftbild sowie das Glossar können zu spannenden Aufgaben und Reflexionen führen. Zu beachten ist dabei, dass man die Texte nicht ins Standarddeutsche übersetzen sollte, da dies eine Wertigkeit impliziert und den Gedichten wohl nicht gerecht werden kann. Weiters ist keineswegs immer ein Detailverstehen notwendig, wenn dies auch bei manchen Texten möglich ist. Die Dialekttexte sollten auch nicht nur einmal in der Ausbildung als Extrastunde zu Sprachvarietäten angeboten werden, sondern als Hör- und Lesetexte durchaus in anderen Lehreinheiten, was die authentische Sprachsituation des Deutschen widerspiegelt. Neben den Gedichten gibt es dazu von H. C. Artmann übrigens auch einen in den Wiener Dialekt übertragenen Asterixband *Da Legionäa*.[37] Ein ästhetisches Lernen mit diesen Materialien geht mit der Auseinandersetzung des Dialekts ausgezeichnet Hand in Hand, da sie gleichzeitig Flexibilität, Offenheit und Verstehenstoleranz fördern.

Literaturverzeichnis

Altmayer, Claus (Hg.): *Mitreden. Diskursive Landeskunde für Deutsch als Fremd- und Zweitsprache*. Stuttgart: Klett 2016.
Ammon, Ulrich: *Die deutsche Sprache in Deutschland, Österreich und der Schweiz. Das Problem der nationalen Varietäten*. Berlin, New York: de Gruyter 1995.
Ammon, Ulrich: „Standard und Variation. Norm, Autorität, Legitimation". In: Eichinger, Ludwig / Kallmeyer, Werner (Hg.): *Standardvariation. Wie viel Variation verträgt die deutsche Sprache? Jahrbuch des IDS 2004*. Berlin, New York: de Gruyter 2005, S. 28–40.
Artmann, H. C.: *med ana schwoazzn dintn. gedichta r aus bradnsee*. Salzburg: Otto Müller ⁹1958.
Badstübner-Kizik, Camilla: „Text – Bild – Klang. Ästhetisches Lernen im mehrsprachigen Medienverband". In: *Ästhetisches Lernen im DaF/DaZ-Unterricht. Literatur – Theater – Bildende Kunst – Musik – Film*. Hg. von Nils Bernstein und Charlotte Lerchner. Göttingen: Universitätsverlag Göttingen 2014 (=Materialien Deutsch als Fremdsprache 93).
Baßler, Harald / Spiekermann, Helmut: „Dialekt und Standardsprache im DaF-Unterricht. Wie Schüler urteilen – wie Lehrer urteilen". In: *Linguistik Online*, 9, 2/2001. https://bop.unibe.ch/linguistik-online/article/view/966 (Zugriff am 15.12.2020).
Baßler, Harald / Spiekermann, Helmut: „Regionale Varietäten des Deutschen im Unterricht Deutsch als Fremdsprache". In: *Deutsch als Fremdsprache*, 4/2001, S. 205–213.
Bastian, Dietmar: *Bedingungen und Möglichkeiten interkulturellen Lernens im Musikunterricht. Beiträge zu einer grenzüberschreitenden Musikpädagogik*. Ludwigsburg: Pädagogische Hochschule 1997.
Bredel, Ursula: *Sprachbetrachtung und Grammatikunterricht*. Paderborn: Schöningh 2016.

Bundesamt für Statistik der Schweizer Eidgenossenschaft: „Die Schweizer Bevölkerung ist mehrsprachig". 05.10.2016. https://www.bfs.admin.ch/bfs/de/home/statistiken/kataloge-datenbanken/medienmitteilungen.assetdetail.1000398.html (Zugriff am 15.12.2020).

Buttaroni, Susanna / Knapp, Alfred: *Fremdsprachenwachstum. Anleitungen und sprachpsychologischer Hintergrund für Unterrichtende.* Ismaning: Hueber 1997.

Dobstadt, Michael / Riedner, Renate: „Fremdsprache Literatur. Neue Konzepte zur Arbeit mit Literatur im Fremdsprachenunterricht". In: *Fremdsprache Deutsch*, 44/2011, S. 5–14.

Elspaß, Stephan: „Zwischen ,Wagen' und ,Wägen' abwägen. Sprachvariation und Sprachvarietätenpolitik im Deutschunterricht". In: *Fremdsprache Deutsch*, 37/2007, S. 30–36.

Elspaß, Stephan / Maitz, Péter: „Sprache und Diskriminierung. Einführung in das Themenheft". In: *Der Deutschunterricht*, 6/2011, S. 1–6.

Ender, Andrea / Kaiser, Irmgard: „Zum Stellenwert von Dialekt und Standard im österreichischen und Schweizer Alltag – Ergebnisse einer Umfrage". In: *Zeitschrift für germanistische Linguistik*, 2009. https://doc.rero.ch/record/22281/files/Ender_Kaiser_ZDL.pdf (Zugriff am 15.12.2020).

Ender, Andrea / Kasberger, Gudrun / Kaiser, Irmgard: „Wahrnehmung und Bewertung von Dialekt und Standard durch Jugendliche mit Deutsch als Erst- und Zweitsprache". In: *ÖDaF-Mitteilungen*, 33/2017, S. 97–110.

Feuz, Barbara: „Dialektale Varietät als Fremdsprache unterrichten. Ein Erfahrungsbericht". In: *Linguistik Online*, 9, 1/2001. https://www.linguistik-online.net/9_01/Feuz.html (Zugriff am 15.12.2020).

Goscinny, René / Uderzo, Albert: *Asterix. Da Legionäa.* Übertragen von H. C. Artmann. Berlin: Egmont Ehapa 1999 (=Asterix Mundart 32).

Hägi, Sara: *Nationale Varietäten im Unterricht Deutsch als Fremdsprache.* Frankfurt am Main et al.: Lang 2006 (= Duisburger Arbeiten zur Sprach- und Kulturwissenschaft 64).

Hägi, Sara: „Bitte mit Sahne / Rahm / Schlag: Plurizentrik im Deutschunterricht". In: *Fremdsprache Deutsch*, 37/2007, S. 5–13.

Hausbichler, Beate: „Palmers und Body-Postivity aus der Hölle". Blog. In: *Der Standard* v. 24.04.2019. https://apps.derstandard.de/privacywall/story/2000101925785/palmers-und-body-positivity-aus-der-hoelle-teil-zwei (Zugriff am 14.12.2020).

Hunfeld, Hans: *Fremdheit als Lernimpuls. Skeptische Hermeneutik, Normalität des Fremden, Fremdsprache Literatur.* Meran: Edition Alpha-Beta-Verlag 2004 (=Hermeneutisches Lehren und Lernen 1).

Jenkins, Jennifer: *The Phonology of English as an International Language. New Models, New Norms, New Goals.* Oxford: Oxford University Press 2000.

Kast, Bernd: „Literatur im Anfängerunterricht". In: *Fremdsprache Deutsch. Literatur im Anfängerunterricht*, 11/1994, S. 4–13.

Kellermeier-Rehbein, Birte: *Plurizentrik. Einführung in die nationalen Varietäten des Deutschen.* Berlin: Erich Schmidt Verlag 2014.

Kummer, Irmela / Winiger, Elisabeth / Fendt, Kurt (Hg.): *Fremd in der Schweiz. Texte von Ausländern.* Muri bei Bern: Edition Francke im Cosmos Verlag 1991.

Lughofer, Johann Georg: „Dialekt im Fachsprachenunterricht. Überlegungen zu ,Deutsch für Wirtschaft und Beruf' in Slowenien". In: *Scripta Manent. Journal of the Slovene Association of LSP Teachers*, 2, 16/2022, S. 17–32.

Mitterer, Nicola: *Das Fremde in der Literatur. Zur Grundlegung einer responsiven Literaturdidaktik.* Bielefeld: transcript 2016.

Neuland, Eva: „Sprachvarietäten – Sprachnormen – Sprachwandel". In Bredel, Ursula (Hg.): *Didaktik der deutschen Sprache. Ein Handbuch.* 1. Teilband. Paderborn: Schöningh 2003, S. 52–69.

Polakovics, Friedrich: o. T. In: Artmann, H. C.: *med ana schwoazzn dintn. gedichta r aus bradnsee.* Salzburg: Otto Müller ⁹1958, S. 8–16.

Projektgruppe Spracheinstellungen: *Aktuelle Spracheinstellungen in Deutschland. Erste Ergebnisse einer bundesweiten Repräsentativumfrage.* Mannheim: Institut für deutsche Sprache 2009.

Putz, Martin: „‚Österreichisches Deutsch' als Fremdsprache? Kritische Überlegungen". In: *German as a Foreign Language Journal*, 3/2002, S. 48–76.

Ransmayr, Jutta: *Der Status des Österreichischen Deutsch an nicht-deutschsprachigen Universitäten. Eine empirische Untersuchung.* Frankfurt am Main et al.: Peter Lang 2006.

Regan, Vera: „Sociolinguistic competence, variation patterns and identity construction in L2 and multilingual speakers". In *EUROSLA Yearbook*, 10/2010, S. 21–37.

Rumjanzewa, Marina: „Die Verschriftlichung der Mundart". In: *Neue Zürcher Zeitung* v. 01.02.2013. https://www.nzz.ch/feuilleton/die-verschriftlichung-der-mundart-1.17973385 (Zugriff am 15.12.2020).

Sedlmayr, Hans: o. T. In: Artmann, H. C.: *med ana schwoazzn dintn. gedichta r aus bradnsee.* Salzburg: Otto Müller ⁹1958, S. 5.

Shafer, Naomi: *Varietäten und Varianten verstehen lernen: Zum Umgang mit Standardvariation in Deutsch als Fremdsprache.* Göttingen: Universitätsverlag Göttingen 2018 (= Materialien Deutsch als Fremd- und Zweitsprache 99).

Simon, Christina: *Erfahrungen von in Österreich lebenden MigrantInnen mit Dialekt und Standardsprache.* Masterarbeit Universität Wien 2015. https://othes.univie.ac.at/36663/ (Zugriff am 15.12.2020).

Springsits, Birgit: „Deutsch als Fremd- und/oder Zweitsprache? (K)eine Grenzziehung". In: *ÖDaF-Mitteilungen*, 28, 1/2012, S. 93–103.

Steger, Christian: „‚If you don't understand the poem – feel it'. Tokyo – Poetry Slam – Fortbildung und Workshop mit Fabian Navarro". In: Goethe-Institut Japan 2018. https://www.goethe.de/ins/jp/de/spr/eng/pas/pak/21315257.html (Zugriff am 15.12.2020).

Studer, Thomas (2002): „Dialekte im DaF-Unterricht? Ja, aber ... Konturen eines Konzepts für den Aufbau einer rezeptiven Varietätenkompetenz". In: *Linguistik Online*, 10, 1/ 2002. https://bop.unibe.ch/linguistik-online/article/view/927 (Zugriff am 15.12.2020).

Studer, Thomas / Wiedenkeller, Eva: „Sprachvariation im Kontext der Leistungsprüfung (DaF): Chancen und Schwierigkeiten". In Neuland, Eva (Hg.): *Variation im heutigen Deutsch. Perspektiven für den Sprachunterricht.* Frankfurt am Main et al.: Peter Lang 2006, S. 541–558.

Wikipedia: Eintrag „Bairisch" https://de.wikipedia.org/wiki/Bairisch (Zugriff am 15.12.2020).

Anmerkungen

1. Zit. nach Kummer / Winiger / Fendt (Hg.): Fremd, S. 62.
2. Vgl. Feuz: Dialekte Varietät.
3. Vgl. Baßler / Spiekermann.
4. Vgl. Simon: Erfahrungen.
5. Vgl. hierzu auch Springsits: Deutsch als Fremd- und/oder Zweitsprache?
6. Die folgenden, einführenden Absätze sind eine Bearbeitung von Lughofer: Dialekt im Fachsprachenunterricht.
7. Vgl. Kellermeier-Rehbein: Plurizentrik, S. 161.
8. Vgl. Projektgruppe Spracheinstellungen: Aktuelle Spracheinstellungen, S. 13ff.
9. Vgl. Bundesamt für Statistik: Schweizer Bevölkerung.
10. Vgl. Wikipedia: Bairisch.
11. Rumjanzewa: Verschriftlichung der Mundart.
12. Vgl. Kellermeier-Rehbein: Plurizentrik, S. 211.
13. Vgl. Ransmayr: Der Status des Österreichischen Deutsch, S. 290.
14. Vgl. ebd., S. 291.
15. Hägi: Nationale Varietäten, S. 114ff.
16. Jenkins: Phonology of English.
17. Studer: Dialekte im DaF-Unterricht?
18. Vgl. Ender / Kasberger / Kaiser: Wahrnehmung und Bewertung, S. 98.
19. Vgl. Regan: Sociolinguistic competence, S. 22.
20. Vgl. Elspaß / Maitz: Sprache und Diskriminierung, S. 4.
21. Neuland: Sprachvarietäten – Sprachwandel – Sprachnormen, S. 60.
22. Vgl. Hunfeld: Fremdheit als Lernimpuls.
23. Bredel: Sprachbetrachtung, S. 272.
24. Z. B. https://www.youtube.com/watch?v=ZutmFh2WmbQ (Zugriff am 15.12.2020).
25. Artmann: med ana schwoazzn dintn, S. 51. Hier und in Folge werden die Verweise auf diesen Gedichtband als Seitenzahl in Klammern im laufenden Text angegeben.
26. Polakovics: o. T., S. 10.
27. Ebd., S. 11.
28. Sedlmayr: o.T., S. 5.
29. https://bar.wikipedia.org/wiki/Med_ana_schwoazzn_dintn (Zugriff am 15.12.2020).
30. Steger: If you don't.
31. Vgl. Buttaroni / Knapp: Fremdsprachenwachstum.
32. Z.B. Altmayer: Mitreden. Diskursive Landeskunde.
33. Hausbichler: Palmers und Body-Positivity.
34. Bastian: Bedingungen und Möglichkeiten, S. 124.
35. Dobstadt / Riedner: Fremdsprache Literatur, S. 8.
36. Zit. nach Kast: Literatur im Anfängerunterricht, S. 8.
37. Goscinny / Uderzo: Asterix. Da Legionäa.

Zeittafel zu Hans Carl Artmann
Zusammengestellt von Alexandra Millner[*]

1921	geboren am 12. Juni 1921 in Breitensee (Wiener Vorstadt) Eltern: Marie (geborene Schneider) und Johann Artmann (Schuhmachermeister)
1935–1938	Kaufmännische Lehre
1939–1940	Briefträger
1940	Wehrmachtssoldat
1941	schwere Verwundung
1942–1945	Lazarettaufenthalte, Desertionsversuche, Wehrmachtgefangenenabteilung
1945	US-Kriegsgefangenschaft, Ingolstadt, Rückkehr nach Wien: Burgtheaterstatist
1947	Gedichte in Radio Wien
1949	Übersetzer für die US-amerikanischen Besatzer über René Altmann zum Kreis um die Zeitschrift *Neue Wege* Statist im Film *Der dritte Mann* (Regie: Carol Reed)
1950	literarischer Zirkel im Esterhazy-Keller (*Der Wiener Keller*)
1951–1953	Kreis um Zeitschrift *publikationen einer wiener gruppe junger autoren* hg. von Andreas Okopenko
1952	*Art Club* im „Strohkoffer" (Keller unter Loos-Bar), literarischer Kreis um René Altmann, Wieland Schmied, Andreas Okopenko und Hanns Weissenborn erste Begegnungen der Mitglieder der nachmaligen Wiener Gruppe: Gerhard Rühm (*1930), Konrad Bayer (1932–1964), Oswald Wiener (1935–2021)
1952/53	*Art Club* im Dom Café, Literaten im Café Glory: Literatur des Expressionismus, Dada, Surrealismus, Konstruktivismus (Konkrete Poesie, Eugen Gomringer)
1953	April: *Acht-Punkte-Proklamation des Poetischen Actes* August: erster *poetische act*: „soirée aux amants funèbres" (Gérard de Nerval, Edgar Allan Poe, Charles Baudelaire, Georg Trakl, Gómez de la Serna)

[*] Vgl. die Website der Internationalen Gesellschaft H. C. Artmann [IGHCA]: https://www.hcartmann.at/leben/biografie/(Zugriff am 12.06.2021).

1953/54	weitere *poetische acte* im literarischen Theater „die kleine schaubühne" und den „franciscan catacombes club" im Jänner/Februar 1954: „in memoriam to a crucified glove"; die schwarze Messe „das fest des hl. simeon, quasie una fantasmagoria", die „soirée mit illuminierten vogelkäfigen"
1954–1956, 1959–1960	Zeitschrift *alpha. neue dichtung* hg. von Kurt Klinger und Hanns Weissenborn (Konstellationen von Gomringer, Rühm)
1955	17. Mai: *Manifest gegen die Wiederbewaffnung Österreichs*
1955	Friedrich Achleitner (1930–2019) stößt zur Gruppe dazu Treffpunkt Café Hawelka
1956	*alpha*-Schwerpunkt: Wiener Lieder und Dialektgedichte von Artmann und Rühm im Sinne der Konkreten Poesie
1957	*publikationen* hg. v. Artmann, mit Texten von Artmann, Bayer, Ernst Jandl, Ernst Kein, Friederike Mayröcker, Andreas Okopenko und Wieland Schmied erste gemeinsame Lesung der ‚Wiener Gruppe' im „intimen theater" (geführt von Gerhard Bronner und Georg Kreisler) – ‚Monsterlesung' Lesung auf Einladung der *Gesellschaft für moderne Kunst* in Salzburg (Festspielzeit)
1958	*med ana schwoazzn dintn* (Otto Müller Verlag, Salzburg) 1959 als Schallplatte Artmann / Friedrich Polakovics *erstes literarisches cabaret* (ohne Artmann)
1959	*zweites literarisches cabaret* (ohne Artmann) Uraufführung von *Kein Pfeffer für Czermak* (1954) in Wien *Der Schlüssel des Heiligen Patrick* (aus dem Keltischen) *Von den Husaren und anderen Seil=Tänzern* (postbarocke Geschichten) *hosn rosn baa* von Artmann, Rühm und Achleitner (Skandal um Lesung im Wiener Konzerthaus)
1960	*Donauweibchen* (ORF-Verfilmung eines Dramolettes von Artmann, urspr. auch Rühm)
1960–1965	in Schweden; 1962, 1965/66, 1968 West-Berlin; 1966 Graz und 1969 Rennes
1962/63	*edition 62* (2 Hefte, hg. v. Bayer, finanziert v. Gerhard Lampersberg)
1963	*Kinderverzahrer und andere Wiener*: Helmut Qualtinger singt Lieder nach Texten von Artmann, Musik von Ernst Kölz

1964	Uraufführung der *kinderoper* (Achleitner/Bayer/Rühm/Wiener, 1958); *das suchen nach dem gestrigen tag oder schnee auf einem heißen brotwecken* (,das schwedische Tagebuch'; Populärkultur)
1966	*dracula, dracula* (Trivialmythen; Premiere im Berliner Europa-Center); *Schwarze Lieder*: Qualtinger/Kölz nach Artmann/Rühm; Verse François Villons in Übersetzung Artmanns gesprochen von Qualtinger, Jazz von Fatty George
1967	*allerleirausch* (schaurige Kinderreime) *Grünverschlossene Botschaft. 90 Träume*
1968/69	Übersetzungen: François Villon, H. P. Lovecraft, Carlo Goldoni
1969	*ein lilienweißer brief aus lincolnshire* (Ges. Gedichte hg. v. Gerhard Bisinger); *die fahrt zur insel nantucket* (ges. Dramen, Vorwort v. Peter O. Chotjewitz)
1970	*The Best of H. C. Artmann*, hg. von Klaus Reichert
1971	*How much, schatzi?* (Prosa)
1972–1995	Salzburg: mit Rosa Pock (Schriftstellerin) und Tochter Emily
1973	Gründungspräsident der „Grazer Autorenvereinigung" (GAV)
1974	Großer Österreichischer Staatspreis für Literatur
1975	*Aus meiner Botanisiertrommel* (Balladen und Naturgedichte)
1977	*Die Jagd nach Dr. U. oder Ein einsamer Spiegel, in dem sich der Tag reflektiert* (Prosa)
1978	*Nachrichten aus Nord und Süd* (Prosa)
1982	*Die Sonne war ein grünes Ei. Von der Erschaffung der Welt und ihren Dingen* (Prosa)
1989	*gedichte von der wollust des dichtens in worte gefaßt*
1992	*die zerstörung einer schneiderpuppe. poetisches theater* (Arbeiten für das Theater 1)
1992–2000	Klasse an der „schule für dichtung", Wien
1994	*Das poetische Werk in zehn Bänden* hg. von Klaus Reichert unter Mitwirkung des Autors
ab 1995	Wien
1995	*Ein Engel hilft mir frühaufstehn* (Arbeiten für das Theater 2)
1997	*Grammatik der Rosen. Gesammelte Prosa in 3 Bänden.* Hg. von Klaus Reichert
2000	Großes Goldenes Ehrenzeichen für Verdienste um die Republik Österreich. Verstorben am 4. Dezember 2000.

Verzeichnis der Werke von H. C. Artmann
Zusammengestellt von der IG Autorinnen Autoren*

med ana schwoazzn dintn. gedichta r aus bradnsee. Salzburg: Otto Müller 1958.
hosn rosn baa. Dialektgedichte. Mit der Schallplatte seiner „hosn" im Innviertler Idiom. Scherenschnitt-Portraits der Dichter nach Achleitners Entwurf [Mit Friedrich Achleitner, Gerhard Rühm]. Vorw.: Heimito von Doderer. Wien: Frick 1959.
Von den Husaren und anderen Seil-Tänzern. Ausstattung: Friedrich Polakovics. München: Piper 1959.
ARTMANN BRIEF. Mappe mit einer farbigen Lithographie von Wolfgang Bayrle. Bad Homburg: Gulliver-Presse 1964.
das suchen nach dem gestrigen tag oder schnee auf einem heißen brotwecken. eintragungen eines bizarren liebhabers. Olten, Freiburg: Walter 1964 (Walter-Druck 1).
Montagen 1956. H. C. Artmann, Konrad Bayer, Gerhard Rühm. Bleiburg: Kulterer 1964 (Sonderdruck der *Eröffnungen* 2).
Rixdorfer Bilderbogen No 1. Holzschnitte: Günter Bruno Fuchs u. a. Berlin: Werkstatt Rixdorfer Drucke 1965.
Dracula Dracula. Ein transsylvanisches Abenteuer. Ill.: Uwe Bremer. Berlin, Zürich: Rainer/Magica 1966.
persische qvatrainen. ein kleiner divan. Hommerich: Eckhardt 1966 (=collispress).
verbarium. gedichte. Nachwort v. Peter Bichsel. Olten, Freiburg: Walter 1966.
allerleirausch. neue schöne kinderreime. Berlin: Rainer 1967.
Fleiß und Industrie. Ein Buch der Stände. 30 Prosastücke. Frankfurt am Main: Suhrkamp 1967.
Grünverschlossene Botschaft. 90 Träume gezeichnet von Ernst Fuchs. Salzburg: Residenz 1967.
shâl-i-mâr. der persische qvatrainen anderer teil. Stuttgart: Eckhardt 1967 (=collispress).
tök ph'rong süleng. München: Hartmann 1967 (=Richard P. Hartmann Bibliothek 15).
der handkolorierte menschenfresser. Ill.: Patrick Artmann. Stuttgart: collispress 1968.
paarodien. Sechs Radierungen, sechs literarische Liebespaare. Mit Bildbetrachtungen von H. C. Artmann. Ill.: Ali Schindehütte und Katinka Niederstrasser. Hamburg: Merlin 1968 (=Merlin-Mappe 1).

---

* Mit Dank an die IG Autorinnen Autoren, s. „H. C. Artmann: Werke". In: Literaturhaus Wien. http://www.literaturhaus.at/index.php?id=5331 (Zugriff am 17.03.2023).

Tranchierfibel. Merlins Beitrag zur Kochkunst. Der knusprigen Gretel auf den Leib geschrieben. Hamburg: Merlin 1968 (=Merlin-Leporello 3).
Die Anfangsbuchstaben der Flagge. Geschichten für Kajüten, Kamine und Kinositze. Salzburg, Wien: Residenz 1969.
die fahrt zur insel nantucket. theater. Vorw.: Peter O. Chotjewitz. Neuwied, Berlin: Hermann Luchterhand 1969 (=edition otto f. walter).
ein lilienweißer brief aus lincolnshire. gedichte aus 21 jahren. mit einem portrait h. c. artmanns von konrad bayer. Hg. u. Nachwort v. Gerald Bisinger. Frankfurt am Main: Suhrkamp 1969.
Frankenstein in Sussex. Fleiß und Industrie. Frankfurt am Main: Suhrkamp 1969 (=edition suhrkamp 320).
Mein Erbteil von Vater und Mutter. Überlieferungen und Mythen aus Lappland. Original-Linolschnitte: Ali Schindehütte. Hamburg: Merlin 1969.
Überall wo Hamlet hinkam. Stuttgart: collispress 1969.
Böse Bilder mit Worten von H. C. Artmann. Wien, München: Jugend & Volk 1970.
Das im Walde verlorene Totem. Prosadichtungen 1949–1953. Ill.: Daniela Rustin, Nachw.: Hannes Schneider. Salzburg, Wien: Residenz 1970.
The Best of H. C. Artmann. Hg. v. Klaus Reichert, Ill.: Robert Doxat. Frankfurt am Main: Suhrkamp 1970 (=Die Bücher der Neunzehn 192).
Yeti oder John, ich reise? Poem. [Mit Rainer Pichler, Hannes Schneider]. Ill.: Karlheinz Pilcz. München: Willing 1970.
How much, Schatzi? Frankfurt am Main: Suhrkamp 1971 (=suhrkamp taschenbuch 136).
meine maorifrau. Ein Gedicht. Ill.: Joachim Knorpp. Euernbach: Knorpp 1971.
Der aeronautische Sindtbart oder Seltsame Luftreise von Niedercalifornien nach Crain. Ein Fragment von dem autore selbst aus dem yucatekischen anno 1958 ins Teutsche gebracht sowie edirt & annotirt durch Klaus Reichert. Saltzburg, verlegts der Residentz Verlag A.D. MCMLXXII. Salzburg, Wien: Residenz 1972.
Von der Wiener Seite. Geschichten. Berlin: Literarisches Colloquium 1972 (=LCB-Editionen 30).
kleinere taschenkunststücke. fast eine chinoiserie. Wollerau, Wien, München: Lentz 1973 (=Edition Lentz 1).
König Gorms Weiber. Ein Märchen. Ill.: J. Knorpp. Euernbach: Knorpp 1974.
Ompül. Ill.: Sita Jucker. Zürich, München: Artemis 1974.
Unter der Bedeckung eines Hutes. Montagen und Sequenzen. Salzburg, Wien: Residenz 1974.
Aus meiner Botanisiertrommel. Balladen und Naturgedichte. Salzburg, Wien: Residenz 1975.

Christopher und Peregrin und was weiter geschah. Ein Bären-Roman in drei Kapiteln. [Mit Barbara Wehr]. Ill.: G. Martyn. Frankfurt am Main: Insel 1975.
Gedichte über die Liebe und über die Lasterhaftigkeit. Hg., Ausw. v. Elisabeth Borchers. Frankfurt am Main: Suhrkamp 1975 (=Bibliothek Suhrkamp 473).
Rixdorfer Laboratorium zur Erstellung von literarischen und bildnerischen Simultan-Kunststücken (1.) in der Fachwerkstatt Rixdorfer Drucke auf Schloß Gümse vom 8.–18. Juni 1975. [Mit Nicholas Born, Kai Hermann]. Fotos: Jürgen Aick, Mike Hermann, Ill.: Uwe Bremer u. a., Vorwort v. Andreas J. Meyer. Berlin: Merlin 1975 (=Kunststücke 1).
Die Heimholung des Hammers. Eine Geschichte. Ill.: Uwe Bremer. Wien: Edition Hilger 1977.
Die Jagd nach Dr. U. oder Ein einsamer Spiegel, in dem sich der Tag reflektiert. Salzburg, Wien: Residenz 1977.
Sämtliche persische Qvatrainen. Stuttgart: collispress 1977 (=Collisbibliothek 2).
Nachrichten aus Nord und Süd. Salzburg, Wien: Residenz 1978.
Zum Glück gibt's Österreich. Essay. Ill.: Bugatti. Kirchberg bei Salzburg: Edition Reinartz 1978.
Die Wanderer. Ill.: Axel Hertenstein. München: Renner 1979.
Grammatik der Rosen. Gesammelte Prosa in 3 Bänden. Hg. v. Klaus Reichert. Salzburg, Wien: Residenz 1979.
Kein Pfeffer für Czermak. Ein Votivsäulchen für das goldene Wiener Gemüt. Wien, München: Sessler 1980 (=Der Souffleurkasten).
Die Sonne war ein grünes Ei. Von der Erschaffung der Welt und ihren Dingen. Salzburg, Wien: Residenz 1982.
Festspiel zur 800-Jahr-Feier des Marktes Gföhl. Gföhl: Gesang- und Orchesterverein Gföhl 1982.
das prahlen des urwaldes im dschungel. Neunundfünfzig Gedichte. Berlin: Rainer 1983.
Im Schatten der Burenwurst. Skizzen aus Wien. Ill.: Ironimus. Salzburg, Wien: Residenz 1983.
Triumph des Herzens. Salonmalerei & Kitsch & Kuriosa. 4. Nov. 1982 bis 29. Jän. 1983. München: Galerie Klewan 1983.
Der handkolorierte Menschenfresser. Ausgewählte Prosa. Hg., Nachw. v. Rainer Fischer. Berlin: Volk und Welt 1984.
Nachtwindsucher. Einundsechzig österreichische Haikus. Berlin: Rainer 1984 (=Kleine Reihe).
Verzaubert, verwunschen. Das Waldviertel. [Mit Lotte Ingrisch.]. Hg. u. Fotos v. Franz Hubmann. Wien, München: Brandstätter 1984.
ARTMANN, H. C., Dichter. Ein Album mit alten Bildern und neuen Texten. Hg. v. Jochen Jung. Salzburg, Wien: Residenz 1986.

wer dichten kann ist dichtersmann. Eine Auswahl aus dem Werk. Hg. v. Karl Riha, Christina Weiss. Ditzingen: Reclam 1986 (=Universal Bibliothek 8264).
Aus meiner Botanisiertrommel. Balladen und Naturgedichte. Buch und Toncassette. Wien: Verlag der österreichischen Staatsdruckerei 1987 (=Edition S – Text und Ton).
Dracula Dracula. Ein transsylvanisches Abenteuer. [Mit Klaus Völker, Dieter Sturm]. Wien: Verlag der österreichischen Staatsdruckerei 1988 (=Edition S – Text & Ton).
Wenn du in den Prater kommst. Gedichte. Hg. v. Richard Pietraß. Berlin: Volk und Welt 1988 (=Weiße Reihe Lyrik international).
gedichte von der wollust des dichtens in worte gefaßt. Salzburg, Wien: Residenz 1989.
Von einem Husaren, der seine guldine Uhr in einem Teich oder Weiher verloren, sie aber nachhero nicht wiedergefunden hat. Ill.: Christian Thanhäuser. Ottensheim: Thanhäuser 1989.
Artmann Brief. Ill.: Thomas Bayrle. München: Renner 1991.
Erotika. Zeichnungen und Texte zu Casanova / Disegni e testi su Casanova. Dt./Ital. Ill.: Markus Vallazza, Übers. ins Ital. v. Giancarlo Mariani. Bozen: Edition Raetia 1991.
st. achatz am walde. ein holzrausch. Gedichte. Ill.: Christian Thanhäuser. Ottensheim, Berlin: Thanhäuser/Atelier-Handpresse 1991.
Wiener Vorstadtballade. Ein Spaziergang rund um den Gallitzinberg. Fotos: Franz Hubmann. Salzburg: Otto Müller 1991.
Der zerbrochene Krug. Nach Heinrich von Kleist. Salzburg, Wien: Residenz 1992.
die zerstörung einer schneiderpuppe. poetisches theater. München: Renner 1992 (=Arbeiten für das Theater 1).
Gesänge der Hämmer. Ill.: Uwe Bremer. Bayreuth: The Bear Press 1992 (1996 Übernahme durch Otto Müller, Salzburg) (Druck der Bear Press Wolfram Benda 15).
holzrausch. Gedichte. Ill.: Christian Thanhäuser. Ottensheim: Thanhäuser 1992.
Angeli. Essay: H. C. Artmann. Ill.: Eduard Angeli. Wien: Holzhausen 1994 (=Holzhausens Kunst der Zeit 1).
Das poetische Werk in zehn Bänden. Gesammelte Gedichte. Hg. v. Klaus Reichert unter Mitwirkung des Autors. Berlin, München: Rainer/Renner 1994.
Der Wiener Keller. Anthologie junger österreichischer Dichtung. Wien 1950. Hg. v. H. C. Artmann, Vorw.: Max Blaeulich. Klagenfurt: Wieser 1994 (=Edition Traumreiter).
Register der Sommermonde und Wintersonnen. Salzburg, Wien: Residenz 1994.
Der Knabe mit dem Brokat. Eine Kurzoper. [Mit Gerhard Lampersberg]. Ill: Johannes Vennekamp. München: Renner 1995.

Ein Engel hilft mir frühaufstehn. München: Renner 1995.
Lyrik als Aufgabe. Arbeiten mit meinen Studenten. Hg. v. H. C. Artmann. Wien: Passagen 1995 (=Arbeiten für das Theater 2; Passagen Literaturprogramm / Edition Schule für Dichtung).
nebel und petunien. [Mit Barbara Wehr]. Ill.: Michael Gölling. Ottensheim: Thanhäuser 1995.
Was sich im fernen abspielt. Gesammelte Geschichten. Hg. u. Nachw. v. Hans Haider. Salzburg, Wien: Residenz 1995.
Achtundachtzig ausgewählte Gedichte. Hg. v. Jochen Jung. Salzburg, Wien: Residenz: 1996.
Allerleirausch. Neue schöne Kinderreime. Ill.: Karl Korab. Horn: Edition Thurnhof 1996.
goethe trifft lilo pulver und wandert mit ihr durch den spessart zum schloß mespelbrunn. Ill.: H. C. Artmann. München: Renner 1996.
átlépni a látohatárt – den horizont überschreiten. Dt. / Ungar. Übers. ins Ungar.: László Márton. Ill.: Christian Thanhäuser. Ottensheim: Thanhäuser 1997.
Gesammelte Prosa. 4 Bände. Hg. v. Klaus Reichert. Salzburg, Wien: Residenz 1997.
Eine Lektion in Poesie wird vorbereitet. Graz: Droschl 1998.
Nachtwindsucher. Haiku, Holzschnitte (Österreichisch/Japanisch). Landeck: Eye Literaturverlag 1998.
Maus im Haus. Von 4-7 J. Ill.: Pieter Kunstreich. Wien: Dachs 1999.
*Allerleirausch/*Kindergedichte. Ill.: Linda Wolfsgruber, Vorw.: Elmar Locher. Innsbruck, Bozen: Edition Sturzflüge 2000.
der herr norrrdwind. ein opernlibretto. St. Pölten, Wien, Salzburg: Residenz 2005.
Ich brauch einen Wintermantel etz. Briefe an Herbert Wochinz. Hg. v. Alois Brandstetter. Salzburg, Wien: Jung und Jung 2005.
Flieger, grüß mir die Sonne. Klangbuch mit1 CD. Wien: Mandelbaum 2012.
H. C. Artmann. Ill.: Fröhlich, Walter. Wien: Milena 2011.
Schreibe mir, meine Seltsame, schnell. Briefe an Didi 1960–1970. Wien: Mandelbaum 2015.

Stücke:
Kein Pfeffer für Czermak. Ein Votivsäulchen für das goldene Wiener Gemüt. Posse. Wien: Theater am Fleischmarkt 1958.
Dracula Dracula. Ein transsylvanisches Abenteuer. Theater im Europa Center (Konrad Jule Hammer) 1966.
Strip oder wer unter den Menschenfressern erzogen, dem schmeckt keine Zuspeis. Comic Opera. Libretto: H. C. Artmann, Regie: Winfried Bauernfeind, Verto-

nung: Gerhard Lampersberg. Ost-Berlin: Studio der Deutschen Oper Berlin in der Akademie der Künste 1967.
Lob der Optik. Aufbruch nach Amsterdam. Die mißglückte Luftreise. Nebel und Blatt. Vier Einakter. Wien: Experiment am Liechtenwerd 1970.
Off to Liverpool – oder ein Engel hilft mir aufstehn. Einakter. Regie: Georg Madeja. Wien: Arena 70 1970.
Punch. Einakter. Zürich: Neumarkttheater 1970.
Erlaubent, Schas, sehr heiß bitte. Eine musikalische Notwendigkeit von Daniel-Graf auf ein Gleichnis von H. C. Artmann. Regie: Werner Woess. Graz: Schauspielhaus 1974.

Hörspiele:
interior fotografico. SDR, WDR 1957.
Erlaubent, Schas, sehr heiß bitte. SDR, WDR 1963.
Am wunderschönen Flusse Pruth oder Des Zaren Dach. Regie: Peter Zwetkoff. NDR, RB, SDR 1971.
das donauweibchen. 1971.
Die ungläubige Colombina. Interior Fotografico. Erlaubent Schas, sehr heiß bitte. Regie: Otto Düben, Peter O. Chotjewitz, Raoul Wolfgang Schnell. SDR, WDR 1971.
Die Schwalbe. Regie: Otto Düben. SDR 1973.
Kleinere Taschenkunststücke. ORF Niederösterreich 1973.
Kein Pfeffer für Czermak. Regie: H. Hartwig. ORF Steiermark 1988.
Off to liverpool. Regie: Klaus Gmeiner. ORF Salzburg 1991.

Filme:
Das Donauweibchen. TV-Film. Drehbuch: H. C. Artmann, Regie: Wolfgang Glück. ORF 1960.
Die Moritat vom Räuberhauptmann Grasel. TV-Film. Drehbuch: Friedrich Polakovics, H. C. Artmann, Regie: Otto A. Eder. ORF 1969.
Aus meiner Botanisiertrommel. Naturballaden. Regie: Georg Madeja. ORF 1976.
Der Bockerer. Spielfilm. Drehbuch (nach dem gleichnamigen Theaterstück von Ulrich Becher und Peter Preses): Kurt Nachmann, Dialoge: H. C. Artmann, Regie: Franz Antel. Deutschland, Österreich 1981.

Tonträger:
Heinz Holecek singt und parodiert. Zehn Lieder für Bariton und Orchester nach Texten von H. C. Artmann. Compact-Disc. Wien: Preiser Records.
med ana schwoazzn dintn. Aus dem Buch lesen H. C. Artmann und Friedrich Polakovics. Langspielplatte. Salzburg: Otto Müller 1959.

auf ana schwoazzn blotn: gedichta r aus bradnsee. Polakovics liest Artmann. Langspielplatte. Salzburg: Otto Müller 1960 (Amadeo 2025-X).
Kinderverzahrer und andere Wiener. Helmut Qualtinger singt Lieder nach Texten von H. C. Artmann. Langspielplatte. Musik: Ernst Kölz. Wien: Preiser Records 1963 (FEP 524/PR 1724).
Villon übersetzt von Artmann, gesprochen von Qualtinger, mit Jazz von Fatty George. Langspielplatte. Vorspiele: Ernst Kölz. Wien: Preiser Records 1966 (SPR 3037).
Helmut Qualtinger singt schwarze Lieder. Texte von H. C. Artmann und Gerhard Rühm. Langspielplatte. Musik: Ernst Kölz. Wien: Preiser Records 1966 (SPR 3140).
Will Elfes-Song – Der General. Nach Texten von Gisela Pfeifer und H. C. Artmann. Langspielplatte. Calig 1972 (CAL 30650).
Allerleirausch. Jutta Schwarz liest Märchen und Gedichte von H. C. Artmann. Langspielplatte. Musik: Karl Heinz Gruber. Wien: Preiser Records 1973 (SPR 3209).
Gott schütze Österreich durch uns: Alexander, H. C. Artmann, Wolfgang Bauer, Jodik Blapik, Günter Brus, Ernst Jandl, Friederike Mayröcker, Hermann Nitsch, Gerhard Rühm, Aloisius Schnedel. Langspielplatte. Berlin: Wagenbach 1974 (Quartplatte 12).
H. C. Artmann liest: „Kein Pfeffer für Czermak". Langspielplatte. Intercord 1975 (Intercord Litera Seria 26 551-2 H).
Carl Michael Bellman – Der Lieb zu gefallen. Musizierte Lieder in der Nachdichtung durch H. C. Artmann und Michael Korth. Langspielplatte. Hg. v. Bärengässlin. Pläne 1978.
Hirn mit Ei. Jazz und Lyrik live 1981. [Mit Wolfgang Bauer]. Langspielplatte. Life-Aufnahme mit Hans Koller (Sax) und Fritz Pauer (Piano). Graz, Wien: Droschl 1981.
Eine Art Chansons. Gedichte. [Mit Friedrich Cerha, Gerhard Rühm]. Interpreten: Martin Jones, Heinz Karl Gruber. Köln: UBM Records 1983 (Largo 5126).
H. C. Artmann liest ARTMANN. München: DerHörVerlag 1996.
Qualtingers böseste Lieder. Wien: Preiser Records 1996 (MONO 90312).
hommage an h. c. artmann. allerleirausch. drei märchen von h. c. artmann. med ana schwoazzn dintn. Musik: Heinz Karl Gruber, Sprecherin: Jutta Schwarz. Wien: Preiser Records 1998 (STEREO 90359).
Kein Pfeffer für Czermak. Gelesen von H. C. Artmann. Wien: Sessler/Extraplatte 1999 (Sammlung Stimme des Autors auf CD).
Collage aus mehreren Hörspielen. Wien, Lienz, Osttirol: Sessler/Waku Word 2000.
Dracula, Dracula. Gelesen von H. C. Artmann. Wien, Lienz, Osttirol: Sessler/Waku Word 2000.

Flieger, grüß mir die Sonne. Klangbuch mit 1 CD. Wien: Mandelbaum 2012.
H. C. Artmann: *Um zu tauschen Vers für Kuss*. Klangbuch mit 1 CD. Wien: mandelbaum 2021.
H. C. Artmann: aus da dintn. LP. Paul Skrepek & W. V. Wizlsperger. Wien: nonfoodfactory 2021.
Den Hut auf oder es knallt! Taktlosigkeiten an der laufenden Schnur von H. C. Artmann. Helmut Bohatsch & The LSZ. CD. Wien: loewenhertz 2022.

Übersetzungen:

Bücher:
Der Schlüssel des heiligen Patrick. Religiöse Dichtungen der Kelten. Ausw., Übers. ins Deutsche: H. C. Artmann, Nachw.: Paul Wilhelm Wenger. Salzburg: Otto Müller 1959.
Francisco Gómez de Quevedo y Villegas: *Der abenteuerliche Buscón oder Leben und Taten des weitbeschrieenen Glücksritters Don Pablos aus Segovia.* Übers. a. d. Span.: H. C. Artmann. Frankfurt am Main: Insel 1963.
Edward Lear: *Edward Lear's Nonsense-Verse.* Übers. a. d. Engl.: H. C. Artmann, Nachw.: K. Reichert. Frankfurt am Main: Insel 1964 (=Insel Bücherei 813).
Carl von Linné: *Lappländische Reise.* Übers. a. d. Schwed.: H. C. Artmann. Frankfurt am Main: Insel 1964.
Je länger ein Blinder lebt, desto mehr sieht er. Jiddische Sprichwörter. Jiddisch / Dt. Übers.: H. C. Artmann, Hg. v. Hanan J. Ayalti. Frankfurt am Main: Insel 1965 =(Insel Bücherei 828).
Daisy Ashford: *Junge Gäste oder Mr. Salteenas Plan.* Ein Liebes- und Gesellschaftsroman um 1900 geschrieben von Daisy Ashford im Alter von 9 Jahren. Übers a. d. Engl.: H. C. Artmann, Ill.: Heather Corlass. Olten, Freiburg: Walter 1965.
Tage Aurell: *Martina.* Übers.: H. C. Artmann. Frankfurt am Main: Suhrkamp 1965 (=Bibliothek Suhrkamp 166).
Georges Feydeau: *Einer muß der Dumme sein.* Übers. a. d. Franz.: H. C. Artmann. Wien, München: Sessler 1967.
Daisy und Angela Ashford: *Liebe und Ehe.* Drei Geschichten. Übers. a. d. Engl.: H. C. Artmann, Ill.: Ralph Steadman. Frankfurt am Main: Insel 1967 (=Insel Bücherei 897).
François Villon: *Baladn.* In Wiener Mundart übertragen von H. C. Artmann. Frankfurt am Main: Insel 1968 (Insel Bücherei 883).
Howard Phillips Lovecraft: *Cthulhu.* Geistergeschichten. Übers a. d. Engl.: H. C. Artmann, Vorw.: Giorgio Manganelli. Frankfurt am Main: Insel 1968.

Harry Graham: *Herzlose Reime für herzlose Heime.* Übers. a. d. Engl.: H. C. Artmann. Zürich: Diogenes 1968 (=Klub der Bibliomanen).
Calderón de la Barca: *Dame Kobold.* Komödie in drei Akten. Übers. a. d. Span.: H. C. Artmann. Wien: Universal Edition 1969.
Carlo Goldoni: *Der Lügner.* Übers. a. d. Ital.: H. C. Artmann. Wien: Universal Edition 1969.
Jean Baptiste Molière: *George Dandin oder Der genasführte Ehemann.* Übers. a. d. Franz.: H. C. Artmann. Wien: Universal Edition 1969.
Daisy Ashford: *Wo Lieb am tiefsten liegt.* Übers. a. d. Engl.: H. C. Artmann, Ill.: Ralph Steadman. Frankfurt am Main: Insel 1969 (Insel Bücherei 940).
Eugène-Marin Labiche: *Der Prix Martin.* Komödie in 3 Akten. Übers. a. d. Franz.: H. C. Artmann. Wien: Universal Edition 1969.
Eugène-Marin Labiche: *Die Jagd nach dem Raben.* Komödie in 5 Akten. Übers. a. d. Franz.: H. C. Artmann. Wien: Universal Edition 1970.
Lars Gustafsson: *Die nächtliche Huldigung. Schauspiel in drei Akten.* Übers. a. d. Schwed.: H. C. Artmann. Neuwied, Berlin: Luchterhand 1971 (=luchterhand typoskript).
Cyril Tourneur: *Tragödie der Rächer.* Übers. a. d. Engl.: H. C. Artmann. Wien: Universal Edition 1971.
Jean Baptiste Molière: *Arzt wider Willen.* Übers. a. d. Franz.: H. C. Artmann, Bühnenfassung: Herbert Wochinz. Wien: Universal Edition 1972.
Lope de Vega: *Der Kavalier vom Mirakel.* Übers. a. d. Span.: H. C. Artmann. Wien: Universal Edition 1972.
Alfred de Musset: *Die Wette.* Übers. a. d. Franz.: H. C. Artmann, Bühnenfassung: Herbert Wochinz. Wien: Universal Edition 1972.
Tirso de Molina: *Don Gil von den grünen Hosen.* Übers. a. d. Span.: H. C. Artmann, Bühnenfassung: Herbert Wochinz. Wien: Universal Edition 1972.
Ludvig Holberg: *Henrik und Pernilla.* Übers. a. d. Dän.: H. C. Artmann, Bühnenfassung: Herbert Wochinz. Wien, München: Sessler 1972.
P. A. Caron de Beaumarchais: *Der tolle Tag.* Übers. a. d. Franz.: H. C. Artmann, Bühnenfassung: Herbert Wochinz. Wien: Universal Edition 1973.
Augustín Moreto und Cavana: *Der unwiderstehliche Don Diego.* Übers. a. d. Span.: H. C. Artmann, Bühnenfassung: Herbert Wochinz. Wien: Universal Edition 1973.
Eugène-Marin Labiche: *Die Reise des Herrn Perichon.* Lustspiel. Übers. a. d. Franz.: H. C. Artmann, Bühnenfassung: Herbert Wochinz. Wien: Universal Edition 1973.
Jean Baptiste Molière: *Die Streiche des Scapin.* Übers. a. d. Franz.: H. C. Artmann. Wien, München: Sessler 1973.
Pierre Carlet Chamblain de Marivaux: *Liebe und Zufall.* Übers. a. d. Franz.: H.

C. Artmann, Bühnenfassung: Herbert Wochinz. Wien: Universal Edition 1973.
August Strindberg: *Schwanenweiß.* Übers.: H. C. Artmann. Wien, München: Sessler 1973.
Carl Michael Bellman: *Der Lieb zu gefallen.* Eine Auswahl seiner Lieder. Zweisprachig. Die schwedischen Texte wurden singbar verdeutscht von H. C. Artmann und M. Korth. Ill.: J. T. Sergel. München: Heimeran 1975.
Paol Keineg: *Das Fest der roten Mützen.* Übers.: H. C. Artmann. Wien, München: Sessler 1976.
Ludvig Holberg: *Der Konfuse.* Übers. a. d. Dän.: H. C. Artmann. Wien, München: Sessler 1976.
Terence Hanbury White: *Der König auf Camelot.* Zwei Bände. Übertragung der Verse: H. C. Artmann. Stuttgart: Klett-Cotta 1976 (=Hobbit-Presse).
Jean Giraudoux: *Die Irre von Chaillot.* Übers. a. d. Franz. ins Wienerische, Bearb. für das Theater in der Josefstadt: H. C. Artmann. Zürich: Europa 1977.
Lope de Vega: *Der Kavalier aus Flandern.* Übers. a. d. Span.: H. C. Artmann. Wien, München: Sessler 1977.
Ludvig Holberg: *Jeppe vom Berge.* Übers. a. d. Dän.: H. C. Artmann. Wien, München: Sessler 1979.
Jean Baptiste Molière: *Der eingebildete Kranke.* Übers. a. d. Franz.: H. C. Artmann. Wien, München: Sessler 1979.
Jean Baptiste Molière: *Der Geizige.* Übers. a. d. Franz.: H. C. Artmann. Wien, München: Sessler 1979.
Eugène-Marin Labiche: *Der Florentinerhut.* Übers. a. d. Franz., Bearb.: H. C. Artmann. Wien, München: Sessler 1980 (=Neue Edition)
Carlo Goldoni: *Der Diener zweier Herren.* Komödie in zwei Akten. Übers. a. d. Ital.: H. C. Artmann. Wien, München: Sessler 1981.
Howard Phillips Lovecraft: *Der Schatten aus der Zeit. Geschichten kosmischen Grauens aus dem Cthulhu-Mythos.* Übers a. d. Engl.: H. C. Artmann, Rudolf Hermstein. Frankfurt am Main: Suhrkamp 1982 (=Bibliothek Suhrkamp 778).
Ruzzante: *La Moscheta.* Übers. a. d. Ital.: H. C. Artmann. Wien, München: Sessler 1983.
Carlo Goldoni: *Das Kaffeehaus.* Komödie in drei Akten. Übers. a. d. Ital.: H. C. Artmann. Wien, München: Sessler 1987.
Georges Feydeau: *Der Rohdiamant.* Übers. a. d. Franz.: H. C. Artmann. Wien, München: Sessler 1988.
Carl Michael Bellman: *Gedichte.* Singbar verdeutscht von H. C. Artmann und M. Korth. Ausw.: G. Kosubek. Berlin: Neues Leben 1988 (=Poesiealbum 251).
Georges Feydeau: *Liebe und Klavier.* Übers. a. d. Franz.: H. C. Artmann. Wien, München: Sessler 1988.

François Villon: *Baladn*. Übersetzt von H. C. Artmann. Mit hochdeutscher Rückübertragung von Friedrich Polakovics. Wien: Verlag der Österreichischen Staatsdruckerei 1990 (=Edition S – Text & Ton).
Hans Christof Stenzel's *POEtarium*. Übers. a. d. Amerikan.: H. C. Artmann. München: Renner 1991.
Der Schlüssel zum Paradies. Religiöse Dichtung der Kelten. Übers.: H. C. Artmann. Salzburg: Otto Müller 1993.
François Villon: *Hoat und Zoat*. Eine Auswahl der lasterhaften Balladen übertragen in den Wiener Dialekt. Übertragung ins Wienerische: H. C. Artmann. Wien, München: Deuticke 1998.
René Goscinny: *Da Legionäa Asterix*. Da Goscinny und da Uderzo legn des Wiena Dialektbuach von Asterix voa. Übers. a. d. Franz.: H. C. Artmann. Wien: Egmont 1999 (=Asterix Mundart 32).
Ludvig Holberg: *Der großsprecherische Soldat*. Übers. a. d. Dän.: H. C. Artmann. Wien, München: Sessler, o.J.
Georges Feydeau: *Die Katze im Sack*. Übers. a. d. Franz.: H. C. Artmann. Wien, München: Sessler, o.J.
Jean Baptiste Molière: *Don Juan*. Übers. a. d. Franz.: H. C. Artmann. Wien, München: Sessler, o.J.

Hörspiele:
Alfred Jarry: *Ubu Roi – König Ubu*. Wiener Fassung. Übers. a. d. Franz.: H. C. Artmann, Funkbearb., Regie: Heinz Hostnig. BR 1990.

Tonträger:
François Villon: *Aus den Balladen*. Compact-Disc. Übers. a. d. Franz.: H. C. Artmann, Sprecher: Helmut Qualtinger. Wien: Preiser Records.
Alfred Jarry: *Ubu Roi – König Ubu*. Wiener Fassung. Toncassette. Übers. a. d. Franz.: H. C. Artmann. München: TR-Verlagsunion 1991 (Bayerischer Rundfunk Tondokumente).

Autor/innenverzeichnis

Milka Car, Dr., O. Prof. Studium der Komparatistik und Germanistik an der Universität Zagreb. Seit 2000 am Lehrstuhl für Literaturwissenschaft der Abteilung für Germanistik der Philosophischen Fakultät Zagreb tätig. Teilnahme an zahlreichen internationalen wissenschaftlichen Symposien (Österreich, Deutschland, Schweiz, Polen, Ungarn, Slowenien, Togo, Rumänien) sowie an bilateralen und europäischen Projekten (Wien, Berlin, Köln, Ljubljana). Forschungsschwerpunkte: Untersuchung der deutschsprachigen Dramatik in Kroatien; Kulturtransfer, Dokumentarliteratur.

Johann Holzner, 1948 geb. in Innsbruck. Studium der Germanistik, Geschichte und Philosophie. Seit 1973 Lehrbeauftragter, später Prof. am Institut für Germanistik und 2001–2013 Vorstand des Forschungsinstituts Brenner-Archiv an der Universität Innsbruck. Lehrtätigkeit u. a. auch an der Universität Wrocław (1979/80), Universität Salzburg (1986), University of California, Santa Barbara (1994 und 1996), Universität St. Petersburg (1998), Universität Jyväskylä (2009) und Universität Maribor (2012). Seit 2014 Vorsitzender der Gesellschaft der Freunde und Förderer des Theodor-Fontane-Archivs in Potsdam, seit 2016 Vorsitzender des Beirats des Internationalen Trakl-Forums in Salzburg. Forschungsprojekte und Publikationen v. a. zur Literatur des 19. und 20. Jahrhunderts in Österreich, zur Literatur im Exil und zur Literatur der Gegenwart.

Sonja Kaar, Lehramtsstudium für Deutsch und Geschichte, Lehrerin am Gymnasium in Weiz. Germanistikstudium bei Wendelin Schmidt-Dengler an der Universität in Wien, Dissertation über Artmanns Theatertexte. Promotion 1998. Lehrtätigkeit und Kulturorganisation im Bereich Literatur im Kunsthaus Weiz. Autorin von Zeitzeuginnen- und Zeitzeugen-Büchern. Mit Marc-Oliver Schuster Organisatorin der Tagung „Artmann & Berlin" 2019 in Wien. Dazu Interviews mit H. C. Artmann, Wolfgang Bauer, Gerald Bisinger, Elfriede Gerstl, Gerhard Rühm. Publikationen zu H. C. Artmann u. a.: *H. C. Artmann. Texte und Materialien zum dramatischen Werk* (2004), *Donauweibchen, Dracula und Pocahontas. H. C. Artmanns Mythenspiele* (gem. mit Kristian Millecker u. Alexandra Millner, 2003), Beiträge in: *Niemand stirbt besser. Theaterleben und Bühnentod im Kabinetttheater.* Hg. von Alexandra Millner (2005); *Aufbau wozu. Neues zu H. C. Artmann.* Hg. v. Marc-Oliver Schuster (2010), *Acht-Punkte-Pro-*

klamation des poetischen Actes. Hg. v. Alexandra Millner und Marc-Oliver Schuster (2018); gem. m. Marc Oliver Schuster (Hg.): *Artmann & Berlin* (2021).

Jacques Lajarrige, o. Professor für Neuere deutsche Literatur; bis 2011 an der Université de la Sorbonne Nouvelle, seither an der Université Toulouse–Jean Jaurès. Dort Leiter des Centre de Recherches et d'Études Germaniques. Geschäftsführender Herausgeber der Zeitschrift *Austriaca*. Forschungsschwerpunkte: Literatur und Kulturgeschichte Österreichs, moderne und zeitgenössische Lyrik, deutschsprachige Literaturen des (ost)mitteleuropäischen Raums. Zahlreiche Publikationen zur österreichischen Literatur und Kulturgeschichte, zuletzt: *Heilsame Irreführung der Dämonen. Acht Essays zu Gregor von Rezzori* (Co-Hg., 2014); *Dekonstruktion der symbolischen Ordnung bei Marlen Haushofer. „Die Wand" und „Die Mansarde"* (Co-Hg., Frank & Timme 2019); *Habsburgs Untergang – Mitteleuropas Anfang. Literaturen eines zerrissenen Kontinents* (Co-Hg., 2020).

Johann Georg Lughofer, Assoc. Prof. MMag. Dr. MA (Exeter). Studium der Germanistik, Geschichte, Politikwissenschaften und Philosophie in Wien, Granada, Nizza und Exeter; 2004 Promotion über den Einfluss und das literarische Schaffen des österreichischen Exils in Mexiko. Lehrtätigkeit in Peking (1999), Exeter (2002–2005) und Ljubljana (seit 2005), dort 2009 Habilitation; Lehraufträge an den Universitäten Maribor, Stellenbosch, Wien, Graz, Klagenfurt, Innsbruck. Forschungsinteresse: Exilliteratur, österreichische Literatur, interkulturelle Literaturwissenschaft, Literatur im DaF-Unterricht. Zahlreiche Veröffentlichungen, z. B.: *Die Berge erschreiben. Die Alpen in der deutschsprachigen Literatur.* (Hg., 2014); *Österreich. Geschichte, Kultur und Gesellschaft im Spiegel der Literatur* (2017); *Österreichische Hymnen. Interpretationen – Kommentare – Didaktisierungen* (2022).

Harald Miesbacher, geb. 1957, lebt in Graz und Johnsdorf. Studium der Germanistik und Geschichte. Verfasser von Aufsätzen zur österreichischen Gegenwartsliteratur und von literar- und kulturhistorischen Beiträgen. Jüngste Veröffentlichungen: *Dossier Werner Schwab* (2018, hg. mit Daniela Bartens), *Nestroy in Graz. Ein Beitrag zur österreichischen Theatergeschichte des 19. Jahrhunderts* (2020).

Alexandra Millner, Literaturwissenschaftlerin, Literaturkritikerin und Dramaturgin; Dozentin am Institut für Germanistik der Universität Wien, Leiterin des FWF-Projekts „Albert Drachs dramatisches Werk & Edition der späten Dramen" am Institut für Sprachkunst der Universität für angewandte Kunst Wien. Präsidentin der Internationalen Gesellschaft H. C. Artmann sowie der Internationalen Albert Drach Gesellschaft und Mitherausgeberin der zehnbändigen Werkausgabe von Albert Drach im Verlag Paul Zsolnay. Zuletzt: Albert Drach: *Das Kasperlspiel vom Meister Siebentot. Dramen I / Gottes Tod ein Unfall. Dramen II* (Hg., 2022); *Lovecraft, save the world! 100 Jahre H. C. Artmann. Literarisches und Wissenschaftliches, die gleichnamige Ausstellung begleitend* (Hg., 2021).

Herta Luise Ott, Prof. Dr., derzeit an der Université de Picardie Jules Verne (*Centre de recherche CERCLL*) in Amiens tätig. 2011 Habilitation für österreichische Literatur und Landeskunde an der Universität Paris 3. Forschungsschwerpunkte: österreichische Literaturen und Kulturen des 19. und 20. Jahrhunderts im historischen Prozess; individuelle und kollektive Identitäten.

Michael Penzold, Studium der Germanistik, Theologie und Pädagogik; erstes und zweites Staatsexamen für das Lehramt an Gymnasien, 1999–2003 Repetent am Evangelischen Stift Tübingen, 2003–2007 Lehrer am Gymnasium Friedrich II, Lorch (Württ.). 2007–2019 abgeordneter Lehrer, zuerst an der PH Weingarten, seit 2014 an der LMU München; seit Dezember 2019 ohne Befristung an der LMU München am Lehrstuhl für die Didaktik der deutschen Sprache und Literatur und des Deutschen als Zweitsprache; 2010 Promotion über weibliches Schreiben im 19. Jahrhundert. Forschungsschwerpunkte: Holocaust Education, Literaturdidaktik, Didaktik des Deutschen als Zweitsprache, Kinder- und Jugendmedien.

Veronika Premer, geb. 1980 in Wien; Studium Geschichte, Französisch und Deutsch an der Universität Wien. Übersetzungsarbeiten, Coaching und Lehrtätigkeit in der Privatwirtschaft und an Wiener Gymnasien. Mitglied der IGHCA. Vorträge und Mitarbeit an Publikationen zu H. C. Artmann.

Hermann Schlösser, geb. 1953 in Worms, Dr. phil. Germanist und Anglist, war bis 2018 Feuilleton-Redakteur bei der *Wiener Zeitung* (Beilage *extra*). Lebt als Literaturwissenschaftler und Journalist in Wien. Schwerpunkte: Deutschsprachige Literatur des 20. Jahrhunderts, Kulturgeschichte, Geschichte des Feuilletons. Buchpublikationen u. a.: *Kasimir Edschmid. Eine Werkbiographie* (2007), *Die Wiener in Berlin. Ein Künstlermilieu der 20er Jahre* (2011). Hg. von: *Wormser Fundstücke. Ein literarisches Lesebuch* (2014). *Welttheater auf engem Raum. Die Entdeckung der internationalen Moderne auf den Wiener Kleinbühnen der Nachkriegszeit* (2020).

Marc-Oliver Schuster, Mag. PhD, studierte Germanistik und Philosophie in Salzburg und Toronto; Dissertation 2004 zu H. C. Artmann; Gründungsmitglied der Internationalen Gesellschaft H. C. Artmann; derzeit Lehrbeauftragter der Universität Wien. Publikationen (Auswahl): *H. C. Artmann's Structuralist Imagination: A Semiotic Study of His Aesthetic and Postmodernity* (2010); *Aufbau wozu: Neues zu H. C. Artmann* (Hg., 2010); Reihe *Jazz in Word* (Hg. mit K. Krick-Aigner, 2013, 2017, 2018); *Acht-Punkte-Proklamation des poetischen Actes: Weiteres zu H. C. Artmann* (Hg. mit Alexandra Millner, 2018); *Vergessene Stimmen, nationale Mythen: Literarische Beziehungen zwischen Österreich und Kanada* (Hg. mit Nicole Perry, 2019); *Artmann & Berlin* (Hg. mit Sonja Kaar, 2021).

O. Prof. Dr. Neva Šlibar, geb. 1949 in Triest, prof. em.; Schule und Studium in Wien, Ljubljana und Zagreb; seit 2000 o. Prof. für moderne deutsche Literatur an der Philosophischen Fakultät der Universität Ljubljana; 2002–2003 Dekanin; 2004–2010 Vorstand der Germanistik; seit 2012 i. R. Sprach- und wissenschaftspolitisch in sieben EU-Projekten zur Mehrsprachigkeit tätig. Fachliche Schwerpunkte und Veröffentlichungen: deutschsprachige Gegenwartsliteratur, Literaturtheorie, feministischen Literaturwissenschaft und DaF-Literaturdidaktik (Siebenfaches Fremdheits- und Kompetenzmodell).

Richard Wall, geb. 1953, schreibt Lyrik, Essays und erzählerische Prosa. Als bildender Künstler auf dem Gebiet der Collage, Malerei und Zeichnung tätig. Veröffentlichungen der Bilder und Texte seit 1980 in Anthologien, Ausstellungen, Kultur- und Literaturzeitschriften. In den 1990er-Jahren Organisator der „Tage irischer Literatur / The Road West" im Stifterhaus Linz. In diesem Zusammenhang Übersetzungen der Lyrik von Cathal Ó Searcaigh, Macdara Woods, Gabriel Rosenstock u. a. Langjähriger Organisator und Moderator der GAV-Reihe „Literatur aus Tschechien" in Kooperation mit dem Stifterhaus Linz. Diverse Stipendien und Auszeichnungen. Mitglied der GAV, des PODIUM, der Künstlergruppen CART & Sinnenbrand. Etwa zwanzig Buchveröffentlichungen, zuletzt: *Achill. Verse vom Rande Europas. Als Artist in Residenz im Böll-Cottage auf Achill-Island*. Mit Mischtechniken von Martin Anibas (2016); *Fränkische Momente. Wege – Orte – Personen*. Zusammen mit Klaus Gasseleder (2018); *Streumond und Nebelfeuer*, Gedichte (2019); *Gehen*, Prosa (2019); *Am Äußersten. Irlands Westen, Tim Robinson und Connemara* (2020).